Inhalt

Der Jugend in Europa gewidmet,
der nächsten Generation europäischer Bürger,
für Freiheit, Demokratie und Wohlstand

»Es wäre aus meiner Sicht wenig glücklich, wenn wir die Welt wieder in sog. ›Großräume‹ aufspalten wollten, die in sich selbst Genüge zu finden versuchten. Das würde die Spannungen selbst innerhalb der freien Welt noch verstärken. Eine Vielzahl von Nationalstaaten mag im Widerstreit der Interessen zu Reibungen, zu Spannungen und, wie wir erfahren haben, selbst zu kriegerischen Verwicklungen führen. Aber je mehr größere wirtschaftliche und politische Räume mit Machtanspruch auftreten, umso gefährlicher werden zwangsläufig die Gegensätze, wenn auch nicht von Anfang an der Wille zur Verständigung, zur Versöhnung und zur Zusammenarbeit lebendig ist. [...]

Wehe dem, der glaubte, man könnte Europa etwa zentralstaatlich zusammenfassen, oder man könnte es unter eine mehr oder minder ausgeprägte zentrale Gewalt stellen. Nein – dieses Europa hat seinen Wert auch für die übrige Welt gerade in seiner Buntheit, in der Mannigfaltigkeit und Differenziertheit des Lebens.«[1]

Über dieses Buch

Dieses Buch »SOS Europa: Wege aus der Krise – Ein Kompass für Europa« will den Leser aufrütteln und zugleich Mut machen: Terrorangriffe wie in Paris bedrohen das friedliche Zusammenleben elementar. Das stellt auch Europa und die Zusammenarbeit der Einzelstaaten vor ganz neue Herausforderungen.

Andere schlechte Nachrichten traten durch die Terroranschläge vorübergehend in den Hintergrund, so die ausufernden Rettungsprogramme, Staatsanleihenkäufe der EZB, die Risiken durch die Bankenunion, die anhaltend geringe Solidarität in der Flüchtlingskrise und die Rechtsverletzungen der Währungspolitik, auch zwischen Einzelstaaten. Sie verunsichern ebenfalls nach wie vor. Auch wir Autoren sind voller Sorgen.

Aber es gibt auch Ansätze und Konzepte, die Mut machen. Das ist die Leitidee für ein Institut wie das »Institut Europa der Marktwirtschaften«, welches an den aktuellen politischen Themen teilnimmt und den Diskurs mit klarem demokratischen und rechtsstaatlichem Kompass verfolgt.

Europa steht mal wieder – wie so oft in der Geschichte – am Scheideweg: Wollen wir ein zentralistisches kopflastiges Europa – bislang ohne einen Verfassungsauftrag – oder eine föderale, subsidiäre Union von weiterhin teilselbstständigen Nationalstaaten, Regionen und Kommunen mit klaren Zuständigkeiten?

Unseres Erachtens ist Europa nicht nur eine Ansammlung von Problemen, sondern – bei richtigen Maßnahmen und Schritten – auch die große historische Chance und Vision. Die aktuellen Diskussionen verstellen den Blick auf die historischen Wurzeln Europas, sich bietende Lösungsmöglichkeiten und langfristige Chancen. Die Demokratie, die angesichts vermeintlich alternativloser Entscheidungen zur Euro-Rettung in den Hintergrund trat, und die freiheitssichernde Ordnungspolitik mit einer föderalen Ausrichtung sind neu zu entdecken.

Viele Fragen werden angegangen, z. B.: Welche ordnungspolitischen Rahmenbedingungen und Verfassungsstrukturen braucht Europa? Wie kann der Wettbewerb in Europa wieder verbessert werden? Besteht überhaupt der Wille zu einer wettbewerbsfreundlichen und föderalen Gestaltung Europas? Wie kann Europa gegenüber der globalen Konkurrenz künftig bestehen? Wie können die inneren und äußeren Spannungen, die Europa bedrohen, abgebaut werden? Wie entfesselt man Europa, um die digitale Revolution zu bestehen? Macht Europa seine »Hausaufgaben«? Was können die Bürger dafür tun?

Chancen liegen unseres Erachtens in einer **europäischen Politik der Marktwirtschaften**, die längst zu einem freizügigen und offenen Binnenmarkt mit klaren Wettbewerbsregeln und Rahmenbedingungen mit einer nachhaltigen globalen Verantwortung hätte werden können.

Wir möchten mit diesem Buch für eine **subsidiäre und marktkonforme Gestaltung Europas** werben. Dies sichert auch Freiheit und Demokratie – im Sinne der europäischen Gründungsväter Konrad Adenauer, Alcide De Gasperi und Robert Schuman sowie von Ludwig Erhard. Ein so verstandenes Europa bietet u. E. enorme Möglichkeiten, vor allem für die Jugend, die nächste Generation europäischer Bürger.

München, im Mai 2016
Gottfried Heller, Ulrich Horstmann und Stephan Werhahn
mit Günter Ederer, Werner G. Faix, Gerd Maas, Gerald Mann
und Stefan Remhof

Vorwort von Günther Oettinger

Die Europäische Union als Friedensunion und Wertegemeinschaft ist nach wie vor ein Vorbild für viele andere Regionen in der Welt. Ein Vorbild für Befriedung durch Verrechtlichung und politische Integration auf der Grundlage gemeinsamer demokratischer und rechtsstaatlicher Werte. Gleichzeitig kann die Europäische Union ihre Rolle in der Welt nur dann kraftvoll ausüben, wenn sie selbst wirtschaftlich stark bleibt. Die Kraft des Wirtschaftsmodells, das nach den Verträgen dem Leitbild der Sozialen Marktwirtschaft folgt, muss im Zeitalter der Digitalisierung der globalisierten Wirtschaft jeden Tag neu errungen werden. Außerdem müssen wir heute bereits die Weichen stellen, damit Europa morgen und übermorgen in der Lage ist, seine Wettbewerbsfähigkeit zu erhalten und auszubauen.

Die Welt durchläuft mit der Digitalisierung eine gesellschaftliche und industrielle Revolution. Europa darf die Chancen dieser Revolution nicht verschlafen. Zu viel steht auf dem Spiel. Denn die Digitalisierung birgt für Deutschland und Europa vielfältige Möglichkeiten, da wir über eine exzellente industrielle Basis verfügen. Es gilt heute, mit diesen Pfunden im internationalen Wettbewerb zu wuchern und sicherzustellen, dass wir durch beherzte Fortschritte in Europa im Bereich »Industrie 4.0« im Bereich von Informations- und Datensicherheit und auch im Bereich von Cloud Computing den Investitionsstandort Europa stärken. Ziel muss sein, Wertschöpfungsketten und damit Arbeitsplätze und Wohlstand in Europa zu erhalten und zukunftsfähig zu machen.

So wie der Erfolg des Binnenmarkts für Güter die Friedensunion, die Wertegemeinschaft und die Soziale Marktwirtschaft in der Vergangenheit wirtschaftlich beflügelt und getragen hat, so benötigen wir heute einen digitalen Binnenmarkt in Europa. Nur so kann Europa in der Zukunft sein Sozialmodell erhalten und seine Erfahrungen als Friedensunion und Wertegemeinschaft stark und glaubwürdig in die Welt tragen.

Europa erneuern mit einem klaren ordnungspolitischen Kompass – Plädoyer für eine föderale Union zur Sicherung von Freiheit und Demokratie. Den Euro-Albtraum beenden – Europa entfesseln

(Gottfried Heller)

Im Zentrum des Europrojekts standen große Erwartungen an die europäische Wirtschaft, die dynamisch wachsen und mehr Jobs schaffen sollte. Dieser Anspruch wird durch die Schlusserklärung der Lissabon-Agenda großspurig auf einem Sondergipfel der europäischen Staats- und Regierungschefs am 22. und 23. März 2000 formuliert:

> *»Die Union hat sich heute ein neues strategisches Ziel für das kommende Jahrzehnt gesetzt: das Ziel, die Union zum wettbewerbsfähigsten und dynamischsten wissensbasierten Wirtschaftsraum in der Welt zu machen – einen Wirtschaftsraum, der fähig ist, ein dauerhaftes Wirtschaftswachstum mit mehr und besseren Arbeitsplätzen und einem größeren Zusammenhalt zu erzielen.«*[2]

Diese nicht nur aus heutiger Sicht vermessen klingende Lissabon-Agenda sollte der Förderung von Innovation und Wirtschaftswachstum dienen und war als flankierende Ergänzung zum Euro gedacht, die ihre Wirkung zusammen mit der Gemeinschaftswährung entfalten sollte. Es herrschte Aufbruchstimmung: Der alte Kontinent sollte mit neuem Leben erfüllt und in Schwung gebracht werden.

Der Enthusiasmus war auch über den ganzen Kontinent hinweg hörbar, als am 1. Januar 2002 zur Einführung des Euro-Bargelds die neunte Sinfonie von Ludwig van Beethoven mit dem

Text von Schillers Gedicht »An die Freude« intoniert wurde. Diese soll als Europa-Hymne ein Symbol für die gemeinsamen Werte und die »Einheit in Vielfalt« sein.

Was ist aus dem Überschwang der Gefühle geworden?

Von 2000–2010, also während der Laufzeit der Lissabon-Strategie, brachte China ein astronomisches Wirtschaftswachstum von real 171 Prozent zustande. Die Wirtschaft der Welt wuchs im Durchschnitt um 47 Prozent, in Osteuropa um 45 Prozent, in Lateinamerika um 39 Prozent. Weit abgeschlagen wegen der schweren Immobilienkrise die Wirtschaft der USA mit einem Wachstum von 18 Prozent, danach die der EU mit 17 Prozent – und als einsames Schlusslicht die der Eurozone mit lediglich 12 Prozent. Selten lagen Wunsch und Wirklichkeit weiter auseinander, als es in Europa unter dem Euro der Fall ist.

Und wie steht es mit mehr und besseren Arbeitsplätzen?

In den Mittelmeerländern herrscht Massenarbeitslosigkeit. Im Dezember 2015 waren 24,5 Prozent der Griechen arbeitslos, in Spanien waren es 21 Prozent, in Portugal 12 Prozent und in Italien 11,5 Prozent. Noch schrecklicher sieht es bei der Jugendarbeitslosigkeit aus: Mit 49 Prozent ist in Griechenland fast die Hälfte aller Jugendlichen arbeitslos; ähnlich schlimm ist es in Spanien mit 46 Prozent, in Italien mit 38 Prozent und in Portugal mit 31 Prozent. Es ist eine Katastrophe: eine verlorene Jugendgeneration!

Die von der Politik erhoffte Aufbruchstimmung von 2000 hat sich ins Gegenteil – in eine Abbruchstimmung – verkehrt. Der Euro hat unendlich viel menschliches Leid und wirtschaftliches Unheil gebracht.

Grossbritannien und Frankreich wollten die Wiedervereinigung verhindern

Um eine Antwort auf die Gründe für diese eklatante Fehlentwicklung zu finden, muss man um 25 Jahre zurückblicken und untersuchen, wie alles mit der Wiedervereinigung Deutschlands begann.

Als sie im Jahr 1989 in greifbare Nähe rückte, war dies weder für den französischen Staatspräsidenten François Mitterrand noch für die britische Premierministerin Margaret Thatcher ein Anlass zur Freude. Mitterrand flog sogar in die Sowjetunion zu Staatspräsident Gorbatschow, um die Wiedervereinigung zu verhindern. Wäre da nicht der US-Präsident George H. W. Bush Sr. gewesen, hätten die »eiserne Lady« Thatcher und Mitterrand die deutsche Wiedervereinigung am liebsten verhindert. Thatcher lenkte schließlich ein mit den Worten:

> *»Wir müssen uns an die Vorstellung gewöhnen, dass es in Europa künftig ein Land geben wird, das stärker ist als alle anderen.«*[3]

Für die Briten schied der Beitritt zu einer europäischen Währungsunion jedenfalls auf unabsehbare Zeit aus.

Ironie der Geschichte: Ausgerechnet Margaret Thatcher, die uns Deutschen nicht besonders gewogen war, sagte:

> *»Wenn ich Deutsche wäre, würde ich die Bundesbank und die D-Mark auf alle Fälle behalten.«*[4]

Hätten die deutschen Politiker diesen wertvollen Rat bloß befolgt, dann wäre uns das heutige Schlamassel erspart geblieben.

Die französische Folgerung war genau umgekehrt. Frankreich setzte voll und ganz auf Europa, aber mit der Absicht, das erstarkende Deutschland politisch stärker einzubinden und den deutschen Schaffensdrang zu bändigen. Das Mittel dazu war, die D-Mark abzuschaffen und die in Europa dominierende Bundesbank zu entmachten. An deren Stelle sollte eine Gemeinschaftswährung und eine europäische Zentralbank gesetzt werden, die dem direkten Einfluss der Deutschen entzogen war. Welche Bedeutung Frankreich der mächtigen Bundesbank beimaß, zeigte sich daran, dass Mitterrand die D-Mark als »Force de Frappe« der Deutschen, also als deutsche »Atomwaffe«[5] bezeichnet hatte.

Es war für Frankreich zutiefst demütigend – ein Prestigeverlust –, wenn es wiederholt gezwungen war, den Franc gegenüber der D-Mark abzuwerten. Allein während Mitterrands Regentschaft geschah das zwei Mal.

Aber auch Kanzler Kohl lag daran, durch eine Einbindung und Verankerung Deutschlands in Europa alte Ängste der Nachbarländer zu dämpfen. Sein Traum war die Europäische Union – ein Bundesstaat –, eine romantische Vision, die niemand sonst mit ihm teilte. Kohl begründete die Einführung des Euro im Bundestag mit folgenden Worten:

> *»Der Euro stärkt die Europäische Union als Garanten für Frieden und Freiheit. [...] Von der heutigen Entscheidung [...] hängt es wesentlich ab, ob künftige Generationen in Frieden und Freiheit, in sozialer Stabilität und auch in Wohlstand leben können.«*[6]

Frankreich setzte sich gegen Deutschland durch

Beim EG-Gipfeltreffen in Maastricht vom 9.–11. Dezember 1991 hatte Kohl einem Zeitplan zugestimmt, den Mitterrand und der italienische Ministerpräsident Andreotti zu nächtlicher Stunde ausgeheckt hatten, nämlich der Bildung einer »Europäischen Wirtschafts- und Währungsunion« (EWWU). Sie sollte spätestens im Jahr 1999 ihre Arbeit aufnehmen. Auf Kohls Anliegen, verbindliche, vertragliche Regelungen zu einer politischen Union festzulegen, gingen sie gar nicht ein. So musste Kohl sich mit der bloßen Einführung des Euro zufriedengeben.

Daher brüstete sich Mitterrand vor einer Gruppe von Kriegsveteranen mit den Worten, der Maastrichter Vertrag sei für Frankreich besser als der Vertrag von Versailles nach dem Ersten Weltkrieg! (Dieser Vertrag war einer der wesentlichen Gründe, die letztlich zum Zweiten Weltkrieg führten.)

Über die politische Union gab es mit Frankreich keinen Konsens, damals nicht und heute auch nicht. Präsident Chirac sagte bei der Einführung des Euro später sogar:

> *»Ich werde nicht akzeptieren, dass Europa sich in einen Superstaat verwandelt oder dass es seine Institutionen nach denen der Vereinigten Staaten formt.«*[7]

Es hat sich seit dem französischen Präsidenten De Gaulle an der französischen Außenpolitik nichts geändert: Der sprach nie von einem Bundesstaat, sondern von einem »Europa der Vaterländer«, einem lockeren Staatenverbund.

Das Motiv Frankreichs für die Beseitigung der D-Mark und die Einführung der Gemeinschaftswährung war schon seit De Gaulle, dass Deutschland nur eine »herausgehobene Junioren-Rolle« zukomme. Deutschland sollte zwar mächtiger sein als die anderen Staaten des europäischen Festlands, aber weniger mächtig als Frankreich. Als »Grande Nation« erhebt Frankreich den Anspruch der politischen Führerschaft. Daher muss es Deutschland überragen. Um das zu schaffen, gibt es zwei Möglichkeiten:

1. Man versucht, durch eigene Leistung an die Spitze zu kommen. Das ist mühsam und anstrengend. Oder

2. Man bändigt den, der oben ist. Letzteres ist weit weniger mühsam, weil es nicht durch Anstrengung, sondern durch politische Schachzüge erreicht werden kann.

Daher ist es nur die halbe Wahrheit, wenn man sagt, der Euro sei ein politisches Projekt. Die ganze Wahrheit lautet: Der Euro ist ein politisches französisches Projekt zum Zwecke der Bändigung des teutonischen Tatendrangs.

Nehmen wir als Beispiel den Maastricht-Vertrag: Die Franzosen haben alle Verträge, die auf dem Papier durchweg die deutsche Handschrift trugen, brav unterschrieben:

1. Kein Land haftet für die Schulden anderer Länder (No-Bailout-Klausel).

2. Die Europäische Zentralbank (EZB) ist politisch unabhängig, und ihre Statuten entsprechen den strengen Regeln der Deutschen Bundesbank. Um die Bedenken der Deutschen, die mehrheitlich gegen den Euro waren, zu zerstreuen, siedelte man die EZB in Frankfurt an.

3. Das Budgetdefizit eines Landes darf 3 Prozent seiner Wirtschaftsleistung nicht übersteigen (eine Art Schuldenbremse). Seine Gesamtverschuldung darf 60 Prozent des Bruttoinlandprodukts nicht übertreffen.

Danach sorgt man dafür, dass alle Südländer mit ins Boot kommen, auch unter Missachtung der Eintrittskriterien.

Bei der Frage, welche Länder der Währungsunion bei der Gründung angehören sollten, bestand Frankreich auf einem Sondergipfel der EU im Mai 1998 daher darauf, dass neben Deutschland, Finnland, Frankreich, Luxemburg, Österreich und den Niederlanden auch Portugal und Spanien dabei sein müssten. Noch krasser war die Forderung des französischen Präsidenten Chirac, dass auch Italien mit einer Staatsschuldenquote von 120 Prozent und Belgien mit 130 Prozent, die die vorgegebene Höchstgrenze von 60 Prozent somit um das Doppelte übertrafen, gleich von Anfang an mit aufgenommen werden müssten. Frankreich, als eines der romanischen Länder, hatte ein starkes Interesse daran, weil es in den südlichen Nachbarländern natürlich Verbündete sah, und drängelte gemeinsam mit den Südländern, bis die Regierung Kohl nachgab.

Der Schulterschluss mit Frankreich war für Kanzler Kohl, ungeachtet deutscher Interessen, ebenso wie die Wünsche anderer EU-Regierungen, wichtiger. Für ihn bildeten Deutschland und

Frankreich einen Schicksalsbund, bei dem Paris der Vortritt gebührte. Es heißt, dass sich Kohl zur Regel machte, die französische Trikolore dreimal zu grüßen.

Für Kohl war der Euro der entscheidende Baustein für die Europäische Union. Für Chirac dagegen war der Euro, genauso wie zuvor für Mitterrand, nicht ein Schritt zum vereinten Europa, sondern ein Instrument französischer Machtpolitik, um die Dominanz der D-Mark zu beseitigen.

Der Oberbefehlshaber der Streitkräfte der Alliierten im Zweiten Weltkrieg, Dwight D. Eisenhower, soll gesagt haben, französische Unterhändler zögen es vor, erst zu unterschreiben und dann zu diskutieren. Ganz in diesem Stil hat sich die französische Diplomatie bei der Einführung des Euro verhalten.

Mit der Aufnahme der hochverschuldeten romanischen Club-Med-Länder hat man, unter eklatanter Missachtung der Eintrittskriterien, den EZB-Rat majorisiert. Denn dort hat jedes Mitglied eine Stimme, Zwergstaaten wie Luxemburg, Malta oder Zypern genauso wie Deutschland.

Die Besetzung der wichtigsten Posten der EZB

Als Nächstes besetzt man alle Schaltstellen mit den eigenen Leuten. Der erste EZB-Präsident, der Holländer Wim Duisenberg, bekam auf massiven Druck der Franzosen nur eine halbe Amtszeit von 1998–2003. Dann kam der Franzose Jean-Claude Trichet bis 2011. Als Axel Weber, der damalige Präsident der Deutschen Bundesbank, der als Nachfolger Trichets vorgesehen war, wegen der Mehrheitsverhältnisse im EZB-Rat auf das Amt verzichtete, galt der Italiener Mario Draghi als neuer Favorit für diesen Posten.

Auch Angela Merkel unterstützte Draghi von Anfang an. Denn seine Vita las sich für sie als Idealbesetzung für das Amt. Als ausgebildeter Wirtschaftswissenschaftler lehrte er von 1975–1991 als Professor an diversen Universitäten in Italien. Von 1991–

2001 war er Generaldirektor des italienischen Finanzministeriums und von 2002–2005 Vice Chairman und Managing Director bei der US-amerikanischen Investmentbank Goldman Sachs in London. Von 2006–2011 war er Gouverneur der Banca d'Italia, also der Präsident der italienischen Zentralbank.

Kurz: Er war erfahrener Investmentbanker und vor allem auch Zentralbanker mit dem Wissen aller Kniffe und Machenschaften bei der Banca d'Italia, die in Italien die Rolle des Staatsfinanzierers spielt.

Als Beispiel sei genannt: Es wurde bekannt, dass unter der Führung Draghis als Gouverneur der italienischen Zentralbank die Bank Monte dei Paschi di Siena (MPS) riskante Geschäfte tätigte und die italienische Zentralbank noch im Oktober 2011 der strauchelnden Bank einen wertpapierbesicherten Kredit in Höhe von zwei Milliarden Euro gab, aber weder Öffentlichkeit noch das italienische Parlament darüber informierte. Durch diese geheime Rettung der MPS landete zweifelhafter Wertpapierschrott bei der Banca d'Italia, und die MPS erhielt dafür im Gegenzug Staatsanleihen, deren Zins- und Schuldendienst vom Steuerzahler getragen wird. Draghi legte damit den Grundstein für ein europäisches Schattenbankensystem unter Führung der nationalen Notenbanken – ein System, das hauptsächlich dafür geschaffen wurde, Geschäftsbanken und deren Eigentümer auf Kosten der Steuerzahler vor Insolvenz bzw. Verstaatlichung zu schützen.

Er wusste also aus seiner früheren Praxis, wovon er redete, als er am 26. Juli 2012, als die Existenz des Euro auf dem Spiel stand, wortgewaltig ankündigte:

> *»Die EZB ist bereit, im Rahmen ihres Mandats zu tun, was immer nötig ist, den Euro zu erhalten«, und er schob noch die Drohung nach: »Und glauben Sie mir, es wird genug sein.«*[8]

Das war eine Bestandsgarantie für seine Landsleute und die übrigen Club-Med-Länder. Und wir wissen, was für einen früheren italienischen Notenbanker die Worte »im Rahmen unseres Mandats« und die Worte »Whatever it takes« bedeuten: Ihm ist jedes Mittel recht!

Daher überrascht es nicht, dass Draghi die gleiche Praxis jetzt in der Eurozone verfolgt, nur in weitaus größerem Stil: Am Tag, nachdem er verkündet hatte, die EZB werde ab März 2015 jeden Monat für bis zu 60 Milliarden Euro Staatsanleihen – darunter auch Schrottpapiere – kaufen, wurde bekannt, dass es im EZB-Rat keine Abstimmung über dieses beispiellose Ankaufprogramm gegeben hatte.

Um das Personal-Tableau der Eurozone zu vervollständigen: Der Stellvertreter Draghis im EZB-Rat ist der Portugiese Vitor Constâncio und die Präsidentin der Europäischen Bankenaufsichtsbehörde ist die Französin Danièle Nouy. Als die EZB im Frühjahr 2015 die ELA-Kredite (Emergency Liquidity Assistance – das sind Notfall-Liquiditätshilfen für Banken zur Überbrückung temporärer Engpässe) für griechische Banken fast täglich letztlich bis auf 90 Milliarden Euro erhöhte, hat Madame Nouy standhaft behauptet, die griechischen Banken seien nicht pleite, obwohl man mit bloßem Auge erkennen konnte, dass sie nicht illiquid, sondern insolvent waren.

Auf Druck Frankreichs wurde Pierre Moscovici, ein linker Sozialist und gescheiterter französischer Finanzminister, von der EU-Kommission zum Währungskommissar ernannt, der über die Einhaltung der Stabilitätskriterien wachen soll. Da hat man den Gärtner zum Bock gemacht. Mit ihm an der Spitze können die Defizitsünder in Südeuropa ruhig schlafen.

Fazit: Den EZB-Rat haben die Franzosen mit ihren Verbündeten in Südeuropa majorisiert, und auch alle Schlüsselstellen der EZB und der Kommission sind im Sinne Frankreichs besetzt. Mit dieser romanischen Übermacht haben sie alle Verträge und Gesetze systematisch hinter verschlossenen Türen nachverhandelt und schleichend ausgehöhlt.

Da der Euro ein französisches politisches Projekt ist, werden sie weitermachen in Richtung Transferunion. Dann haben sie die Deutschen im Sack. Die Franzosen sind auf gutem Weg. Der neue EU-Präsident Jean-Claude Juncker, vormals luxemburgischer Ministerpräsident, der die französische Agenda – Vergemeinschaftung der Schulden und der Spareinlagen bei Banken, Eurobonds und Transferunion – vollumfänglich teilt, passt genau in die Club-Med-Intrigenclique. In meinen Augen ist er das trojanische Pferd der Franzosen in der Eurozone.

Er hat in einem »Spiegel«-Interview 1999 in entlarvender Freimütigkeit gesagt:

> *»Wir beschließen etwas, stellen es dann in den Raum und warten einige Zeit ab, was passiert. Wenn es dann kein großes Geschrei gibt und keine Aufstände, weil die meisten gar nicht begreifen, was da beschlossen wurde, dann machen wir weiter – Schritt für Schritt – bis es kein Zurück mehr gibt.«*[9]

Die Grundprinzipien der Währungsunion wurden verraten

Der Durchbruch der schleichenden Umwandlung der Währungsunion nach den Vorstellungen Frankreichs kam bei den dramatischen Verhandlungen am Wochenende vom 7.–9. Mai 2010, als Griechenland zahlungsunfähig war. Damals begruben die Staats- und Regierungschefs mit dem ersten Griechenland-Paket und dem ersten Rettungsschirm das No-Bailout-Prinzip, und gleichzeitig verstieß die EZB mit dem ersten Ankaufprogramm für Staatsanleihen von Krisenländern (also Ramschanleihen) gegen das Verbot der monetären Staatsfinanzierung.

Zuvor hatten zwei Franzosen – der EZB-Präsident Jean-Claude Trichet und der Chef des Internationalen Währungsfonds (IWF) Dominique Strauß-Kahn – nachdrücklich den Bailout gefordert und gleichzeitig Forderungen nach einer Beteiligung der privaten Gläubiger (einen »Haircut«) zurückgewiesen. Sie erwiesen sich als gute Lobbyisten der französischen Finanzbranche, denn in Wirklichkeit galt die Rettungsaktion den französischen Banken, die mit 70 Milliarden Euro die größte Gläubigergruppe waren, während deutsche Banken und Versicherungen nur 30 Milliarden Euro im Feuer hatten, die durchaus zu verschmerzen gewesen wären.

Auf Druck Frankreichs wurden somit mit einem Doppelschlag zwei Vertragsbrüche begangen und gleichzeitig die Steuerzahler der Eurozone zur Kasse gebeten.

Absolut schockierend dabei war, mit welcher Ungerührtheit der eklatante Gesetzes- und Vertragsbruch begangen wurde. Von deutscher Seite bezeichnete Angela Merkel die Zustimmung Deutschlands als »alternativlos«[10].

Der Rettungsschirm war mit 750 Milliarden Euro ausgestattet. Er wurde am 21. Mai 2010 vom Bundestag verabschiedet und am 22. Mai 2010 von Bundespräsident Köhler im Eilverfahren unterzeichnet. Er hatte einst als Staatssekretär im Bundesfinanzministerium den Vertrag von Maastricht – insbesondere unter Einschluss der No-Bailout-Klausel – entscheidend geprägt. Am 31. Mai 2010 trat Köhler von seinem Amt des Bundespräsidenten zurück.

Der damalige französische Präsident Nicolas Sarkozy und der damalige italienische Ministerpräsident Silvio Berlusconi präsentierten dagegen die Vertragsbrüche als Erfolg ihrer Länder. Das Rettungsprogramm trage zu 95 Prozent die französische Handschrift, und Berlusconi sagte, er sei sehr zufrieden, Italien und Frankreich hätten sich durchgesetzt. Der französische Europaminister Pierre Lellouche erklärte, der Rettungsschirm laufe auf eine fundamentale Veränderung der in der EU geltenden Regeln hinaus. Er sei ein Sprung in Richtung einer Wirtschaftsregierung für die Eurozone.

Es war ja schon immer der Wunsch der Franzosen, zusätzlich zur Gemeinschaftswährung, mithilfe einer Wirtschaftsregierung auch Einfluss auf die Wirtschaftspolitik Deutschlands zu gewinnen. Der Wunsch ist verständlich, wenn man betrachtet, wie erfolgreich ihre dirigistische, zentralistische Wirtschaftspolitik ist. Gemessen an der Wettbewerbsfähigkeit steht kein großes Land Europas auf so wackeligen Beinen wie Frankreich: Der öffentliche Dienst ist aufgebläht, der Arbeitsmarkt verkrustet, der Kündigungsschutz rigide, die 35-Stunden-Woche und die Rente mit 60 unter globalen Bedingungen absurd. Der Exportanteil am Bruttoinlandsprodukt schrumpft laufend. Es zeigt sich, dass alle südeuropäischen Staaten und Frankreich auf dem Weltmarkt nicht wettbewerbsfähig sind. Sie haben, seitdem sie den Euro haben, nicht viel getan, um ihre Wettbewerbsfähigkeit zu verbessern.

Vor dem Beitritt zur Währungsunion mussten die südeuropäischen Staaten für zehnjährige Staatsanleihen jährlich Zinsen in Höhe von 12–15 Prozent bezahlen, während Deutschland zur selben Zeit nur 5 Prozent zahlen musste. Nach dem Beitritt bekamen sie die gute Bonität der harten D-Mark quasi geschenkt und mussten nur noch fast so geringe Zinsen zahlen wie Deutschland. Ihre Zinslast hatte sich ohne große Anstrengung über Nacht gedrittelt, obwohl ihre strukturellen Defizite unverändert bestehen blieben. Das war ein unverdientes Geschenk des Himmels. Sie hatten aber nicht begriffen, dass man sich die Bestnote jeden Tag erarbeiten muss.

Die Ökonomen der DZ Bank haben ausgerechnet, wie stark sich die Zinslasten, dank der ungenierten Mandatsüberschreitung der EZB, für die hochverschuldeten südeuropäischen Krisenländer verringert haben. Über ein Jahrzehnt kommen sie auf weit mehr als eine Billion Euro Einsparung, während der deutsche Staat nur eine minimale Entlastung durch Zinsersparnis von etwa zehn Milliarden Euro hatte. Die ultraexpansive Zinspolitik der EZB nützt ausschließlich der staatlichen Schuldenfinanzierung Italiens, Spaniens und Frankreichs. Allein Italien sparte in den letzten sieben Jahren 500 Milliarden Euro an Aufwendungen.

Und es kommt noch besser: In den kommenden Jahren wird sich die Ersparnis für die Italiener bis zum Jahr 2022 auf 670 Milliarden Euro summieren, wenn alte Anleihen mit höheren Coupons auslaufen und durch niedrig verzinste Papiere ersetzt werden.

Auch der spanische Staat könnte 300 Milliarden Euro sparen. Beide Länder könnten so ihre Schuldenquote – ohne eigenes Zutun – zusammen um ca. eine Billion Euro reduzieren. Die Südländer sind also die großen Nutznießer des Euro und nicht Deutschland, wie uns Frau Merkel weismachen will.

Italien will geldpolitische Manipulationen statt Reformen

Nun fordern die Italiener ein zweites Geschenk: Die bisher gute Bonität Deutschlands soll ihnen durch gemeinschaftliche Euroanleihen weiterhin zu niedrigen Zinsen verhelfen. Frankreich und Italien sind sich einig: Südeuropa müsse von Deutschland mit Eurobonds, Konjunkturprogrammen und einer Schuldengarantie Deutschlands gerettet werden. Darüber hinaus solle die EZB die Staatsschulden garantieren und mit noch mehr Geld höhere Investitionsraten generieren, um so die Schuldenlast zu lindern. Da sträuben sich einem die Haare, nicht nur weil es ein unverschämtes Ansinnen ist, sondern auch, weil Italien sich zu den ungezwungenen Verhältnissen zurücksehnt, um weiterwursteln zu können wie zuvor – aber mit deutscher Schuldenübernahme!

Mit anderen Worten: Besonders Italien – ein reformunfähiger, in vielen Belangen nahezu gescheiterter Staat, zu dem die Bürger ein misstrauisches, fast feindseliges Verhältnis haben – fordert lautstark, dass es wie vor dem Eurobeitritt weitergehen solle. Die EZB soll nicht nur Retter der letzten Instanz sein, sondern soll von vornherein als Staatsfinanzierer fungieren, wie es bei der Banca d'Italia üblich war – eine Praxis, mit der der italienische EZB-Präsident Draghi dank seiner früheren Tätigkeit bestens vertraut ist. Dass die Zinsen italienischer zehnjähriger Staatsanleihen heute nahe bei null liegen, ähnlich wie die deutschen, obwohl das Land auch unter Ministerpräsident Matteo Renzi bisher keine nennenswerten Reformen durchgeführt hat, ist der Beweis für die cleveren, aber fragwürdigen geldpolitischen Manipulationen von Herrn Draghi. Der Verdacht liegt nahe, dass er unter dem Vorwand, die EZB müsse eine Deflation abwenden, mittels eines Anleiheankaufprogramms – auch von minderwertigen Staatsanleihen der Südländer – von monatlich 60 Milliarden Euro neues Geld druckt. Im März 2016 wurde das Volumen sogar auf 80 Milliarden Euro monatlich aufgestockt. Dies ist ein gefährliches Unterfangen, wovor auch Bundesbankpräsident Jens Weidmann wiederholt gewarnt hat.

Eine große Gefahr besteht auch darin, dass Deutschland, infolge der finanziellen Überbelastung, seine Ratingbestnote verliert. Wir sollten die Warnung beherzigen, die dem ehemaligen US-Präsidenten Abraham Lincoln zugeschrieben wird, und uns entsprechend wappnen:

»Ihr werdet die Schwachen nicht stärken, indem Ihr die Starken schwächt. Ihr könnt den Menschen nie auf Dauer helfen, wenn Ihr für sie tut, was sie für sich selber tun sollten und könnten.«[11]

Für die Südeuropäer und Frankreich heißt das, ihre Wirtschaft so fit zu machen, dass sie im Euroclub wie Gleiche unter Gleichen leistungs- und wettbewerbsfähig sind.

Und für Deutschland und die wenigen Gleichgesinnten darf die Haftungs- und Spendenbereitschaft nur als Hilfe zur Selbsthilfe für eine begrenzte Zeit gelten.

Der von Kanzlerin Merkel eingeführte Fiskalpakt sieht Haushaltskontrollen, eine Schuldenbremse und Sanktionen vor. Die bisherigen Erfahrungen zeigen, dass er nicht wirklich praktiziert und eingehalten wird. Stattdessen wird Deutschland, obwohl der Hauptzahlmeister in der Eurozone, wegen der Austeritätspolitik angefeindet und gehasst. Es ist nicht zu erwarten, dass die von Deutschland geforderten Reformen stattfinden.

Griechenland ist und bleibt ein Fass ohne Boden. Ein gängiger Spruch in der EU lautet ja: »In Brüssel wirds erdacht, in Deutschland wirds gemacht, in Italien wird gelacht« (und dann ab in den Papierkorb).

Die Schwierigkeiten, die inzwischen zu einer Dauerkrise geführt haben, können nicht mit noch mehr Transferzahlungen und auch nicht durch institutionelle Mechanismen behoben werden. Sie wurzeln vielmehr in den kulturellen, wirtschaftlichen, politischen, sozialen und mentalen Unterschieden der europäischen Völker.

Ein Philosoph und Politiker früherer Tage äußerte sich zu diesen unterschiedlichen Mentalitäten mit folgenden Worten:

»Wenn man Steuern erheben will, braucht man einen rechtschaffenen Bürger, der bereit ist, Steuern zu zahlen – man kann nicht alle Leute kontrollieren. Diese Rechtschaffenheit gibt es heute nicht mehr in Italien, nicht in Spanien und nicht in Frankreich – die Sitten sind dafür zu verderbt. Diese Rechtschaffenheit findet man heute nur noch bei den Deutschen.«[12]

Wer könnte ein so vernichtendes Urteil über die Bürger dieser drei romanischen Staaten gefällt haben? Es war der Italiener Niccolò Machiavelli, ein Staatsphilosoph und Politiker, der solches vor 500 Jahren aussprach. Es hat sich also seit damals nichts geändert im Verhalten verschiedener europäischer Völker im Verhältnis zu ihrem Staat.

Daran werden auch eine in Brüssel verfügte, zentrale Finanzpolitik und ein Fiskalpakt nichts ändern. Nur eine in nationaler Verantwortung stehende Wirtschafts- und Sozialpolitik kann mit der Nähe zu ihren Bürgern deren Sorgen und Nöten gerecht werden.

Hätte man nur auf Ludwig Erhard gehört ...

Ludwig Erhard hat die Voraussetzungen für ein funktionierendes Zusammenleben in dem vielfältigen europäischen Kontinent in einer Rede mit dem Titel »Europäische Zwischenbilanz« in Wien am 8. Februar 1961 mit folgenden Worten umrissen:

»Der Segen einer freizügigen Wirtschaftspolitik und einer auf Freiheit aufgebauten gesellschaftlichen Ordnung beruht ja gerade darauf, dass jedes Volk sein arteigenes Leben führen kann und trotzdem an den Segnungen des weiten Raumes teilhat, soweit nur Freiheit und Zusammengehörigkeit die Völker verbindet.«[13]

Mit den Worten »dass jedes Volk sein arteigenes Leben führen kann« hat Ludwig Erhard schon vor über 50 Jahren die Form eines europäischen Zusammenschlusses angesprochen. Erhard hat nie von einer Gemeinschaftswährung gesprochen und auch nicht von einem Bundesstaat. Der Euro sollte in der romantischen Vorstellung von Kanzler Kohl als Klebstoff die europäischen Staaten enger zusammenbinden und letztlich zu einem Bundesstaat führen.

Nun erweist er sich stattdessen als Sprengstoff. Er entzweit die Geber- und Nehmerländer. Anstatt Harmonie und Freundschaft herrschen Hass und Zwietracht. Die Geberländer fühlen sich ausgenommen und die Nehmerländer – Griechenland, Italien, Spanien, Portugal – fühlen sich unter einem »Diktat« der Deutschen bevormundet und schlecht behandelt.

Die Väter des Euro sind fatalen Irrtümern aufgesessen: zum einen, dass man eine so schwerwiegende Entscheidung, wie die Einführung einer Gemeinschaftswährung, von oben herab einfach verfügen könne, und zum anderen, dass man Völker, die in Mentalität, Lebensart, Arbeitseinstellung und Steuerehrlichkeit grundverschieden sind, problemlos zusammen in ein Boot nehmen könne.

Die Mehrheit der Deutschen wollte die D-Mark behalten. Kanzler Kohl hätte die Warnung von Erhard beherzigen sollen:

> *»Europäische Integration ohne entsprechenden Widerhall in der Öffentlichkeit verwirklichen zu wollen, ist ein Unding.«*[14]

Die Franzosen saßen ebenfalls einem Irrtum auf: In ihrer Vorstellung sollte die dominante D-Mark durch eine Gemeinschaftswährung, den Euro, ersetzt werden, um auf diese Weise die Wirtschaft Deutschlands und seinen politischen Einfluss einzugrenzen. Doch während die Wirtschaftskraft Deutschlands seit Jahrzehnten stetig wuchs, hat sie in Frankreich schleichend abgenommen. Inzwischen ist aus Frankreich ein überbürokratisiertes, reformunfähiges, wirtschaftlich schwaches Land mit einem aufgeblähten Wohlfahrtsstaat geworden. Politischer Einfluss basiert aber auf wirtschaftlicher Potenz und militärischer Macht. Die französische Hegemonie stützt sich dagegen nur noch auf eine nukleare Waffe, die »Force de Frappe«, die das Land nicht benutzen kann, und eine Armee, die es innerhalb Europas nicht braucht.

Hinzu kommt, dass sich die Mitte der EU durch die hinzugekommenen ehemaligen sowjetischen Vasallenstaaten nach Osten verschoben hat.

Dass Deutschland als führende Exportnation langfristig mehr vom Euro profitieren würde als Frankreich und dass das Land überdies jetzt auch noch zur Rettung der Südeuropäer zur Kasse gebeten wird, damit hatte es nicht gerechnet.

In einer Kolumne in der »Financial Times« vom 4. November 2010 schrieb Samuel Brittan:

> *»Ich kann nicht im Namen Frankreichs sprechen. Aber sicher werden eines Tages seine Regierenden feststellen, dass keiner ihrer erfindungsreichen Währungspläne, die sie in den letzten Jahrzehnten entworfen haben, ihnen die Oberhand über Deutschland geben wird, die sie sich so ersehnt haben.«*[15]

Mit dem »Front National« von Marine Le Pen, der sich eines wachsenden Wählerzulaufs erfreut und der einen Austritt aus dem Euro anstrebt, hören sich die prophetischen Worte Brittans zunehmend realistisch an.

Die französische Europapolitik steckt in einem unlösbaren Dilemma: Einerseits will Frankreich als Staat souverän bleiben, aber andererseits kollidiert dies mit den zentralisierenden Tendenzen in Brüssel. Frankreich will möglichst wenig Macht an Brüssel abgeben, aber gleichzeitig mit der Gemeinschaftswährung Euro, beispielsweise einer Bankenunion, einer Einlagensicherung, einer Arbeitslosenversicherung etc. möglichst viele europäische nationalstaatliche Einrichtungen vergemeinschaften.

Dieser Konflikt besteht seit der Zeit, als die britische »eiserne Lady« Margaret Thatcher in ihrer berühmten Rede 1988 in Brügge unverblümt davon sprach, die Souveränität der europäischen Staaten sei so weit wie möglich zu erhalten. Ihre institutionellen und wirtschaftlichen Verschiedenheiten müssten kein Nachteil sein.

Ganz im Gegenteil, die einzelnen Länder könnten im freien Markt miteinander konkurrieren, um auf diese Weise das Bestmögliche für die Wirtschaft und die Konsumenten herauszuholen.

Bildlich dargestellt, schwebt Frankreich ein großes europäisches Haus vor, in dem es die Hausordnung festlegt und die Verwaltung besorgt. Großbritannien dagegen möchte, dass jeder in seinem Haus wohnen bleibt, dass aber die Zäune niedergerissen werden und dass somit dem Handel und Wandel nichts im Wege steht. Es soll also so weit wie möglich ein freier Wettbewerb nach innen und außen zum Nutzen aller Beteiligten stattfinden.

Grossbritannien ist für die EU unverzichtbar

Die Briten hatten immer eine etwas erweiterte Freihandelszone im Sinn. Dass Brüssel zunehmend mehr Macht an sich zog und sich zu einem bürokratischen Monster entwickelte – mit einem immer dichteren, unüberschaubaren Geflecht von Verträgen und Regulierungen –, war den Briten schon zu Zeiten Maggie Thatchers ein Dorn im Auge. Inzwischen haben sich immer mehr Wähler einer Partei namens UKIP zugewandt, die den Austritt Großbritanniens aus der EU, kurz den »Brexit«, betreibt. Premierminister David Cameron hat daher beschlossen, die Briten über Austritt oder Verbleib in einem Referendum am 23. Juni 2016 abstimmen zu lassen.

Regierungschef Cameron möchte den »Brexit« verhindern und mit einigen Reformen seine Landsleute zum Verbleib überzeugen.

Dabei geht es um vier zentrale Punkte:

1. EU-Mitglieder, die wie Großbritannien nicht der Währungsunion angehören, sollen vor Diskriminierung geschützt werden. Davon würde vor allem das für das Land wichtige Londoner Bankenviertel profitieren.

2. Die Formel von der »immer engeren Union der Völker Europas«[16] in den EU-Verträgen soll nicht zwingend zu mehr politischer Integration führen.

3. Die wirtschaftliche Wettbewerbsfähigkeit Europas soll verbessert werden.

4. Die Briten wollen Einwanderern aus anderen EU-Staaten einen Teil der Sozialleistungen vier Jahre lang vorenthalten. An einer solchen Regelung hat sogar Deutschland ein Interesse.

Das Ziel, die Wettbewerbsfähigkeit der europäischen Wirtschaft zu verbessern, war schon in der ambitionierten Lissabon-Agenda 2010 enthalten und wurde meilenweit verfehlt.

Letztlich soll ein Ergebnis erzielt werden, das einerseits die britischen Wähler davon überzeugt, beim Referendum gegen den »Brexit« zu stimmen, das aber andererseits am Status quo in der EU möglichst wenig ändert.

Ein Austritt der Briten würde die EU in ihren Grundfesten erschüttern. Der Schaden wäre für Deutschland am größten, denn London steht ähnlich wie unser Land für Marktwirtschaft und Freihandel.

Gerade für Deutschland sind enge Beziehungen zu Großbritannien unverzichtbar, weil das Land ein wichtiges Gegengewicht zum herrschsüchtigen, zentralistischen Frankreich darstellt. Als zweitgrößter Nettozahler der EU würde Britanniens Abgang ein riesiges Loch in den EU-Haushalt reißen. Es bedarf keiner großen Fantasie, dass Deutschland dann eine noch größere Last zu tragen hätte.

Anstatt der von Kanzler Kohl und seinen politischen Gesinnungsgenossen vertretenen Meinung, dass Deutschland und Frankreich einen Schicksalsbund bildeten, ist realpolitisch für unser Land eine Äquidistanz zu Großbritannien und Frankreich aus heutiger Sicht essenziell. Wir sollten unsere politischen Beziehungen genauso unromantisch und eigennützig gestalten, wie es der ehemalige französische Präsident Charles de Gaulle ausdrückte:

»Staaten haben keine Freunde, nur Interessen.«[17]

Deutschland hat also ein besonders großes Interesse, dass der »Brexit« abgewendet wird. Dies auch im Hinblick auf die große diplomatische Expertise Londons. Darüber hinaus ist Großbritannien wie Frankreich Atommacht und ausgestattet mit dem Vetorecht im Sicherheitsrat der Vereinten Nationen.

Deutschland teilt mit Großbritannien viele Interessen: Das Land steht beispielhaft für demokratische Traditionen des Westens und tritt für marktwirtschaftliche Lösungen anstelle eines Übermaßes an staatlichem Interventionismus ein.

In vielen wirtschafts- und sozialpolitischen Fragen liegt London auf einer Linie mit Deutschland, sei es die Haushalts- oder Sozialpolitik. Das Land hat sogar viel beherzter und mutiger den ausgewucherten Sozialstaat getrimmt als Deutschland.

Vieles, was Cameron an der EU kritisiert und für reformbedürftig hält – eine Dezentralisierung zugunsten der nationalen Parlamente und eine Deregulierung des bürokratischen Monsters in Brüssel –, liegt auch im Interesse Deutschlands. Das Vereinigte Königreich ist ein Teil Europas, wir sind gegenseitig aufeinander angewiesen. Das einzigartige europäische Projekt, ein Projekt im Werden, braucht seine Mitwirkung mit seiner politischen Kompetenz im Management eines einstmals riesigen Commonwealth.

Großbritannien könnte an diese Tradition anknüpfen und, anstatt ein passives Mitglied zu bleiben, eine führende Rolle in der EU übernehmen.

Es gibt vor allem einen Bereich, in dem die EU die Führung Großbritanniens braucht und in dem sie, wie niemand sonst, eindeutig am besten qualifiziert ist, und das ist die Außenpolitik.

Die EU braucht die Professionalität der britischen Diplomaten und die globale Sicht ihrer Eliten. Seitdem die Briten ein Imperium verloren haben, waren sie auf der Suche nach einer neuen Rolle in der Welt. Jenseits des Kanals ist ein Imperium im Entstehen. Sie sollten aufhören, das europäische Festland »the continent« zu nennen, sondern sich als Teil dieses »continent« zu betrachten, es mitzugestalten und zu prägen.

Mit den Konzessionen, die David Cameron bei der EU erreicht hat, sind die Chancen gestiegen, dass er das Referendum gewinnt und die Briten in der EU bleiben. Wenn es so kommt, wäre es ein großer Sieg für ihn und ein noch größerer für die EU, denn die steht in diesen Krisenzeiten näher am Abbruch als am Aufbruch.

Von der oft bemühten Forderung an die Geberländer nach Solidarität, wenn es ums Geld geht – vor allem um deutsches –, ist angesichts der dramatischen Flüchtlingsinvasion nichts übrig geblieben. Jeder ist sich selbst der Nächste. Alle haben sich vom Acker gemacht. Deutschland steht allein auf weiter Flur.

Die viel beschworene europäische Wertegemeinschaft gibt es nicht. Es ist inzwischen sogar fraglich, ob Europa eine Interessengemeinschaft ist. Es handelt sich wohl eher um eine Profitgemeinschaft.

Die Motive für den Beitritt zur EU und zum Euro sind in Ost und West, Nord und Süd so verschieden, dass das Gefühl, Teil eines großen Ganzen zu sein, an Bindekraft, ja, an Glaubwürdigkeit verliert.

Die Flüchtlingskrise stellt den ganzen Zusammenhalt auf die härteste Probe. Kein europäischer Staat ist bereit, Aufnahmequoten von Flüchtlingen zu unterschreiben, solange Merkel eine Obergrenze ablehnt und eine kontrollierte und begrenzte Einwanderung nicht sichergestellt ist. Mit ihrem Sonderweg hat Merkel, die vom »Time Magazine« zur Politikerin des Jahres 2015 gekürt und von der Zeitschrift »The Economist« zur »unentbehrlichen Europäerin«[18] erklärt wurde, inzwischen ihre Autorität im In- und Ausland untergraben.

Die Flüchtlingskrise zeigt das wahre Gesicht der EU

Der Soziologe Max Weber unterschied im menschlichen und politischen Verhalten zwischen »Gesinnungsethik« und »Verantwortungsethik«[19]. Es stellt sich die Frage, ob Angela Merkel mit ihrer gegenüber dem massenhaften Flüchtlingszustrom nach Deutschland, den sie mit ausgelöst hat, zu viel Gesinnungsethik und zu wenig Verantwortungsethik hat walten lassen und damit die Aufnahme- und Integrationsfähigkeit unseres Landes und unserer Bürger nicht überfordert hat. Wenn dem so ist, dann hätte sie als Bundeskanzlerin gegen ihren Amtseid verstoßen, in dem es u. a. heißt: »Ich schwöre, dass ich meine Kraft dem Wohle des deutschen Volkes widmen [...] [und] Schaden von ihm abwenden [...] werde.«[20].

Der Blick in den Abgrund hat vielleicht vielen vor Augen geführt, dass man das Projekt Europa mit seiner wahrlich historisch zu nennenden Erfolgsgeschichte – Frieden, grenzenlose Freiheit, Wohlstand – nicht leichtfertig aufs Spiel setzen sollte, aber dass man es auch nicht als selbstverständlich und kostenlos ansehen sollte.

Die Einschränkung bezüglich der Formel von der »immer engeren Union der Völker Europas« ist eine indirekte Absage an einen Bundesstaat Europa. Und schließlich wird die Vereinbarung, dass EU-Mitglieder, die nicht der Währungsunion angehören, vor Diskriminierung geschützt sind, auch andere Staaten davon abhalten, dem Währungsclub beizutreten.

Aber in einem noch viel weiteren Sinn haben die Flüchtlingskrise und das abweisende, egoistische, ja, rücksichtslose Verhalten der meisten anderen EU-Staaten bei den Deutschen eine große Ernüchterung ausgelöst. Das Ansehen und die Beliebtheit von Angela Merkel sind stark gesunken. Nicht nur ihre Souveränität und Unfehlbarkeit wird infrage gestellt, sondern sogar, ob sie als Bundeskanzlerin zu halten ist. Der Glaube, dass »Mutti« es schon richten werde, ist verflogen. Die Deutschen sind unsanft aus ihrem Dämmerschlaf gerissen worden.

Sie werden den Behauptungen, dass der Euro uns mehr Nutzen bringt als Kosten, nicht mehr blind vertrauen. Die Akzeptanz für die endlose Euro-Retterei ist geschwunden. Und das ist gut so.

Währungsverbünde von souveränen Einzelstaaten scheitern

Die Geschichte lehrt, dass Währungsverbünde ohne vorherige staatliche Einigung regelmäßig gescheitert sind. Die lateinische Münzunion, zu der sich 1865 Frankreich, Belgien, die Schweiz,

Italien, der Vatikan und drei Jahre später auch Griechenland zusammenschlossen, liefert ein gutes Beispiel dafür.

Dem Zusammenschluss lag, wie bei dem Euro, eine politische Motivation zugrunde. Und schon damals war Frankreich, wie beim Euro, die treibende Kraft, das neben währungs- und handelspolitischen Zielen damit auch machtpolitische Interessen verfolgte.

Die kleinen Länder erhofften sich wirtschaftliche Vorteile. Frankreich wollte durch die Münzunion währungspolitische Hegemonie erlangen. Doch während der 1880er- und 1890er-Jahre kam es in dem wirtschaftlich heterogenen Verbund zu Währungskrisen. Die italienische Regierung druckte zum Stopfen ihrer Haushaltslöcher kaum konvertierbares Papiergeld. Dies führte nicht nur in Italien, sondern auch in Frankreich und Belgien zu Inflation.

Griechenland verstieß noch dreister gegen die Regeln, indem es ungedeckte Papier-Drachmen druckte, die es gleichzeitig gegen Gold- und Silbermünzen aus anderen Unionsländern eintauschte. Die Griechen wandelten wertloses Papier in Gold und Silber um. Doch auch mit solchen betrügerischen Tricks konnten die Griechen einen Bankrott nicht verbergen und so schlossen 1908 die anderen Mitglieder Griechenland vorübergehend aus dem Währungsverbund aus. Nach langem Siechtum endete die Münzunion Mitte der 1920er-Jahre. Dass sie trotz der fast permanenten handelspolitischen Konflikte so lange hielt, bevor sie 1926 endgültig zerbrach, lag daran, dass die Kosten einer Auflösung den Regierungen in Paris und Rom zu hoch erschienen, die sie hätten abschreiben müssen. Der Ausgang der Münzunion belegt, wie schwierig es ist, aus einer Währungsgemeinschaft, die keine Ausstiegsklausel hat, wieder herauszukommen.

Es zeigt sich, dass Währungsunionen aus souveränen Mitgliedstaaten instabile Gebilde mit begrenzter Lebensdauer sind.

Spontan kommt einem bei dieser Geschichte der Gedanke: Alles schon mal dagewesen. Die ernüchternde Erkenntnis ist, dass ein Siechtum lange andauern kann, also ein Schrecken ohne Ende ist. Erinnern wir uns an die zynischen Worte des heutigen Kommissionspräsidenten Jean-Claude Juncker:

»Wir beschließen etwas [...] Wenn es dann kein großes Geschrei gibt [...] dann machen wir weiter – Schritt für Schritt – bis es kein Zurück mehr gibt.«[21]

Das sind die hinterlistigen, heimtückischen Methoden unserer politischen Eliten. Deutschland kann auch mit Merkels Politik der kleinen Schritte so tief in den Währungssumpf waten, bis es kein Zurück mehr gibt.

Die Währungsunion hat in Europa eine Dreiklassengesellschaft geschaffen: Die Mitglieder der Gemeinschaftswährung teilen sich in zwei Gruppen – in Geber- und in Nehmerländer –, die dritte Gruppe sind die Nichtmitglieder. Die Währungsunion entzweit Europa. Deutschland, als Hauptzahler an die Nehmerländer, gilt als der böse Zuchtmeister und wird beschimpft und gebrandmarkt.

Ein Exit aus dem Euro muss möglich sein

Eine Option, sich aus dem Währungs-Dilemma zu befreien, wurde bisher nicht in Betracht gezogen: eine Auflösung oder zumindest eine Reduzierung der Währungsunion auf eine Gruppe homogener Staaten. Um das durchzuführen, bräuchte es einen Generationenwechsel an unserer Staatsspitze. Es bedürfte jüngerer Politiker, die, ohne geschichtsvergessen zu sein, nicht von den Gräueln und Tragödien des Zweiten Weltkriegs geprägt sind, sondern die mit einer nüchternen, vorwärtsgewandten Einstellung, Politik im deutschen Interesse machen, anstatt einer romantischen Idee anzuhängen, die sich als große Fehlentscheidung erweist.

Was man Generälen nachsagt, gilt offenbar auch für Politiker: Sie schlagen immer die Schlacht des letzten Kriegs.

Die finanziellen und politischen Kosten eines Euroexit sind unüberschaubar. Aber im Vergleich zu dem Chaos, das nach einem krisenhaften Ende der Währungsgemeinschaft – nach einem langen Siechtum – zu erwarten wäre, sind sie wahrscheinlich weit geringer.

Der Euro ist wie eine Zwangsjacke in nur einer Standardgröße (»one size fits all«), in die jedes Euro-Mitglied, ob groß oder klein, dick oder dünn, hineingeschlüpft ist. Den Club-Med-Ländern ist sie zu eng, sie schnürt ihnen die Luft ab. Den Nordländern, an erster Stelle Deutschland, ist sie zu weit.

Anfang des 20. Jahrhunderts gab es ein Währungssystem, das auf Gold basierte. Man nannte es den Goldstandard. Es war kein politisches, sondern ein institutionelles Regime, das das Handeln der Notenbanken diktierte. Die Goldmenge, die ein Staat in seinen Tresoren hielt, bestimmte, wie viele Banknoten die Notenbanken drucken konnten. Das war auch eine Zwangsjacke. Staaten, die zu wenig Gold hatten, konnten die Wirtschaft nicht in ausreichendem Umfang mit Krediten versorgen. Diese litten unter Deflation, sprich: fallenden Güterpreisen. Andere, die überschüssiges Gold hatten, waren tendenziell von Inflation bedroht.

Es war ein starres, rigoroses System, das sich nicht flexibel an wechselnde Bedürfnisse der Wirtschaft anpassen konnte. Der Goldstandard war der Hauptverursacher der erstickenden Weltwirtschaftsdepression und des dramatischen Börsenkrachs 1929–1932, die eine massive Arbeitslosigkeit auslösten und in Deutschland letztlich Hitler an die Macht brachten.

Als am 4. März 1933 Franklin D. Roosevelt sein Amt als 32. US-Präsident antrat, hob er als eine seiner ersten Amtshandlungen bereits zwei Tage später den Goldstandard auf. Er befreite das Land von der Zwangsjacke. Von da an wuchs die Wirtschaft, die Arbeitslosigkeit ging zurück und die Aktienkurse stiegen.

Der Goldstandard hatte einen deflatorischen Hang. Gab es beim Goldstandard tendenziell eher einen Geldmangel, so gibt es beim Euro einen Geldüberfluss – also das Gegenteil –, der letztlich zu Inflation führen wird, auch wenn es aktuell nicht danach aussieht. Neben der Tatsache, dass seit 2010, als die Griechen pleite waren, inzwischen mit permanenten Krisengipfeln viel Zeit – und mit exorbitanten Rettungsmaßnahmen viel Geld – vergeudet wurde, sind die Südländer trotz Austerity und minimaler Reformen auch heute bei Weitem nicht wettbewerbsfähig. Daher werden Deutschland und die wenigen anderen Nordländer über alle möglichen Kanäle, die die erfinderischen Südländer – angeführt von Frankreich – aushecken, immer mehr zur Kasse gebeten.

Da aber in Deutschland unter einer risikoscheuen Kanzlerin Merkel keine harten Entschlüsse gefasst werden, wird EZB-Präsident Draghi in die Bresche springen und die Märkte mit Geld überfluten, um die Zinsen und den Euro herunterzudrücken und auf diese Weise den reformunwilligen romanischen Euro-Mitgliedern zu besseren Wettbewerbsbedingungen verhelfen.

Wenn das noch lange so weitergeht, werden wir wegen des zu billigen Euros Inflation importieren und unaufhaltsam in eine Transferunion schlittern.

Für die Nordländer bedeutet dies, dass sie Inflationsraten von 3–5 Prozent in Kauf nehmen müssten. Deutsche Sparer würden also doppelt geschröpft: zum einen durch die finanzielle Repression – sprich: Nullzinsen – und zum anderen durch die Geldentwertung ihrer hauptsächlich aus Zinsanlagen und Lebensversicherungen bestehenden Ersparnisse.

Um sein Vermögen vor Inflation zu schützen, gibt es – Gott sei Dank – eine gute Lösung: Ihr Vermögen sollten die Deutschen anstatt in Zinsanlagen zunehmend in Sachwerte, in erster Linie Aktien oder Aktienfonds, umschichten.

Wie das geht und wie man kostengünstig mit einfachen Mitteln, ohne großen Aufwand, viel höhere Renditen bei begrenztem Risiko erzielen kann, habe ich in meinem Buch »Der einfache Weg zum Wohlstand«[22] leicht verständlich beschrieben. Es erklärt, wie man sein Geld anlegen kann, sodass es vor der Inflation und vor einem etwaigen Zerfall des Euro geschützt ist.

Der ehemalige Chef der Bank of England, Mervyn King, hat in seinem neuen Buch »The End of Alchemy«[23] den unausweichlichen Zusammenbruch der Europäischen Währungsunion prognostiziert:

> *»Deutschland steht vor einer schrecklichen Entscheidung: Sollen die deutschen Steuerzahler auf unabsehbare Zeit die schwachen Mitglieder der Eurozone mit Transfers unterstützen oder die Währungsunion verlassen?«*[24]

Angesichts der tiefsitzenden Schuldgefühle der Deutschen halte ich es für ausgeschlossen, dass je ein deutscher Politiker dazu den Mut hätte.

Der wahrscheinliche Auslöser für das Zerbrechen der Währungsunion sei, so King, dass die Wähler in Südeuropa von Austerität, Massenarbeitslosigkeit und der Auswanderung talentierter junger Menschen genug hätten.

Fest steht, dass der Euroclub mit seinen heutigen Mitgliedern nur existenzfähig wäre, wenn Deutschland dauerhaft den Süden finanziell unterstützen würde, also eine Transferunion einginge. Wenn aber schon beim Länderfinanzausgleich in Deutschland zwischen Geber- und Nehmerländern sogar vor Gericht über die Höhe der Ausgleichszahlungen gestritten wird, ist es nicht vorstellbar, dass Deutschland dauerhaft Transferzahlungen an die Südländer leisten würde. Wenn schon die »Familienhilfe« zu Streit führt, dann tut es die »Nachbarschaftshilfe« umso mehr.

Auf Dauer kann man den Deutschen nicht vormachen, dass sie per saldo vom Euro mehr profitierten, als sie dafür zahlen müssten. Wie schon der ehemalige US-Präsident Abraham Lincoln sagte:

> *»Man kann alle Leute für einige Zeit für dumm verkaufen, man kann einige Leute die ganze Zeit für dumm verkaufen, aber man kann nicht alle Leute die ganze Zeit für dumm verkaufen.«*[25]

Das Schicksal des Euro entscheidet sich an der Wahlurne!

Europa braucht eine »Entfesselung des Gulliver«

Wenn wir stur am Euro festhalten, wird aus dem 500-Millionen-Riesenreich Europa ein unbeweglicher Koloss, wie ihn der irische Schriftsteller Jonathan Swift in seinem satirischen Roman »Gulliver's Travels« beschrieben hat.

»Gulliver ist Arzt auf einem Schiff, das in einen Sturm gerät, und er rettet sich als Schiffbrüchiger an einen Strand. Dort schläft er ein. Als er aufwacht, findet er sich an Armen, Beinen und Haaren mit Schnüren an den Boden gefesselt. Eine Menge sechs Zoll kleiner Winzlinge klettern auf seinem Körper herum. Er wird von den Liliputanern gefangen gehalten. Wegen diverser Vergehen wird er angeklagt. Anstelle der ursprünglichen Todesstrafe planen die Liliputaner, ihn zu blenden und allmählich verhungern zu lassen. Es gelingt ihm aber zu entkommen, und er wird von einem Schiff gerettet.«

Diese Allegorie umschreibt doch trefflich die Legion von emsigen Bürokraten in Brüssel und die obskuren oder unpassenden Gesetze und Regulierungen, die bei der Kommission oder dem Euro gelten und die den europäischen »Gulliver« lähmen.

Übertragen auf Europa heißt dies, dass es vom Ziel einer immer engeren Einheit und von der Idee einer einheitlichen Regulierung und Normierung möglichst vieler Lebensbereiche Abschied nehmen sollte.

Die Form einer flexiblen, produktiven und den individuellen Bedürfnissen und Eigenheiten seiner Mitglieder adäquaten EU wäre weniger als ein Bundesstaat oder eine Republik, aber mehr als eine Freihandelszone. Sie wäre ein Staatenverbund – oder in de Gaulles Worten ein »Europa der Vaterländer«.

Eine ähnliche Vorstellung hatte schon Ludwig Erhard, indem er die USA mit Europa verglich:

»Natürlich bestehen auch drüben Unterschiede zwischen Texas, Kalifornien und Virginia, aber sie wurzeln doch nicht so tief in der Geschichte und in der Volkwerdung Amerikas, wie das in Europa der Fall ist. Wir sind nun einmal mit einer Jahrtausende alten Geschichte belastet oder auch beglückt, und das eben bedingt jene unendlich vielen Ausprägungen, die für unser Leben echte Werte bedeuten. So sind wir denn auch mit Wertvorstellungen ganz besonderer Art behaftet, belastet oder gesegnet.«[26]

Die bisher verfolgte fortschreitende Tendenz zur Zentralisierung ist im digitalen Zeitalter ein anachronistisches Modell. Denn in einer globalisierten, dynamischen Welt sind dezentrale Strukturen flexibler und anpassungsfähiger als schwerfällige Großorganisationen.

Eine flexible, dezentrale Ordnung Europas hätte den Vorteil, dass die Größe und Wirtschaftskraft Deutschlands in einem weiteren und lockereren Verbund, der auch Großbritannien, Schweden, Dänemark und die ostmitteleuropäischen Staaten einschließt, besser auszubalancieren wäre als in einem engeren Euroraum, in dem Deutschland einerseits dominant erscheint, aber andererseits in einer Minderheitsposition isoliert dasteht. Die sogenannte deutsch-französische Schicksalsgemeinschaft in Kanzler Kohls Vorstellung tut weder den beiden noch der EU gut.

Der Philosoph Peter Sloterdijk hat geraten, dass Deutsche und Franzosen von ihrer »pathogenen gegenseitigen Faszination«[27] ablassen und stattdessen zu einer wohlwollenden gegenseitigen Nichtbeachtung finden sollten.

In einer dezentraleren EU hätte auch der Euro weiterhin einen Platz. Aber es müssten nicht alle heutigen Mitglieder noch dabei sein. Vielmehr müsste die Bedingung gelten, dass für die verbleibenden oder neu hinzukommenden Mitglieder wieder vollumfänglich die Maastrichter Verträge gelten. Getreu den Worten von Hans Jörg Häfele, einstmals Staatssekretär bei Finanzminister Gerhard Stoltenberg:

> *»Wer die Regeln nicht einhält, entscheidet sich für den Austritt aus dem Euroverbund.«*[28]

Den Währungsverbund könnten diejenigen bilden, denen der Euro wie maßgeschneidert passt. Wer ihn aber als Zwangsjacke empfindet, sollte sich entweder mit einer Diät fit machen oder ausscheiden.

Die aus dem Euroverbund Ausgetretenen könnten durchaus den Euro als Zahlungsmittel weiter benutzen, daneben aber – wie dies beispielsweise der frühere Chef des ifo Instituts für Wirtschaftsforschung, Professor Hans-Werner Sinn vorgeschlagen hat – eine Parallelwährung einführen.

Das von Angela Merkel als »alternativlos« deklarierte Krisenmanagement und die dreiste Missachtung der Maastricht-Verträge, des Stabilitäts- und Wachstumspakts oder des Fiskalpakts sind allerdings von der Mehrheit der deutschen Wähler nicht mehr länger hinnehmbar.

Das zeigt sich in einem zunehmenden Verdruss der Deutschen gegenüber der Politik. Das belegt unter anderem der Zulauf, den die rechtsgerichtete AfD erfährt.

Neue Wachstumsdynamik durch ein »entfesseltes« Europa

Die »Lissabon-Agenda« 2000–2010 wurde trotz ihres eklatanten Fehlschlags 2010 von der »Agenda Europa 2020« abgelöst. Obwohl deren Ziele viel weniger ehrgeizig sind, ist jetzt schon absehbar, dass auch sie nicht erreicht werden. Bei Halbzeit ist bereits erkennbar, dass die meisten Ziele meilenweit verfehlt werden.

Die Zahlen des kumulierten Wirtschaftswachstums von 2000–2015 liefern eine niederschmetternde Botschaft. Demnach betrug es in Großbritannien +33 Prozent, in der EU +21 Prozent, in Deutschland +19 Prozent und in der Eurozone +17 Prozent. Im Klartext: Das Wachstum in Großbritannien, das nicht den Euro eingeführt hat, war doppelt so hoch wie das Wachstum in der Eurozone. Das zeigt ganz klar, dass der Euro nicht nur ein Spaltpilz ist, der bei den Mitgliedstaaten zu Hass und Zwietracht geführt hat, sondern dass er zu allem Übel auch noch eine Wachstumsbremse ist. Italien hat es noch schlimmer getroffen: Sein Wachstum in den letzten 16 Jahren beträgt 0,0 Prozent! Diese Zahlen strafen die notorischen deutschen Euro-Retter Lügen.

Der unsägliche Merkel'sche Satz: »Scheitert der Euro, scheitert Europa«[29] stimmt nur in der Umkehrung: »Scheitert der Euro **nicht**, scheitert Europa«, und zwar deswegen, weil die wirtschaftliche und politische Lähmung der Eurozone und der EU wegen der Unterschiedlichkeit der heutigen Mitglieder anhält und Europa entzweit.

Wohlgemerkt: Die Europäische Union ist ein grandioses, friedensstiftendes Projekt. Wenn es sie nicht gäbe, müsste man sie erfinden. Sie hat zu Recht 2012 den Friedensnobelpreis bekommen – nicht die Europäische Währungsunion. Die Eurozone ist dagegen ein Fremdkörper, der die EU spaltet, die Kräfte lähmt und die Atmosphäre vergiftet. Die Gleichsetzung des Euro mit der EU ist eine Irreführung.

Der Euro ist und bleibt eine Fehlentscheidung und ist ohne drastische Korrekturen zum Scheitern verurteilt.

Wenn wir nicht bald das Ruder herumreißen, sondern so weitermachen wie bisher, dann verkommt Europa – und noch mehr die Eurozone – zur Armutszone!

Neue Arbeitsplätze schaffen

Was wäre eine zündende Idee für Europa, die eine Aufbruchstimmung erzeugen würde? Neue Arbeitsplätze! Der europäische Koloss – der »Gulliver« – muss sich von den Fesseln befreien, die der Euro und die emsigen bürokratischen »Liliputaner« in Brüssel ihm angelegt haben.

Dann werden deutsche Unternehmen wieder verstärkt in Deutschland Investitionen tätigen. Experten haben festgestellt, dass die deutsche Industrie, gemessen an ihren bilanziellen Abschreibungen, seit 2002 nur 85 Prozent wieder in Deutschland reinvestiert. Mit anderen Worten: Es wird nicht einmal das zu 100 Prozent ersetzt (Maschinen, Anlagen und Bauten), was abgeschrieben wurde. Ein Drittel der energieintensivsten Industriebetriebe planen, ihre Produktion ins Ausland zu verlagern. Eine schleichende De-Industrialisierung findet statt. Die deutsche Industrie wandert aus, und ein Heer von Asylanten wandert ein. Deutschland muss ein längst überfälliges Einwanderungsgesetz beschließen, ähnlich wie es in den USA, Kanada oder Australien besteht. Schon vor 25 Jahren hatte der damalige Bundespräsident Richard von Weizsäcker gesagt:

> *»Asylrecht gilt für die, die uns brauchen, Einwanderungsrecht gilt für die, die wir brauchen.«*[30]

Die freien Marktkräfte müssen sich entfalten können, wenn Investitionen getätigt und neue Arbeitsplätze geschaffen werden sollen. Mit anderen Worten: Die Bürokratie muss gefesselt, die Wirtschaft entfesselt werden. Je mehr Entfaltungsmöglichkeit der freie Markt hat, desto mehr steht zur Verteilung im sozialen Bereich zur Verfügung.

Die deutsche Politik hat zwei Möglichkeiten, wie sie die Flut von Flüchtlingen absorbieren und finanzieren kann: Entweder durch Steuererhöhungen – dann vertreibt sie noch mehr Unternehmen ins Ausland – oder durch Steuersenkungen und eine Deregulierung und Entbürokratisierung und alles, was das Unternehmertum zu stark hemmt und behindert. Darauf hat Ludwig Erhard mit den Worten hingewiesen:

> *»Auch muss auf die unlösbare Verbindung zwischen Wirtschaft und Sozialpolitik aufmerksam gemacht werden. Tatsächlich sind umso weniger sozialpolitische Eingriffe und Hilfsmaßnahmen notwendig, je erfolgreicher die Wirtschaftspolitik gestaltet werden kann.«*[31]

Das heißt auch, dass im Sozialstaat Einschnitte erforderlich sind. Angela Merkel hat schon mehrmals davon gesprochen, dass Europa mit seinen 500 Millionen Einwohnern gerade mal 7 Prozent der Menschheit ausmache, dass es aber 50 Prozent der Sozialleistungen der Welt aufwende.

Im Informationszeitalter 4.0 verändern der Computer und die Telekommunikation auch die Organisationsstrukturen radikal, sowohl auf der politischen wie auf der wirtschaftlichen Seite, bis hinunter zur betrieblichen Ebene:

- Dezentralisierung anstatt Zentralisierung

- Föderalismus anstatt Zentralismus
- Staatenverbund anstatt Bundesstaat.

Frankreich hat eine zentralistische Tradition. Unter Frankreichs Einfluss haben sich auch Brüssel und die EU bisher zentralistisch konstituiert. Diese Entwicklung hat keine Zukunft.

Europas Stärke liegt gerade in der Vielfalt seiner Traditionen, seiner Talente und Temperamente. Es kommt nicht darauf an, die Schwächen der Einzelstaaten auszumerzen, sondern darauf, die Stärken auszuspielen und zu bündeln.

In der Zwangsjacke des Euro wird versucht, die Schwächen zu beseitigen. Das ist die falsche Methode.

Europa ist ein faszinierender Kontinent, der wie ein Magnet Jahr für Jahr Millionen von Touristen aus Amerika, Afrika und Asien anzieht. Wir sollten uns aber nicht nur für unsere reichhaltige Geschichte und Kultur bestaunen lassen, sondern auch als dynamische Wirtschaftsmacht.

Eine neue Dynamik entsteht durch einen arbeitsteiligen, freien Markt, in dem jedes Mitgliedsland seine Fähigkeiten und Talente bestmöglich zum Einsatz bringen kann. Nur mit einem »entfesselten Gulliver« lässt sich Europa erneuern und eine prosperierende Zukunft schaffen!

Europa der Marktwirtschaften – Hat die Ordnungspolitik eine Chance?

(Ulrich Horstmann, Stephan Werhahn)

Europa ist in wirtschaftlicher Hinsicht vielgestaltig. Wir sprechen daher in unserem Steinbeis-Institut auch von einem »Europa der Marktwirtschaften«. Das »bunte Bild der Vielfalt« zeigt, dass es zwar einen gemeinsamen Markt, aber eben keine einheitliche europäische Marktwirtschaft gibt. Allein der Vergleich der drei ökonomisch wichtigsten drei Staaten Europas macht dies offensichtlich: So ist die Marktwirtschaft in Großbritannien tendenziell freier und liberaler konzipiert, Interventionen werden im Gegensatz zu Richtlinien der Regierungen in unserem Nachbarland Frankreich abgelehnt. Zentrale Planungsansätze sind für Frankreich typisch und traditionell verankert. Die ausgeprägtere Staatslenkung wurde bereits im Zeitalter des Merkantilismus unter Jean-Baptiste Colbert[32] verwirklicht. In seiner Amtszeit wurden Infrastrukturinvestitionen gefördert, Schutzzölle eingeführt und Monopole eingerichtet. Zur Finanzierung des aufwendigen Hoflebens, der Verwaltung und des Heeres wurden hohe Steuern erhoben. Es sind nicht nur Sozialisten, die dieses Modell auch für Europa als richtig erachten. So erklärte der frühere französische Staatspräsident Sarkozy vor dem Europaparlament am 21. Oktober 2008: »Die Eurozone [kann] ohne eine klar identifizierte Wirtschaftsregierung nicht fortfahren«.[33]

Und wie sieht es in Deutschland aus?

Den ursprünglichen Vorstellungen einer Sozialen Marktwirtschaft, wie sie in Deutschland nach dem Zweiten Weltkrieg konzipiert und bis 1966, dem Jahr des politischen Abgangs Ludwig Erhards, verwirklicht wurde, wird kaum mehr entsprochen. Trotz zwischenzeitlicher Lippenbekenntnisse von Politikern aus allen politischen Lagern bewegt man sich immer weiter davon weg. Das deutsche Wirtschaftssystem ist derzeit allenfalls noch eine

»gelenkte Marktwirtschaft«. Deutschland ist damit kein Vorzeigeland für Ordnungspolitik mehr, sondern bewegt sich in der EU vielleicht noch im oberen Mittelfeld. Per saldo sind in Nordeuropa und in angelsächsisch geprägten Staaten ordnungspolitische Vorstellungen nach wie vor maßgebend (in der folgenden Liste als regelbasierter Politikstil bezeichnet), während im Süden eher ein situativ angepasstes Vorgehen zu beobachten ist. Die staatlichen Verwaltungsstrukturen sind geringer ausgeprägt, wie das Beispiel Griechenland zeigt. Das geht dann so weit, dass viel zu wenig Steuern eingenommen werden. Es bestehen nicht einmal die notwendigen Verwaltungsstrukturen, um eine Besteuerung durchzuführen (von einer fairen Lastenverteilung ganz zu schweigen). Diejenigen, die dazu wirtschaftlich gut in der Lage wären, entziehen sich ihrer gesellschaftlichen Verantwortung (z. B. durch Wohnsitzverlagerung ins Ausland). Die Bürger verhalten sich bei der Umgehung von Steuerzahlungen solidarisch, sie sind staatskritischer als im Norden und beuten ihn noch gezielter aus. Das führt dann dazu, dass der private Reichtum in südeuropäischen Ländern relativ größer ist als im Norden mit effizient arbeitenden Steuerbehörden und staatsloyaleren Bürgern. Die deutlich höheren Schwarzarbeitsquoten (Anteil am BIP) in Südeuropa bestätigen das Bild einer größeren Staatsferne in romanisch geprägten Staaten.

	Wirtschaftssystem	Staatsquote 2014 (in %)	Währung	Politikstil (regelbasiert/ situativ)	zentralistisch/föderal	Schwarzarbeitsquote 2015 (Anteil am BIP in %)
Belgien	(gelenkte) Marktwirtschaft	55,1	Euro	regelbasiert	föderal	16,2
Bulgarien	staatsgelenkte Marktwirtschaft	42,1	Lew	situativ	eher zentralistisch	30,6
Dänemark	Marktwirtschaft	56,0	Dänische Krone	regelbasiert	eher föderal	12,0
Deutschland	(gelenkte) Marktwirtschaft	44,3	Euro	regelbasiert	föderal	12,2
Estland	Marktwirtschaft	38,0	Euro	regelbasiert	eher zentralistisch	26,2
Finnland	Marktwirtschaft	58,3	Euro	regelbasiert	eher föderal	12,4
Frankreich	staatsgelenkte Marktwirtschaft (Industriepolitik)	57,5	Euro	situativ	zentralistisch	12,3
Griechenland	Marktwirtschaft (mit schwacher Verwaltung)	49,9	Euro	situativ	eher föderal	22,4
Irland	Marktwirtschaft	38,2	Euro	regelbasiert	eher zentralistisch	11,3
Italien	gelenkte Marktwirtschaft	51,2	Euro	situativ	eher föderal	20,6
Kroatien	Marktwirtschaft	48,2	Kuna	situativ	eher föderal	27,7
Lettland	Marktwirtschaft	37,3	Euro	regelbasiert	eher föderal	23,6
Litauen	Marktwirtschaft	34,8	Euro	regelbasiert	eher zentralistisch	25,8
Luxemburg	Marktwirtschaft	42,4	Euro	regelbasiert	eher zentralistisch	8,3

	Wirtschaftssystem	Staatsquote 2014 (in %)	Währung	Politikstil (regelbasiert/ situativ)	zentralistisch/föderal	Schwarzarbeitsquote 2015 (Anteil am BIP in %)
Malta	Marktwirtschaft	43,1	Euro	situativ	eher zentralistisch	24,3
Niederlande	Marktwirtschaft	46,2	Euro	regelbasiert	eher föderal	9,0
Österreich	gelenkte Marktwirtschaft	52,7	Euro	regelbasiert	eher zentralistisch	8,2
Polen	Marktwirtschaft	42,1	Złoty	regelbasiert	zentralistisch	23,3
Portugal	Marktwirtschaft	51,7	Euro	situativ	eher zentralistisch	17,6
Rumänien	Marktwirtschaft	34,9	Leu	situativ	eher zentralistisch	28,0
Schweden	gelenkte Marktwirtschaft	51,8	Schwedische Krone	regelbasiert	eher föderal	13,2
Slowakei	Marktwirtschaft	41,6	Euro	regelbasiert	eher zentralistisch	14,1
Slowenien	Marktwirtschaft	49,8	Euro	regelbasiert	eher zentralistisch	23,3
Spanien	gelenkte Marktwirtschaft	44,5	Euro	situativ	eher föderal	18,2
Tschechische Republik	Marktwirtschaft	42,6	Tschechische Krone	regelbasiert	eher föderal	15,1
Ungarn	Marktwirtschaft	49,9	Forint	situativ	eher zentralistisch	21,9
Vereinigtes Königreich	Marktwirtschaft	43,9	Britisches Pfund	regelbasiert	eher föderal	9,4
Zypern	Marktwirtschaft	49,3	Euro	situativ	eher föderal	24,8

Quellen: Statista (Staatsquoten)[34], Friedrich Schneider: »Size and Development«, S. 6, (Schwarzarbeitsquote)[35]

Auch religiöse Orientierungen sind traditionell gesellschaftsprägend und spielen nach wie vor eine große Rolle. Im stärker ordnungspolitisch ausgerichteten Norden ist der Protestantismus – mit einer größeren Staatsnähe und regelbasierten Politikstilen – vorherrschend. Auch die USA stehen in dieser Tradition, während Südamerika in Folge der spanischen und portugiesischen Kolonisierung römisch-katholisch geprägt ist. Wie der Süden Europas sind Bayern und große Teile Westdeutschlands (z. B. das Rheinland) traditionell von Wertvorstellungen der katholischen Kirche beeinflusst. Sie agiert eher überstaatlich und ist (aus historischer Perspektive) in der Lage, temporäre staatliche Gebilde zu überdauern.

Deutschland ist zwar »zweigeteilt« mit einem stark protestantischen Nordosten, beide Kirchen prägten aber die Soziale Marktwirtschaft hierzulande. So flossen die katholische Soziallehre und die evangelische Sozialethik bei den Ordnungsvorstellungen der Freiburger Schule mit ein.[36]

Im Süden sind Familien noch eher gesellschaftsprägend, im Norden – auch zur Abwehr wirtschaftlicher Not – eher Vorstellungen staatlich organisierter Absicherung. Dieser gesellschaftliche Überbau ist vermutlich auch eine Folge asketisch strenger und von oben gesteuerter Infrastrukturmaßnahmen und der gezielten Nutzbarmachung knapper Ressourcen. Landwirtschaftlich nicht so ertragreiche Böden und eine rauere Natur erforderten eine gesellschaftlich stärker übergreifende Kooperation; Preußen ist hierfür ein Beispiel. Gleichzeitig war Deutschland aber historisch bis zur Reformation auch Teil des Heiligen Römischen Reichs mit klarer Ausrichtung am religiösen Zentrum Rom.

Vorstellungen von Ordnungspolitik sind in Europa damit nicht durchgängig vertreten, das gilt insbesondere für den Euroraum. Insofern ist es nicht verwunderlich, dass auch die Geldpolitik inzwischen weniger regelgebunden ist. Ein mehrheitlich ordnungspolitischer Politikstil ist nicht absehbar, im Gegenteil. Sollte Großbritannien aus dem EU-Verbund ausscheiden (»Brexit«), dann würden sich verstärkt zentralistisch situative Politikstile ergeben, wie sie z. B. in Frankreich üblich sind. Dieser »Interventionismus« wird von Anhängern der Selbstregulierung der

Marktwirtschaft abgelehnt. Sie setzen zu Recht auch auf föderale Strukturen. Regierungen von Zentralstaaten neigen eher zur Hybris, der Übergang zu totalitären Strukturen ist leichter möglich, im Gegensatz zu bürgernäheren subsidiären Lösungen, die z. B. die katholische Soziallehre vorsieht.

Der historisch erklärbare Riss in Europa – er geht auch durch Nationalstaaten – wird vertieft, wenn sich der Mechanismus von Nord-Süd-Finanztransfers verstärkt. Dann würde Europa scheitern, nicht primär durch den Euro. Mit der Aufgabe ordnungspolitischer Regelbindungen verliert aber auch die gemeinsame Währung an Glaubwürdigkeit. Die unterschiedlichen Politikvorstellungen lassen sich dann nicht mehr flexibel vereinbaren. Das neue Umverteilungskorsett schafft Zwietracht. In einem Verbund, der nicht mehr auf »Hilfe zur Selbsthilfe«, sondern auf Dauersubventionierungen setzt, wirkt dies zunehmend spaltend (auch Nationalstaaten werden so gelähmt, wie die Nord-Süd-Transfers in Italien zeigen). Nach dem absehbaren Scheitern der Transferunion müssten südeuropäische Regionen ohnehin wieder selbstverantwortlich wirtschaftlich tätig werden.

Erneuerung des Föderalismus und der Geldverfassung (Ulrich Horstmann)

In der EU wurde das Subsidiaritätsprinzip inzwischen auf den Kopf gestellt und die Bürokratie dringt in Lebensbereiche ein, die sinnvollerweise nicht zentralistisch gelöst werden sollten. Bei den Bürgern kommt die Brüsseler Verordnungswut nicht gut an. Das Glühlampenverbot oder Verkaufsverbote für Staubsauger über 1.600 Watt Leistung in der EU sind abschreckende Beispiele. Nicht mehr die Verbraucher, die im Fokus der Erhard'schen Wirtschaftspolitik standen, entscheiden, sondern die zunehmend zentralistisch agierenden EU-Behörden. Mit dieser neuen EU-Technokratenherrschaft scheint der Weg zu einer zentralen Verwaltungswirtschaft geebnet.

Der Föderalismus scheint an Bedeutung zu verlieren. Hierzulande spricht man in diesem Zusammenhang oft auch vom Subsidiaritätsprinzip, das der Nestor der katholischen Soziallehre, Oskar von Nell-Breuning erläuterte:

> *»Das Prinzip handelt von der Hilfe, die das Gemeinwesen seinen Gliedern schuldet (subsiduum = Hilfeleistung, subsidiarum officium = Pflicht zur Hilfeleistung). Die beste (Gemeinschafts-)Hilfe ist die Hilfe zur Selbsthilfe. Alle Hilfe, schon der Eltern für ihre Kinder, soll diesen die eigene Entfaltung durch Regen ihrer eigenen Kräfte möglich machen, erleichtern, fördern. Das und nichts anderes fordert das Subsidiaritätsprinzip. Wer stattdessen mit seiner Hilfe sich an die Stelle dessen setzt, dem geholfen werden soll, hilft ihm in Wahrheit nicht, sondern hält ihn in Unmündigkeit und Unselbstständigkeit, indem er ihn am Regen der eigenen Kräfte hindert; das ist das genaue Gegenteil von Hilfe und verstößt darum gegen das Prinzip. – Der Anklang an unser Fremdwort ›subsidiär‹ = Notbehelf, Ersatz, Lückenbüßer hat leider zu dem unausrottbaren Missverständnis geführt, die Gemeinschaft dürfe nur dort, wo die Kräfte des*

Einzelnen versagen, behelfsmäßig oder ersatzweise eingreifen; längst vorher muss die Gemeinschaft Vorleistungen erbringen, durch die sie überhaupt erst die Voraussetzungen dafür schafft, dass der Einzelne (oder die engere Gemeinschaft) bestehen und irgendetwas unternehmen kann.«[37]

Populäre Redewendungen beschreiben dieses Prinzip heute mit »Hilfe zur Selbsthilfe« (z. B. als Prinzip der Entwicklungshilfe) oder »Fördern und Fordern«. Das Subsidiaritätsprinzip betont den Vorrang der persönlichen Verantwortung vor der des Kollektivs. Dieses grundlegende Prinzip fand bereits in der am 15. Mai 1931 von Papst Pius XI. veröffentlichten Enzyklika »Quadrogesimo anno« seinen Niederschlag. Die katholische Kirche rang damals um Antworten auf die zentralistisch organisierten Machtansprüche neuer Ideologien und ihrer Parteien – dem Marxismus in der Sowjetunion, dem Faschismus in Italien und der damaligen nationalsozialistischen Oppositionspartei NSDAP in Deutschland.

Nell-Breuning spricht auch für den Vorrang föderaler Strukturen gegenüber zentralstaatlichen Lösungen:

»Wie die Stadt oder Ortsgemeinde jeden, solange er in ihr wohnt, zu ihren Bürgern zählt, so sollten diese Leistungsgemeinschaften alle an der betreffenden Aufgabe oder dem betreffenden Dienst Beteiligten (z. B. die in Einrichtungen des Bildungswesens oder des Gesundheitsdienst Tätigen) umfassen. Wie die Einwohnergemeinde ihre Angelegenheiten in Selbstverwaltung erledigt, so sollten auch diese Leistungsgemeinschaften alles, was ihre Aufgabe oder ihren Dienst betrifft, in Selbstverwaltung übernehmen und so den heute maßlos überlasteten Staat entlasten und ihm ermöglichen, sich ganz seinen spezifischen Aufgaben zuzuwenden, nämlich alles – aber auch nur das – zu regeln, was über den Bereich der einzelnen Einwohnergemeinde oder der einzelnen Leistungsgemeinschaft hinausgreift.«[38]

Das klingt nach wie vor aktuell und ist damit ein zeitgemäßer Aufruf zur ordnungspolitisch effizienteren Umgestaltung von

Europa. So kommt in der heutigen EU dieses bewährte Regelungsprinzip der katholischen Soziallehre viel zu wenig zur Geltung. Der amerikanische Soziologe Charles Wright Mills prägte den Begriff »organisierte Unverantwortlichkeit«. Delikte werden dabei vergesellschaftet. Wer ist z. B. bereit, das Scheitern der Euro-Rettungspolitik zu verkünden? Die inzwischen große Zahl der für das Desaster Verantwortlichen in Politik und Wirtschaft ziehen sich zurück. Im Zweifel wird angesichts der unklaren Gemengelage die Schuld auf den oder die anderen geschoben. Diesen moralischen Verfall beschrieb bereits Charles Wright Mills:

> *»Das Wort ›Krise‹ ist als Begriff entwertet; zu oft haben die Männer der Führung sich darauf berufen, um ihre ungewöhnlichen Pläne und Entscheidungen zu rechtfertigen. Im Gegenteil, gerade die Abwesenheit von Krisen kennzeichnet die höhere Unmoral. Denn bei echten Krisen haben wir es mit Situationen zu tun, in denen die Menschen vor echten Alternativen stehen, deren moralische Bedeutung in der Öffentlichkeit diskutiert wird. Die Entwicklung der höheren Unmoral, die damit verbundene allgemeine Schwächung der alten Werte und die organisierte Verantwortungslosigkeit haben keinerlei öffentliche Krisen mit sich gebracht; im Gegenteil, diese Entwicklung vollzog sich als allmähliche Ausbreitung von Indifferenz und als unbemerkte Aushöhlung der politischen Moral«.*[39]

Die komplexe EU-Bürokratie und das schwierige Zusammenspiel mit den Nationalstaaten ist »organisierte Unverantwortlichkeit« auf der politischen Ebene, wobei sich der Euro zunehmend als Spaltpilz Europas erweist. Diese Missstände könnten durch klare Aufgaben, transparente Zuordnungen und eine entmischte Finanzierung behoben werden. Thomas Mayer spricht von einem »konföderalen, demoikratischen (sic!) Europa«[40].

Europa könnte auch von amerikanischen Erfahrungen profitieren. Selbst in den USA, immerhin ein Nationalstaat, werden marode Bundesstaaten finanziell weder von der Bundesregierung noch von anderen Teilstaaten gestützt. Dies führte zu einer verantwortungsvolleren Finanzpolitik auf der Ebene der Teilstaaten.

Europa müsste nur den gleichen Weg wie die US-Amerikaner gehen, die eben innerhalb ihres föderalen Systems keinen Finanzausgleich etablierten. Die jetzt in der EU de facto geschaffene »Transferunion« hat seit Jahrzehnten einen inländischen Vorläufer, den langjährig umstrittenen sogenannten »Länderfinanzausgleich«.

Der Länderfinanzausgleich ist ein langjährig etablierter staatsorganisationsrechtlicher Mechanismus zur Finanzmittelumverteilung zwischen Bund und Ländern; sie sollen so mit den zur Erfüllung ihrer jeweiligen Staatsaufgaben notwendigen Mitteln ausgestattet werden. Statt des Anreizes, subsidiär den Landeshaushalt zu konsolidieren, stand die Nivellierung im Fokus. Es wurde ein immer aufwendigerer Umverteilungsapparat geschaffen. Während in den 1950er-Jahren die Zahl der Geber- und Nehmerländer bei geringen Transfers noch ausgeglichen war, sind derzeit als stabile Geberländer nur noch Baden-Württemberg, Bayern, Hessen und Hamburg übrig geblieben. Die restlichen zwölf Bundesländer sind inzwischen Empfängerregionen mit Berlin deutlich an der Spitze.

Der negative Anreizeffekt dieser Hilfen ist problematisch. Bei dem Ringen um die Wiederwahl sind Politiker bestrebt, ihre Budgets zu erhöhen. Berlin beispielsweise plant die Subventionen durch Geberländer fest ein. Sie werden Bestandteil eines Besitzstandsdenkens von Politikern in den Nehmerländern. Berliner Politiker agieren da gar nicht anders als griechische. Das Transfersystem ist falsch. Eine solche fragwürdige »Prämie auf Verarmung« steht im Gegensatz zu Leitbildern wie dem oben beschrieben Subsidiaritätsprinzip (Hilfe zur Selbsthilfe), der Eigenverantwortung und dem Wettbewerbs- und Fiskalföderalismus. Zu Recht ist der Finanzausgleich innerhalb Deutschlands seit vielen Jahren wegen seiner Fehlanreize (finanziell angeschlagene Staaten planen den Finanzausgleich ein, anstatt zu sparen) umstritten und sollte kein »Modell für Europa« sein. Es bestünde dann sogar die Gefahr, dass der »Brüsseler Moloch« sich zu einer Despotie entwickelt, da vermeintlich nur mit einer rigiden bürokratischen Führung die Krisen gelöst und der EU-Wohlfahrtsstaat gewährleistet werden kann.[41] Im Zweifel wird auf Pump ein fragwürdiges Wachstum angefacht, um die Verteilungsspielräume möglichst kurzfristig zu vergrößern. Die politisch forcierte Wachstumspolitik wirkt für die Gesellschaft wertzerstörend. Sie wird ärmer, obwohl die BIP-Steigerungsraten etwas anderes signalisieren. So rechnen sich die auf Pump finanzierten öffentlichen Programme oft nicht, die Sozialpolitik ist auch, dank der nach dem Parkinson'schen Gesetz ausufernden Bürokratie, gesellschaftlich schädlich. Sie kostet mehr, als sie Nutzen stiftet. Subsidiäre Hilfe ist besser. Daher müssen klare Schranken für die Staatsaktivität gesetzt werden.

Warnungen und bessere Vorschläge aus der Wissenschaft gibt es genug. Bereits Adolf Wagner setzte auf eine »verfassungsmäßige, aber veränderungsfähige Ordnung, persönliche Freiheit und Freizügigkeit, stabile Geld- und Kreditwirtschaft mit metallischer Deckung«[42]. Staatliche Ordnung soll nach Walter Eucken erst die Freiheit wirtschaftlichen Handels sichern, hierfür formulierte er »konstituierende und regulierende Prinzipien«[43]. Zu den sieben konstituierenden Prinzipien gehört als zweites Grundprinzip auch ein stabiles Geldsystem mit automatischen Sicherungen, um vor dem Zugriff von Politikern geschützt zu sein. Die regelgebundene Geldpolitik der unabhängig konzipierten Deutschen Bundesbank entsprach diesem Vorbild, der umverteilende Euro nicht mehr. Vor dem Ersten Weltkrieg setzten die entwickelten Staaten sogar noch auf die Sicherung der Währung durch Edelmetalle. Die spätere Entwicklung gab den damaligen Entscheidungsträgern recht. Es gibt zwar Indizien, dass mit der Auflösung des Goldstandards seit Beginn des Ersten Weltkriegs die wirtschaftlichen Zyklen abnahmen. Zunehmend wurde aber ein schuldengetriebenes Wachstum forciert, das vermutlich sogar die ökologischen Schäden und die Erderwärmung verstärkte. Während die Wirtschaftszyklen durch den Ausbau des staatlichen Sektors geglättet wurden, nahmen die Systemrisiken durch die schuldengetriebene Politik zu.

Dieses politikinduzierte Wachstum ist auch nicht wertschöpfend, sondern schwächt die Volkswirtschaften. Die Fähigkeit der Gesellschaft und der Bürger, wirtschaftliche Schocks zu absorbieren, wird geschwächt. Der Raubbau an Ressourcen und die Altlasten in einer vergifteten Umwelt in den ehemaligen Ostblockstaaten sind Ausdruck dieser fehlgeleiteten Wachstumsideologie, die Alfred Müller-Armack und Ludwig Erhard kritisierten:

»Die zahlreichen Anekdoten um die sozialistischen ›Tonnenideologie‹ sind ein beredtes Beispiel für die Folgen des sozialistischen Profitmotivs.«[44]

Herbert Gruhl wies 1983 in einem »Spiegel«-Essay auf den Verrat an Ludwig Erhard hin.[45] In diesem Artikel zitiert Gruhl aus dem heute weitgehend unbekannten, aber äußerst lesenswerten Buch »Soziale Marktwirtschaft – Ordnung der Zukunft«, das Ludwig Erhard zusammen mit Alfred Müller-Armack im Jahr 1972 herausgab:

»Es ist also nicht wahr, dass eine Marktordnung wie die Soziale Marktwirtschaft wesentlich auf die Maximierung des Sozialprodukts oder sonst eines Einzelzieles gerichtet ist. Sie ist auf überhaupt kein Ziel gerichtet als nur das eine, ein geordnetes Zusammenleben der Menschen zu ermöglichen, damit jeder seine eigenen Ziele überhaupt erst mit grundsätzlicher Aussicht auf Erfolg verfolgen kann. [...] Glaubt eine Mehrheit von Menschen, Konsum und Wirtschaftswachstum bedeute höchste Lebenserfüllung, so wird die Marktwirtschaft auch die bestmögliche Verfolgung der Ziele Konsum- und Wachstumsmaximierung ermöglichen, aber sie ermöglicht genauso die Verwirklichung ganz anderer Werte durch eine Mehrheit oder Minderheit ihrer Mitglieder.«[46]

Die heutige Wachstumsratenpolitik lehnte Ludwig Erhard ab. Dennoch ist der Gedanke, Wirtschaftswachstum durch politische Impulse zu fördern, in der Europäischen Union weit verbreitet.

Die ordnungspolitischen Vorstellungen sind nach Ländern sehr unterschiedlich, insbesondere in Frankreich wird der Ruf nach zentraler Wirtschaftsplanung immer wieder laut. Das ist nicht neu. Dazu wieder Ludwig Erhard und Alfred Müller-Armack:

»Innerhalb der EWG (Anmerkung der Verfasser: Vorläufer der EU) bestehen unterschiedliche Wirtschaftsvorstellungen. Das Ergebnis darf aber nicht ein Kompromiss sein, der weder wirtschaftspolitisch noch politisch befriedigt. Ein klares wirtschafts-, währungspolitisches und politisches Ziel, wie es eine echte Wirtschafts- und Währungsunion darstellt, verlangt auch klare ordnungspolitische Richtlinien und Gemeinschaftsinstitutionen mit wirksamen Kompetenzen. Sie müssen handlungsfähig sein. Dazu gehören eine Abgrenzung zwischen den Aufgabenbereichen von Geld- und Fiskalpolitik, eine unzweideutige Aussage über den Umfang des politischen Einflusses auf die Währungs- und Wirtschaftspolitik und die Betonung der Stabilität. Denn wenn sich mehrere Partner zu gemeinschaftlichen Aktionen in Organen zusammenfinden, von denen die Mehrzahl vom Standpunkt der Stabilitätsnorm gesehen eine recht laxe Moralauffassung hat, sollte man nicht so naiv sein zu glauben, dass sich die bessere Moral qua ihrer moralischen Überlegenheit durchsetzt. Zur Förderung einer besseren Moral müssen schon einige ›handfeste Korsettstangen‹ eingezogen werden.«[47]

Die geforderten handfesten Korsettstangen sind in der EU beiseite geräumt worden, die heutige EZB folgt einer »laxen Moralauffassung«. Es wird bequem Geld gedruckt und die Politiker müssen die notwendigen Anpassungslasten nicht im geforderten Umfang umsetzen. Leider ist auch in der Bundesrepublik Deutschland wenig von Erhards »Sozialer Marktwirtschaft« übrig geblieben. Die jetzige »gelenkte Marktwirtschaft« orientiert sich mehr und mehr an von Frankreich inspirierten Planungsvorstellungen (Planification), die auch für die EU mehr und mehr maßgeblich sind. Das Geldsystem darf diesem Politikverständnis nicht weiter die Grundlage verschaffen. Eine besonders sichere Korsettstange für eine stabile Währung wäre eine Golddeckung.

Daher ist auch in Anlehnung an die österreichische Schule wieder eine zinserhöhende Golddeckung der Währung erforderlich, um das zentralistisch gesteuerte Geldsystem wieder marktwirtschaftlichen Ordnungsvorstellungen anzunähern. Die unbegrenzte Mittelflutung steht der Auffassung entgegen, dass Geld ein knappes Gut sei. Bei höheren Zinsen und der notwendigen Begrenzung der Geldmenge würden sich viele Investitionen nicht mehr rechnen. Die Funktionsfähigkeit der Marktwirtschaft würde wiederhergestellt, Asset-Blasen vermieden. Eine goldgekoppelte Währung würde auch die schuldentreibende Macht der Politiker begrenzen, ein nicht zu unterschätzender Vorteil. Unter dem Strich würden damit die Steuerlasten für die Bürger sinken und der Spielraum für das eigene Abfedern der Lebensrisiken würde wieder erhöht.

Europa und den Euro mit Marktwirtschaft aus der Krise führen

(Stephan Werhahn)

In Anbetracht des Krisenbefunds der heutigen europäischen Wirtschaft und Politik, fragt man sich, was wird aus Europa, was wird aus dem Euro? Können die marktwirtschaftlichen Prinzipien in der Gestaltung Europas helfen?

Um es gleich vorwegzunehmen, wir – die Autoren dieses Buchs – meinen, ja. Um der Frage eines »Europas der Marktwirtschaften« auch wissenschaftlich nachzugehen, haben wir ein Institut dieses Namens gegründet.

Zunächst einmal ist klarzustellen: Es gibt politisch und ökonomisch für die ca. 500 Millionen Menschen dieses Kontinents gar keine sinnvolle Alternative zu Europa, oder wie es Margaret Thatcher häufig ausdrückte: »TINA – there is no alternative.«[48]

Nach Jahrhunderten von Kriegen und Spannungen, die aktuell leider wieder aufbrechen, ist es notwendig, auf ein klares »Europa der Zukunft« hinzuwirken. Gerade wegen der aktuellen Lage im Osten Europas, aber auch überall dort im Süden und Westen, wo Massenarbeitslosigkeit und Hoffnungslosigkeit herrschen, ist ein nach innen und außen gestärktes Europa erforderlich.

Es ist daher vorab auch zu fragen, in welcher Richtung eine tragfähige Lösung für ein zukünftiges marktwirtschaftliches Europa zu finden ist?

Wir haben im Prinzip drei Wege zur Auswahl:

1. Eine Art **europäische Republik oder Bundesstaat**: ein – wenn auch verspäteter – Durchbruch zu den Vorschlägen von Winston Churchill »We must build a kind of United States of Europe«[49]. Auch die Visionen von Europa des derzeitigen europäischen Parlamentspräsidenten Martin Schulz (SPD), seines Vorgängers Hans-Gert Pöttering (CDU) oder des damaligen

Außenministers Joschka Fischer (BÜNDNIS 90/DIE GRÜNEN) und seiner liberalen Vorgänger im Amt sehen ähnlich aus: ein machtvolles Parlament, das eine Exekutive wählt und mit Gesetzesinitiative und Budgetrecht ausgestattet ist. Diese Visionen sind leider heute nicht durchsetzbar und daher politisch unrealistisch. Sie bleiben aber in der Ferne möglich, und zwar trotz der Tatsache, dass die öffentliche Unterstützung für die EU durch die Eurokrise und die Zentrifugalkräfte als Reaktion auf die jahrelange Zentralisierung und bürgerfernen Regulierungen von oben nachgelassen hat.

2. Eine Weiterentwicklung der **europäischen Transfer- und Haftungsunion** mit starker zentraler Koordination der Fiskal- und Geldpolitik auf der Basis eines immer komplexeren Vertragswerks, das nur z. T. beachtet, aber gerade in Krisenzeiten missachtet wird. So wird es jetzt in der Eurozone praktiziert, insbesondere von Frankreich, Italien, Spanien u. a. Südwest-Ländern mit dem Ziel der Vergemeinschaftung der Schulden, um Zeit für Strukturanpassungen zu haben. Sie werden dabei im Rat der EZB von ihrer eigenen Mehrheit und von einem hyperaktiven Mario Draghi unterstützt.

3. Ein **»Europa der Marktwirtschaften«** – die Alternative, die wir, die Autoren dieses Buchs, favorisieren: Eine eher flexible Kooperation aller Länder und Staaten in einer EU, die gemeinsame christlich-abendländische Werte, subsidiäre Institutionen, Grundlagen und Rahmenbedingungen für den kontrollierten Wettbewerb haben und sich gemeinsame Grundregeln des Zusammenlebens geben, insbesondere auf Eigenständigkeit, Vielfalt seiner Kulturen und Mentalitäten achten, die aber auf eine immer engere Einheit, Zentralität, einheitliche Regulierungen und Normierungen möglichst vieler Lebensbereiche verzichten. Nennen wir es mal ein »Europa der Marktwirtschaften«, mehr jedenfalls als eine reine Freihandelszone.

Unstreitig sind wohl der freie Fluss von Waren, Gütern und Menschen, die Harmonisierung der Produktstandards und der Steuersysteme, z. B. einer gemeinsamen Bemessungsgrundlage, aber mit durchaus unterschiedlichen Steuersätzen, sowie eine gemeinsame Außen-, Sicherheits- und Umweltpolitik.

Dies sind schon einmal wichtige Schritte, um das Ziel zu erreichen, den Frieden und den Wohlstand in Europa zu sichern. Dies ist auch für alle europäischen Staaten attraktiv, angesichts der erneuten Bedrohung durch Russland.

Wenn wir aber mehr wollen als eine reine Freihandelszone, insbesondere wenn wir eine gemeinsame stabile Währung haben wollen, dann müssen wir weiterfragen:

Wie kann der Euro mit seinen positiven Wirkungen erhalten werden, wie seine Zukunft aussehen? Um seine noch unvollkommenen Strukturen, die zweifellos – davon handelt diese Kapitel – noch dringend geändert werden müssen, zu verändern, bedarf es vor allem mutiger, kluger und führungsstarker Politiker. Die Bürger Europas sind dazu aufgerufen, diese Politiker ausfindig zu machen, in den politischen Parteien aufzustellen und dann zu wählen.

Dies ist auch die Motivation des Instituts »Europa der Marktwirtschaften« für ein Buch wie dieses, für das zeitaufwendige Engagement, um Europa letztendlich besser aufzustellen. Europa ist nun mal unser aller Heimat.

Zunächst geht es darum, die Lage zu verstehen: die allmähliche Eskalation der Eurokrise nachzuzeichnen, m. E. ein Drama in mehreren Akten, spätestens seit der Einführung des Euro im Jahre 1998: vom Unterlaufen des Maastrichter Vertrags über die Euro-Rettungsschirme und die ausufernde Politik der EZB bis hin zur Bankenunion und zu Eurobonds.

Dann möchte ich in einem zweiten Teil ein Grundsatzprogramm zur dauerhaften Bewältigung der Krise und einen Weg zu Wachstum und Wohlstand in ganz Europa entwickeln. Damit soll ein Ende mit der Vergemeinschaftung der Schulden gemacht werden, wodurch sowohl die Lebenschancen junger Menschen in den südeuropäischen Krisenländern als auch der Wohlstand aller Menschen in Europa verbessert wird.

Die Eurokrise verstehen – eine dramatische Entwicklung

1. Die Nichtbeachtung der Grundlagen der Euro-Einführung

Es gab zur Einführung des Euro zwei Grundpfeiler des Maastrichter Vertrags vom 7. Februar 1992, die als zentrale Bedingungen der Bundesregierung Kohl durch Horst Köhler, den Staatssekretär im BMF von 1990–1993, ausgehandelt wurden, nämlich dafür, dass Deutschland dem Drängen Frankreichs nach Aufgabe der D-Mark nachgab:

- das Verbot der Monetarisierung der Staatsschulden und
- das Verbot der Rettung eines vom Konkurs bedrohten Staats, das sog. Beistandsverbot, die berühmte »No-Bailout-Klausel«.

»Beistandsverbot« bedeutet, dass die Staaten Europas nach Art. 125 AEUV nicht für die Schulden eines vom Konkurs bedrohten anderen Landes haften. Nach der Einschätzung von Christine Lagarde, der damaligen französischen Finanzministerin und jetzigen geschäftsführenden IWF-Direktorin, wurde gegen dieses Beistandsverbot bewusst verstoßen, als am 9./10. Mai 2010 die Gläubiger Griechenlands mit staatlichen Krediten bedient wurden.

Die Summe der öffentlichen Kredite der Staatengemeinschaft und der EZB an Griechenland beträgt bis Juni 2015 ca. 344 Mrd. Euro. Das sind ca. 192 Prozent des BIP Griechenlands oder, vergleichbar gerechnet, ca. 37 Marshall-Pläne, die Deutschland nach dem Krieg erhalten hat. Die staatliche Bad Bank der Hypo Real Estate wickelt gerade ihre ca. 8 Mrd. Euro Griechenlandanleihen ab und macht dabei 2,5 Mrd. Euro Verlust zu Lasten der deutschen Steuerzahler und zugunsten von Hedgefonds, ein fast unbeachteter Skandal.

Die krasse Missachtung des Beistandsverbots führte u. a. zu drei Protest-Rücktritten:

- von Bundespräsident Horst Köhler im Mai 2010, dem ehemaligen Präsidenten des Weltwährungsfonds und Staatssekretär im Bundesfinanzministerium, der unter Bundesfinanzminister Theo Waigel die Maastricht-Verträge maßgeblich verhandelt hat und im Mai 2010 von der Bundesregierung nicht eingebunden wurde, als er die Begleitgesetze für die Rettungspakete für Griechenland unterzeichnen sollte,

- von Jürgen Stark, dem Chefvolkswirt der EZB im September 2011, der sich heute auch sehr kritisch in vielen Beiträgen vernehmen lässt und

- von Axel Weber, dem Präsidenten der Bundesbank im Februar 2011, der sich ja als UBS-Verwaltungsratsvorsitzender immer mal wieder zu Wort meldet.

Jeder kennt ja seither die Rolle von Bundesbankpräsident Jens Weidmann als »Fels in der Brandung« im jetzigen EZB-Rat, der ja von den Staaten im Süden Europas mit 55 Prozent Stimmgewicht majorisiert wird. Auch er bezeichnete die derzeitige EZB-Politik als »risikoreich«.

Die Verschuldungsgrenzen von maximal drei Prozent Neuverschuldung und maximal 60 Prozent des BIP Gesamtverschuldung werden spätestens seit 2010 permanent missachtet.

Die Staatspapiere, d. h. die Verschuldung der Staaten, sind angeblich absolut sicher, es ist keinerlei Eigenkapital als Sicherheit nötig, wenn Banken diese Staatspapiere kaufen, bis heute, auch noch nach Basel III. Es fehlt generell eine Konkursordnung für Staaten. Für systemrelevante Banken wird sie gerade eingeführt.

Die Folgen: Kreditblasen, die mit inflationärer Überhitzung die Wettbewerbsfähigkeit unterminieren, exorbitante Lohnerhöhungen und Ausweitung der staatlichen Beschäftigung, die heute kaum noch zurückdrehbar sind, sowie enorme Zinsgewinne über zehn Jahre: z. B. ist für Italien der Effekt größer als das gesamte italienische Mehrwertsteuer-Aufkommen. Bei Schuldentilgung wäre die Quote 57 Prozent statt 133 Prozent.

Die Ost-Erweiterung der EU 2004/2005 wird für Südeuropa zur Katastrophe: Polen hat durchschnittliche Lohnkosten von 7 Euro pro Stunde; Spanien mit 22 Euro pro Stunde und Griechenland mit 15 Euro pro Stunde haben da schlechte Karten.

2. Die Target-Kredite

Die Maßnahmen der EZB Oktober 2008 (nämlich die »Vollzuteilungspolitik«) waren m. E. richtig, da der Interbankenmarkt nach der Lehmann-Pleite zusammengebrochen war. Diese Politik der Krisenbewältigung der EZB wurde aber nach 2009, als die Lage sich wieder normalisierte, fortgesetzt. Die Banken in Südeuropa fanden Kredite der EZB unter Kapitalmarktkonditionen zu verlockend. Die Krisenstaaten brauchten die Banken zum Abkauf der Staatspapiere zur Bezahlung des aufgeblähten Beamtenapparats, private Kreditschulden von Warenkäufen aus dem Norden wurden getilgt: ein Zusammenspiel von staatlichen und privaten Kreditrisiken. Das führte zu einer Selbstbedienung mit der Druckerpresse – d. h., die EZB schaffte selbst Geld und verlieh es an private Banken, die damit Auslandsrechnungen bezahlten.

Die Politik der EZB führte zu extrem hohen Target-Verbindlichkeiten der südeuropäischen Notenbanken und zu entsprechend hohen Target-Forderungen der nordeuropäischen Notenbanken. Die Target-Forderungen der Bundesbank beliefen sich im Sommer 2012 auf 750 Mrd. Euro, Niederlande, Finnland, Luxemburg 250 Mrd. Euro. Dagegen standen Target-Verbindlichkeiten der GIPSIC-Länder[50] von 1.000 Mrd. Euro.

Die Target-Kredite betragen heute noch ca. 600 Mrd. Euro, weil sie z. T. durch fiskalische Rettungskredite aus den Rettungsschirmen EFSF, ESM, EFSM etc. abgelöst wurden = Bailout der EZB.

Zusätzlich wirken ELA-Kredite (Emergency Liquidity Assistence) i. H. v. 250 Mrd. Euro, die Absenkung des Mindest-Ratings der Pfänder von A auf BBB sowie die Garantie der EZB »Whatever it takes«[51], d. h. der unbegrenzte und selektive Aufkauf von Staatspapieren.

Außerdem gibt es die berühmten Asset Backed Securities, ABS-Papiere, die ja einen schlechten Ruf genießen, weil sie als Mitauslöser der globalen Finanzkrise gelten: Der EZB-Rat gab den Banken die Erlaubnis, Forderungstitel verschiedenster Art zu ABS-Papieren zu bündeln (sie sind im Prinzip undurchsichtig, z. B. fand man in einem portugiesischen Papier eine Laufzeit bis zum Jahre 9999).

Seit der EZB-Ratssitzung vom 4. September 2014 hat die EZB gegen einige Stimmen der im Rat vertretenen nordeuropäischen Notenbanken beschlossen, solche potenziell toxischen ABS-Papiere der Banken bis zu einem Volumen von 1.000 Mrd. Euro (Draghi zu den Maßnahmen wörtlich: »... werden eine beträchtliche Auswirkung auf unsere Bilanz haben«[52]) selbst aufzukaufen, d. h., die EZB tritt voll in das Kreditrisiko der Banken ein. Draghi sagte dazu am 4. September 2014, dass er nur gute ABS kaufen wolle: »Es kommt immer darauf an, was drinsteckt.«[53] Das klingt doch vertraut in unseren Ohren: das haben die Landesbanken, die IKB, KfW, HRE etc., die sich alle verzockt haben, auch immer gesagt. Der Gesamtmarkt, auf dem Draghi aktiv werden möchte, gebündelte Pfandbriefe und Kreditverbriefungen, beläuft sich auf etwa 2,7 Billionen Euro. Damit haftet unser Bundeshaushalt, sprich: der Steuerzahler, seit dem 4. September 2014 für weitere 270 Mrd. Euro, fast ein ganzes Bundesbudget, ohne dass ein Parlamentarier davon wusste oder ein Vertreter der Regierung oder des Volks gefragt wurde. In meinen Augen verlässt hier die EZB vollends ihr Mandat und schwingt sich zum unkontrollierten Hegemon Europas auf.

Es ist klar, dass sich die GIPSIC-Länder an dieses Eurosystem klammern, weil sie nicht wettbewerbsfähig sind und Zeit für im Inland politisch nicht durchsetzbare Strukturreformen benötigen. Eine externe Abwertung ihrer Währung geht ja mit dem Euro nicht mehr.

Die Target-Kreditgeber halten natürlich auch daran fest, weil sie sonst die Target-Kredite abschreiben müssten und die Verluste voll auf die Haushalte durchschlagen würden.

3. Der Aufkauf von Staatspapieren sowie das OMT-Programm

Art. 123 des AEU-Vertrags verbietet die Monetisierung der Staatsfinanzen. Darum handelt es sich aber, wenn die Notenbanken Staatspapiere, d. h. Staatsschulden, der Krisenländer kaufen.

Die EZB hat aber im Rahmen des Securities Markets Program (SMP) für 223 Mrd. Euro Staatspapiere von Griechenland, Portugal, Irland, Italien und Spanien gekauft, allein italienische Papiere i. H. v. 94 Mrd. Euro zwischen August 2011 und Februar 2012 zur Abwendung eines italienischen Staatskonkurses.

Im Sommer 2012 legte die EZB das »Outright Monetary Transactions«-Programm (OMT) auf mit der berühmten Ankündigung von Mario Draghi »whatever it takes« – »Was auch immer nötig ist«[54], auf die Frage, in welchem Umfang er bereit sei, den Anlegern Staatspapiere der Krisenländer abzukaufen und sie insofern vor Verlusten zu schützen – übrigens in der Wirkung vergleichbar mit einer Art CDS (Credit Default Swap), als einer Versicherung gegen den Ausfall eines Staatspapiers, wie sie jeder Anleger für gutes Geld auch am Markt kaufen könnte.

So eine Versicherung gegen eine Prämie ist übrigens eine Leistung, die einen Marktwert hat, wenn der Schadensfall gar nicht eintritt. Das Risiko, das einzugehen gar nicht geplant war, trägt am Ende vor allem der nordeuropäische Steuerzahler, weil sein Sparkapital in eine unbeabsichtigte Verwendung, nämlich in die Budgets der Staaten Südeuropas, gelenkt wird. Hierdurch wird der Kapitaleinsatz in Europa krass verzerrt. Die Vertreter der ins Risiko gestellten Steuerzahler in den Parlamenten sind natürlich auch nicht gefragt worden.

Das Bundesverfassungsgericht hat in seiner Stellungnahme vom 7. Februar 2014 erklärt, dass die Europäische Zentralbank mit dem OMT-Programm zum Ankauf von Staatspapieren ihre Kompetenzen überschritten habe. Das Programm sei mit dem Primärrecht der EU unvereinbar.

Hier noch die vier wichtigsten Aussagen des Verfassungsgerichts vom 7. Februar 2014 zum OMT-Programm:

a. Das OMT-Programm kann zu einer erheblichen Vermögensumverteilung zwischen den Staaten Europas führen, wenn die erworbenen Papiere bis zur Fälligkeit gehalten werden. Das ist deshalb so, weil die möglichen Zinseinnahmen auf die Staatspapiere unwiderruflich verloren gehen. Die Zinseinnahmen des Eurosystems betragen ca. 1.600 Mrd. Euro, die die Notenbanken an die Finanzministerien der Mitgliedsländer ausschütten können. Die Steuerzahler Nordeuropas – Deutschland, Niederlande, Finnland – werden also gezwungen, für den möglichen Konkurs eines GIPSIC-Staats mitzuzahlen. Das volle Haftungsrisiko tragen also die Bürger!

b. Der selektive Aufkauf der Staatspapiere der Krisenländer qualifiziert den OMT-Beschluss als wirtschaftspolitische Maßnahme, zu der die EZB nicht befugt ist. Eine zwischen einzelnen Mitgliedstaaten differenzierende Vorgehensweise ist dem System der europäischen Zentralbanken grundsätzlich fremd. Man kann sie nicht als geldpolitische Maßnahme rechtfertigen. In der Tat betreibt die EZB mit diesem Beschluss eine regionale Fiskalpolitik zum Schutz der Kreditaufnahme einzelner Länder. Eine solche Maßnahme findet keinerlei Pendant in anderen Währungsunionen wie z. B. den USA oder der Schweizer Konföderation. Die US-amerikanische Federal Reserve Bank kauft zwar bundesstaatliche Papiere, doch nicht die Staatspapiere von in Bedrängnis geratenen Staaten wie Kalifornien oder Illinois.

c. Das OMT-Programm ist ein funktionales Äquivalent der entsprechenden Hilfsprogramme EFSF und ESM, unterliegt aber keiner demokratischen Kontrolle. Das Gericht hat mithin festgestellt, dass die EZB ihr Mandat überschreitet.

d. Die Absicht der EZB, die Zinsaufschläge der Märkte bei den Staatspapieren bedrängter Länder zu neutralisieren, spricht dafür, dass das OMT eine nach Artikel 123 AEUV verbotene monetäre Staatsfinanzierung ist.

In der Urteilsbegründung wendet sich das Gericht generell gegen eine Politik, die die Zinsaufschläge verringert. Zinsaufschläge sind das zentrale Mittel zur Vermeidung von Schuldenexzessen im Euroraum. Wenn sich Staaten überschulden, sinkt die Wahrscheinlichkeit, dass sie die Schulden zurückzahlen werden, und die Gläubiger verlangen höhere Zinsaufschläge. Das wiederum bremst die Verschuldungsneigung. Das OMT ist also streng genommen eine zentrale Investitionslenkung, die die allokative Funktion des Kapitalmarkts unterläuft und die Wachstumsverluste, die der Euro Europa auch beschert hat, perpetuiert.

Angesichts des Umstands, dass die realwirtschaftliche Krise Südeuropas aus einer inflationären Kreditblase resultiert, die die betroffenen Länder ihrer Wettbewerbsfähigkeit beraubt, ist dies entscheidend für die langfristige Existenz und Stabilität des Eurosystems.

Das Gericht hat sein abschließendes Urteil bisher aber noch nicht gefällt und noch keine Maßnahmen ergriffen, die die Bundesbank oder andere deutsche Instanzen bereits heute binden würden. Es hat den Fall klugerweise zunächst an den Gerichtshof der Europäischen Union verwiesen und ihn damit eingebunden, verbunden mit der Bitte, Vorschläge zur Begrenzung des OMT-Programms zu entwerfen.

Die Entscheidung des EuGH vom 16. Juni 2015

Am 16. Juni 2015 urteilte der EuGH, dass die EZB Staatsanleihen der Eurozone kaufen darf, um einen Kollaps der Währungsunion zu verhindern.

Prof. Hans-Werner Sinn sagte dazu: »Das ist ein bedauerlicher Fehler des Gerichts.«[55] Die EZB überschreite ihre Kompetenzen und betreibe Wirtschaftspolitik.

Auch sein designierter Nachfolger im ifo Institut, Prof. Clemens Fuest, kritisierte die Entscheidung: »Der EuGH irrt sich.«[56] Das Anleihekaufprogramm sei ein Rettungsprogramm der EZB für die hochverschuldeten Peripheriestaaten. »Das ist Fiskalpolitik und keine Geldpolitik«[57], meinte Fuest. Hoffentlich lässt sich das Bundesverfassungsgericht davon »nicht beirren«[58], so Prof. Sinn.

4. Der Haftungsstrudel mit den Rettungsschirmen EFSF und ESM

Schon im Jahre 2010 begannen einzelne Politiker an der demokratischen Legitimation der EZB-Notenbankkredite, den Staatspapierkäufen und Interventionen zu zweifeln. Daher begannen sie den fiskalischen Rettungsschirm EFSF, der zunächst auf drei Jahre beschränkt war, und im Sommer 2012 den erweiterten und permanenten Rettungsfonds ESM zu errichten. Dem Fonds wurde die Aufgabe übertragen, Not leidenden Staaten mit Krediten zu helfen und Staatspapiere auf dem offenen Markt zu kaufen, um die Kurse dieser Papiere zu stützen.

Stand 2014 beträgt die Summe der öffentlichen Kredite für die Krisenländer 1.058 Mrd. Euro, von denen 393 Mrd. Euro fiskalisch von den Parlamenten verantwortet wurden und 665 Mrd. Euro vom Rat der EZB beschlossen oder toleriert wurden.

D. h., fast zwei Drittel der Rettungskredite wurden also vom EZB-Rat beschlossen und entzogen sich der demokratischen Kontrolle der Parlamente.

5. Die Bankenunion

Die EZB ist der größte Gläubiger der Banken der Krisenländer. Die Summe der Forderungen des Zentralbankensystems gegenüber den Geschäftsbanken der Krisenländer GIPSIC beträgt zum Jahresende 2013 ca. 943 Mrd. Euro.

Darin sind ca. 600 Mrd. Euro Zusatzkredite für Target-Salden enthalten, die für Güterkäufe, Vermögensanlagen und private Schuldentilgung in anderen Ländern Verwendung fanden und die unter Verzicht auf normale Sicherheitsstandards für Pfänder zur Verfügung gestellt wurden. Bei einem geschätzten Eigenkapital des gesamten EZB-Systems von ca. 350 Mrd. Euro würde ein Verlust nur eines Teils der Kreditforderungen die Zentralbanken des Eurosystems erheblich treffen. Entsprechend weniger könnten sie an die Finanzministerien abführen, wodurch entsprechend weniger im Haushalt der Staaten für die Bedürfnisse der Bürger zur Verfügung stünde.

Deswegen drängte die EZB die Regierungen der Eurostaaten schon im Frühjahr 2012, den geplanten fiskalischen Rettungsfonds auch für die Rekapitalisierung der Banken zu verwenden und damit die EZB aus dem Risiko teilweise herauszunehmen. In der Nachtsitzung zum 29. Juni 2012 musste sich die Bundeskanzlerin von den Staatspräsidenten Frankreichs, Spaniens und Italiens die Zustimmung abringen lassen, auch den Rettungsfonds ESM mit ca. 700 Mrd. Euro Haftungssumme aus Steuermitteln für die Rettung der Banken einzusetzen, wenn denn eine europaweite Aufsicht, Kontrolle und Abwicklung der maroden Banken gesichert sei. All dies übernimmt jetzt – mit »Chinese Walls« natürlich – dieselbe EZB, die den Banken laufend Kredite zu Vorzugsbedingungen anbietet – »Quantitative Easing« genannt, seit dem 4. September 2014 zu 0,05 Prozent.

Die Summe der Schulden der Banken der Krisenländer, die man nun mit Steuergeldern der noch gesunden Länder des Euroraums absichert, liegt bei 8,2 Bio. Euro, mehr als dem Doppelten der Staatsschulden dieser Länder.

Schon heute werden die Abschreibungsverluste der Banken der sechs Krisenländer auf ca. 650 Mrd. Euro geschätzt. In Anbetracht dessen nimmt sich der Eigenfonds der Banken, der über zehn Jahre ca. 50 Mrd. Euro einsammeln soll, nicht gerade üppig aus. Außerdem stammen diese Gelder ja von allen Banken, Sparkassen und Raiffeisenbanken, nicht nur von denen der Krisenländer.

Bei der jetzt aufgestellten Haftungskaskade der Eigentümer, Gläubiger, ESM und Steuerzahler fällt auf, dass es eine lange Liste von Ausnahmen bei der sogenannten Gläubigerbeteiligung – dem Bail-In – gibt, sodass am Ende doch ein großer Teil des Risikos bei den Steuerzahlern verbleibt.

6. Eurobonds

Eurobonds sind gemeinsam von einer europäischen Institution, vielleicht dem ESM, begebene Staatspapiere, für die die Länder Europas anteilig oder gesamtschuldnerisch haften und bei deren

Erwerb sich die Anleger mit niedrigen Zinsen begnügen, weil sie diese Papiere für relativ sicher halten.(z. B. derzeitige Diskussion der »Deutschland-Bonds«). Die Erlöse aus dem Verkauf der Papiere werden anschließend zu den niedrigen Zinsen an die Einzelstaaten weiterverliehen.

Die EZB begibt heute bereits ähnliche Anleihen, die schon beschriebenen ELA-Kredite oder das OMT-Programm in unbegrenzter Höhe, das ja einen kostenlosen 100-prozentigen Versicherungsschutz der Anleger zu Lasten der Steuerzahler bedeutet, weil der Steuerzahler gegebenenfalls für die Verminderung der Gewinnausschüttungen des Eurosystems an die nationalen Finanzministerien aufkommen muss.

Da die Bundeskanzlerin Angela Merkel am 29. Juni 2012 erklärte, die Eurobonds würden nicht kommen, »solange ich lebe«[59], ist der Vorstoß von Commerzbank-Chef Martin Blessing vom 3. September 2014, solche doch einzuführen, eine etwas gewagte Aussage. Er wurde Gott sei Dank vom parlamentarischen Finanz-Staatssekretär Michael Meister sofort zurückgepfiffen.

Kein Wunder, weil für die alternativlosen Politiker die augenzwinkernde Tolerierung der Mandatsüberschreitung der EZB im OMT-Programm mit unbegrenzter Absicherung ohne parlamentarische Kontrolle nur durch den EZB-Rat viel praktischer und geräuschloser ist.

Es bleibt zu hoffen, dass diese stille Risikoverlagerung von Süd nach Nord und von den Banken und Anlegern zu den Sparern und Rentnern vom BVerfG aufgehalten oder zumindest betragsmäßig nach oben begrenzt und einer parlamentarischen Kontrolle unterworfen wird.

Grundsatzprogramm zur dauerhaften Bewältigung der Krise

Nun komme ich zu den grundsätzlichen Punkten: Wie könnten wir die Krise dauerhaft bewältigen? – Ich sehe folgende Ansatzpunkte für eine Gesundung Europas:

1. Schuldenschnitt statt Prolongationen

Es wäre besser, wenn jetzt ein (wenigstens partieller) Schuldenschnitt aller Schulden der Krisenländer inkl. der Target-Kredite gemacht würde, als die Kredite auf den Sankt-Nimmerleins-Tag zu prolongieren oder zins- und tilgungsfrei zu stellen und damit der nächsten Generation aufzuladen. Dann trifft es viele Anleger aus der ganzen Welt und die privaten Gläubiger, die eine missglückte Anlageentscheidung getroffen haben und nicht die Steuerzahler, Rentner und Transferempfänger hierzulande. Die demografische Entwicklung und die Eurokrisenlasten werden in 15–20 Jahren eine Generation erdrücken, die dann die Sozialabgaben und Renten für die Babyboomer, die heute 50 Jahre alt sind, nicht mehr mit den wenigen Nachkommen aufbringen kann.

Die Demokratie und das reine Streben nach Machterhalt bei jetzigen Wahlen darf nicht zu einer systematischen Ausbeutung zukünftiger Generationen führen. Die Jugendlichen Südeuropas sind durch die hohe Arbeitslosigkeit schon gestraft genug.

2. Zeitweiliger Austritt überschuldeter Länder aus der Eurozone

Ein sofortiger Schuldenschnitt wäre mit einem gleichzeitigen zeitweiligen Austritt einiger Länder aus der Eurozone und einer grundlegenden, radikalen Neuausrichtung des europäischen Integrationsprozesses zu verbinden, der durch subsidiäre Entscheidungen und parlamentarische Kontrollen verhindert, dass die Lasten immer größer werden, nur um die Finanzmärkte und deren Mitspieler zu stabilisieren und die Beruhigung der Kapitalmärkte zu feiern. Alle Länder können selbst für die schnelle Verbesserung ihrer eigenen Wettbewerbsfähigkeit, für die Reduzierung der Lohnstückkosten, für die Verkleinerung des Beamtenapparats und die Reduzierung der Staatsausgaben sowie für eine externe Währungsabwertung sorgen, so lange, bis sie wieder die Einstiegsbedingungen erfüllen. Sie haben als Anreiz eine Rückkehroption nach einem Turnaround wie z. B. Irland, das in fünf Jahren geschafft hat, die Lohnstückkosten um 15 Prozent zu senken.

Die Länder müssten dann von sich aus aufhören, über ihre Verhältnisse zu leben, weil sie keine neuen Schulden machen könnten, woran sie durch eine Schuldenbremse, einen Fiskalpakt und andere Austeritätsmaßnahmen gehindert würden.

Die Restrukturierungs- und Sparprogramme, die durch die berühmt-berüchtigte (ehemalige) »Troika«[60] – ursprünglich bestehend aus der EU-Kommission, der EZB und dem IWF – aufgezwungen wurden, sowie die Massenarbeitslosigkeit werden heute politisch der Europazentrale in Brüssel, dem »Norden« oder direkt Deutschland und seiner Repräsentantin Angela Merkel angelastet. Das kann in den nächsten 10–15 Jahren zu Spannungen, vergleichbar dem Bürgerkrieg 1861 in den Vereinigten Staaten, führen, wo auch Schulden von Bundesstaaten mehrfach vergemeinschaftet wurden. Heute gibt Washington keine Kredite für ein insolventes Kalifornien, Illinois oder New York.

Dieses Unterjochen der Bevölkerung der Krisenländer unter ein rigoroses Restrukturierungs- und Sparprogramm, das ja in diesem Eurosystem notwendig ist, führt zu unglaublichem politischen Hass auf Europa, auf den Norden und auf Deutschland.

Es ist die perverse Situation entstanden, dass Deutschland Griechenland bis zum 30. Juni 2015 über bilaterale Kredite, seine EZB-Mitgliedschaft und die Rettungsschirme 92 Mrd. Euro – immerhin 22.000 Euro pro griechischem (Privat-)Haushalt – die größte Kreditsumme aller Länder zur Verfügung gestellt hat und doch heute in Griechenland als der größte Feind des Landes gilt.

Dieser Hass schadet der europäischen Sache ungemein.

Die Rettungsautomatik, die aus dem unseligen Satz folgert: »Scheitert der Euro, scheitert Europa«[61], hat Erwartungen geschaffen, die die Geberländer immer wieder ins Unrecht setzen, wenn sie nicht so viel geben, wie verlangt wird. Im August 2015 wurde wieder über ein weiteres drittes Hilfspaket von 89 Mrd. Euro verhandelt, ohne dass die strukturellen Reformen durchgeführt worden wären. Ein jetziger Schuldenschnitt würde diese Reformen auch nicht bewirken, dies muss unabhängig und parallel dazu passieren.

3. Pfänder und Vermögensabgaben als Eigenleistung der Krisenländer

Warum bieten die Krisenstaaten ihren Gläubigern nicht attraktive Pfänder an?

New York entkam 1975 einem Konkurs, weil es seinen Gläubigern zukünftige Steuereinnahmen verpfändet hatte. Finnland hat 1995 Pfandbriefe staatlicher Wohnungsbaugesellschaften eingesetzt. Der griechische Staat verfügt über ein riesiges Immobilienvermögen und neuerdings hat man sogar Gas und Öl in der Ägäis gefunden. Möglichkeiten, niedrigverzinsliche Pfandbriefe auszugeben, die mit griechischen Vermögensobjekten besichert sind, z. B. mit attraktiven Inseln, gibt es genug.

Es widerspricht jeglicher Vorstellung von Gerechtigkeit, wenn man die Lösung der Schuldenkrise ohne substantielle Vermögensabgabe in den Krisenländern und insbesondere von unversteuertem Vermögen von Expatriates erreichen möchte.

4. Das EZB-System ist neu zu ordnen:

Die Stimmregeln sollten geändert werden: nicht »one country, one vote«, sondern ein nach der Haftung der EZB-Kapitalanteile gewichtetes Stimmrecht. Abstimmungsregeln sind ebenfalls zu ändern: z. B bei ELA-Krediten sind Mehrheitsentscheide, bei der Herabsenkung der Mindestqualitätsanforderungen an Pfänder ist eine Zweidrittel-Mehrheit vorzusehen.

Die EZB darf keine indirekte Staatsfinanzierung betreiben, sie darf einfach keine Staatspapiere kaufen, weil das den Finanzierungsaufwand der Schuldner künstlich nach unten drückt und die Länder ermuntert, sich immer weiter zu verschulden.

Die EZB darf auch nicht letzte Zufluchtsinstanz sein, weder die Kantone der Schweiz noch die Staaten der USA erhalten Kredite »whatever it takes«[62] aus der Druckerpresse, wenn sie über ihre Verhältnisse wirtschaften.

Die EZB kann nicht gleichzeitig Währungshüter, Banken- und Staatenretter, Bankenaufsicht und Bankenabwickler sein. Das führt im Einzelnen zu unlösbaren Interessenkonflikten und geschieht ohne demokratische Kontrolle.

Die EZB darf nicht ermächtigt sein, durch ein EZB-Versprechen abgesicherte Kredite aus der Druckerpresse zu niedrigsten Zinsen zur Verfügung zu stellen oder gefährliche ABS-Papiere den Banken abzukaufen. Dies führt zu krassen Fehllenkungen des knappen Sparkapitals und potenziell zu neuen Blasen bei Immobilien und in den Staatspapieren und führt zum Verlust der Wettbewerbsfähigkeit der Staaten.

Die Banken dürfen keine Staatsanleihen mehr ohne eine Eigenkapitalhinterlegung kaufen, die dem Marktrisiko der Staatsanleihen entspricht.

Die EZB muss sich strikt an ihr Mandat der Wahrung der Geldwertstabilität halten. Sie darf nicht – weil nicht demokratisch legitimiert – den Ausputzer für unfähige Regierungen spielen. Die EZB handelt heute faktisch als übermächtiger Hegemon Europas, weil die Staaten und ihre Lenker entweder schwach, unfähig oder pfadabhängig sind.

5. Klare Ein- und Austrittsregeln in und aus der Eurozone

Die Eintritts- und möglichen Austrittsbedingungen mit Rückkehroptionen von Staaten in die oder aus der Eurozone müssen klar geregelt sein. Das Fehlen von Regeln für einen geordneten Austritt, was im Zweifel Chaos erwarten lässt, wenn der Austrittsdruck auf einen Staat und die Ansteckungsrisiken zu groß werden, ist der Hauptgrund dafür, dass sich der Euro zu einem Pulverfass entwickelt hat. In diesem Pulverfass leiden die südlichen Länder unter einem fast unlösbaren Wettbewerbs- und Austeritätsdruck, den sie mit eigenen Mitteln nicht loswerden können, und die nördlichen Länder fühlen sich ohne Rückgewährsoption einem ungebührlichen Solidaritätsdruck ausgesetzt und kämpfen darum, nicht im Sog einer Haftungsspirale unterzugehen.

6. Schaffen einer Konkursordnung für Banken und Staaten

Wir brauchen eine Konkursordnung für Banken und Staaten, um Chaos zu vermeiden, wenn eine Überschuldung eintritt, vor allem aber, um die Verschuldung von vornherein zu begrenzen. Eine solche Konkursordnung muss das Prinzip der Haftung wiederherstellen; insbesondere Eigner und Gläubiger müssen vorrangig haftbar gemacht werden. Sie haben vorher ja auch daran verdient und sich i. d. R. das Risiko gut verzinsen lassen.

7. Schuldenbremse mit verfassungsrechtlichen Sanktionen und unabhängiger Kontrolle in alle Verfassungen

Wir brauchen eine Verfassungsregel in allen europäischen Verfassungen, dass eine bestimmte Größenordnung der Verschuldung nicht überschritten werden darf, auch nicht durch fiskalische Rettungsschirme oder durch monetäre Maßnahmen der Zentralbanken, die ja wie Schattenhaushalte wirken, oder andere Schattenhaushalte, z. B. einer vom Wirtschaftsminister angedachten Mautgesellschaft, die dann auch außerhalb des Staatsbudgets Schulden machen könnte.

Die Einhaltung dieser Schuldenbremse muss laufend durch ein unabhängiges Organ, z. B. einen Europäischen Rechnungshof, beobachtet und festgestellt werden. Für betroffene Bürger und Parlamente müssen bei den Verfassungsgerichten der jeweiligen Ebene Klagemöglichkeiten eingerichtet werden.

Nur durch eine solche, mit effektiven Konsequenzen bewehrte, Verfassungsregel kann das demokratische Regeldefizit überwunden werden, dass in der Demokratie meist derjenige die Wahlen gewinnt, der die größten und kostenträchtigsten Versprechungen abgibt. Diese Fehllenkung der heutigen Wähler, der Regierungen und der zentralen europäischen Strukturen zu Lasten künftiger Generationen muss ausgeschlossen werden. Das Wahlrecht sollte z. B. geändert werden und für jedes geborene Kind ein weiteres gemeinsames Stimmrecht der Eltern vorsehen.

8. Eine subsidiäre Verfassungsstruktur für ein dezentrales Europa

Entscheidend für ein Gelingen Europas und des Euro ist m. E. die Einsicht aller Staaten – und die kann vielleicht ein Verfassungsgericht oder am Ende wohl nur ein direkt gewähltes europäisches Parlament geben –, dass ein partieller Verzicht auf fiskalpolitische Souveränität zugunsten gemeinsamer Ziele und deren effektiver Wahrung notwendig ist.

Eine einheitliche Währung ist keine notwendige Voraussetzung für eine Teilnahme und Teilhabe an den wohlstandsmehrenden Strukturen einer Freihandelszone, am europäischen Binnenmarkt, der gemeinsamen Außen-, Sicherheits- und Umweltpolitik etc.

Es muss in der zukünftigen europäischen Verfassung das Geld- und Steuersystem subsidiär und bundesstaatlich geregelt sein.

Eine einheitliche Währung entsteht m. E. nur effektiv in einer festen Rechtsstruktur, z. B. einer Verfassung mit einklagbaren Sanktionen, nicht durch zahnlose Verträge, die niemand ernsthaft beachtet.

9. Der Binnenmarkt Europas muss immer wieder erneuert werden

Nur ein Europa der Marktwirtschaften mit gesellschaftlicher Verantwortung bringt Frieden, Freiheit und Wohlstand für alle europäischen Bürger!

Die europäischen Länder brauchen nicht ein Vorteilsstreben **auf Kosten** anderer europäischer Länder (in der Null-Summen-Logik):

Z. B. haben die Herren Prodi, Berlusconi und Monti behauptet, die Kosten der deutschen Wiedervereinigung mitgetragen zu haben, deshalb müsse Deutschland jetzt Geld an Italien geben. In Wirklichkeit hat Italien sehr von der Öffnung profitiert, nur stecken die Strukturreformen in Italien wie auch in Frankreich fest und nichts ändert sich, trotz der großen Ankündigungen und Versprechungen (»parole, parole«).

Wir brauchen statt eines Vorteilsstrebens auf Kosten anderer eine Politik, die **auch den anderen** Staaten Vorteile bringt im Sinne des sog. Pareto-Optimums oder des Erhard'schen Buchs »Wohlstand für alle«[63]:

Z. B. könnte eine konsequente Öffnung eines europäischen Binnenmarkts für Dienstleistungen das BIP der EU um bis zu 294 Mrd. Euro erhöhen. Bei bestehenden und neuen EU-Rechtsvorschriften sollte die Förderung von Beschäftigung und Wachstum in den Mittelpunkt gestellt werden. Die Regulierungswut kann durch einfache und transparente Regeln gebremst werden.

Der zukünftige europäische Staat, so es denn einen geben sollte, muss durch eine Verfassung legitimiert sein, um für diese effektiven ordnungspolitischen Rahmenbedingungen zu sorgen. Damit sorgt er zugunsten der Europäer, die zugleich die Allgemeinheit, die Konsumenten und Wähler sind, für einen fairen, staatlicherseits beaufsichtigten Markt- und Wettbewerbsprozess, in dem sich die wirtschaftlich Handelnden, die Unternehmer, Produzenten und Arbeitenden möglichst selbstständig, frei und verantwortlich entfalten können. In allen europäischen Staaten sollte am Ende **ein gemeinsamer Binnenmarkt** von guten, preiswerten und innovativen Produkten für die Bürger entstehen. Die Produzenten müssen ebenso ein unbürokratischeres Arbeitsrecht bekommen.

Dazu passt das Bild vom Fußballspiel und seinen Regeln: Die Fußball-Regeln werden durch den internationalen Fußballverband effektiv gesetzt und vom Schiedsrichter durchgesetzt, die Spieler, die Fußballer sind die unternehmerischen Akteure, die bei Fouls die gelbe und rote Karte erhalten. D. h., der Staat sorgt als effektiver Schiedsrichter für fairen Wettbewerb auf einem »level playing field« und mischt jedenfalls nicht selbst als Spieler mit.

Diese Triebfeder der Freiheit in effektiven Rahmenbedingungen eines starken Staats als Schiedsrichter ist der entscheidende Vorteil einer marktwirtschaftlichen Ordnung. Diese Triebfeder muss aber wieder in ganz Europa entfesselt werden, es muss sozusagen ein »Europäisches Wirtschaftswunder« geschaffen werden.

Die soziale Verantwortung der europäischen Märkte ist nicht als »milde Gabe« zu verstehen, sondern als Systemvorteil: Menschen, die mit Eigenverantwortung und Haftung wirtschaften, sind immens effektiv, effizient und innovativ.

Nachhaltige Wettbewerbsfähigkeit und Wachstum in der EU entsteht nicht durch schuldenfinanzierte Ausgabenprogramme, die jetzt wieder von manchen unverantwortlichen Politikern in Italien und Frankreich vorgeschlagen werden, oder durch das Drucken von Geld oder durch »Quantitative Easing« und die Übernahme von ABS-Kreditrisiken durch die Notenbank EZB. Das bringt zwar Zeit zum Durchatmen, es erleichtert vielleicht dem unter Medikamente gesetzten Patienten das Leben, führt allein aber nicht zu seiner Genesung, es bedarf großer Eigenanstrengungen, wie es z. B. die Agenda 2010 war.

Europa muss vor allem das private Unternehmertum entfesseln. Die neue EU-Kommission unter Jean-Claude Juncker muss in der Euro-Schuldenkrise wieder als »Hüterin der Verträge« erkennbar werden, die klare ordnungspolitische Regeln durchsetzt.

10. Ein Europa der Marktwirtschaften mit sozialer Verantwortung ist – unter den Voraussetzungen klarer ordnungspolitischer Regeln – das effizienteste Mittel zur Realisierung der Freiheit, des Wohlstands und der Solidarität aller Europäer

Daher müssen wir Bürger und Politiker diesen ordnungspolitischen Rahmen schaffen durch

- eine subsidiäre Verfassungsstruktur, die Kompetenzen und Finanzen von unten nach oben definiert,

- einen starken marktwirtschaftlichen Ordnungsrahmen mit sozialer Verantwortung und dem Haftungsprinzip, beides sind wesentliche Eckpfeiler eines ordoliberalen Systems,

- mutige und verantwortungsvolle Politiker, die von ihren Parteien aufgestellt werden, damit sie diese Ordnung der Freiheit und des Wohlstandes mit Zähnen und Klauen verteidigen und Wähler, die sie wählen, und

- eigenständige, innovative und wettbewerbsstarke Unternehmer, Produzenten und Arbeitnehmer, die diesen Freiheitsrahmen mit den besten Chancen auf »Wohlstand für alle«[64] (Ludwig Erhard) ausfüllen.

Europa ist mehr als nur eine Wirtschaftsgemeinschaft (Ulrich Horstmann, Stephan Werhahn)

Wertefundierung aus deutscher Perspektive

Europa ist mehr als nur eine Wirtschaftsgemeinschaft. Die christlich-abendländischen Wurzeln, die Demokratie, individuelle Freiheitsrechte – wir Europäer können stolz sein auf das Erreichte. Dies gilt es zu sichern und auszubauen.

Aus deutscher Sicht ist die Einhaltung von Werten, die auch »Lernen aus der Geschichte« einschließt, von allergrößter Bedeutung. Nach zwei verheerenden Weltkriegen hat die Bundesrepublik Deutschland in ihrem im Jahr 1949 verfassten Grundgesetz staatsprägende Werte formuliert.

In der Zeit des Nationalsozialismus und in der früheren DDR – jeweils weitgehend atheistisch-sozialistische Systeme – wurden christlich-freiheitliche Werte völlig beiseitegeschoben. Die Machtausübung stand im Vordergrund dieser Diktaturen. Bürger waren allenfalls Untertanen. Auch wenn die Ziele dieser menschenfeindlichen Regime unterschiedlich waren, die Menschenrechte wurden jeweils mit Füßen getreten.

Konrad Adenauer beschreibt in seinen Memoiren eindrücklich und sehr persönlich die Lage nach dem Zweiten Weltkrieg:

> *»Der nationalsozialistische Staat hatte uns die Augen dafür geöffnet, welche Macht ein diktatorisch regierter Staat besaß. Ich hatte die Gräueltaten des Nationalsozialismus, die Folgen einer Diktatur kennengelernt. Ich hatte meine Tätigkeit, an der ich mit meinem ganzen Herzen hing, verloren, meine Frau war infolge des Aufenthaltes im Gestapogefängnis Brauweiler hoffnungslos erkrankt. Ich hatte die Folgen des Krieges erfah-*

ren. Drei meiner Söhne standen an der Front, ich hatte täglich um sie bangen müssen, einer war schwer verwundet worden. Ich hatte von den Verbrechen gehört, die an Juden begangen, die von Deutschen verübt worden waren. Ich hatte gesehen, wohin eine atheistische Diktatur den Menschen brachte. Ich hatte den Sturz des deutschen Volkes ins Chaos erlebt. Vom Osten her drohte die atheistische, kommunistische Diktatur. Wir sahen am Beispiel der Sowjetunion, dass eine Linksdiktatur mindestens so gefährlich war wie eine Rechtsdiktatur. Die Sowjetunion war durch den Krieg bis weit nach Mitteldeutschland, bis zur Elbe vorgedrungen und bildete eine große Gefahr für uns.«[65]

Hiermit begründete er u. a. die Schaffung einer weltanschaulich ausgerichteten, auf ethischen Grundlagen fundierten Partei, der späteren CDU.

Politik sollte nach dem Ende des Zweiten Weltkriegs im Geiste christlich-freiheitlicher Werte gemacht werden, aber nicht von monströsen Machtpolitikern wie Hitler oder Stalin. Kriege unter den europäischen Nachbarvölkern sollten unmöglich werden.

Das war im Westen ein ungeschriebenes Gesetz des Handelns. Dafür haben sich Politiker wie Konrad Adenauer, Alcide De Gasperi, Robert Schuman und Jean Monnet eingesetzt. Diese Werte sind nach wie vor maßgeblich, auch wenn ihre Verteidigung oft zu wünschen übrig lässt.

Die Werte, die das Fundament des Grundgesetzes bilden, sind auch die Grundlage des gesellschaftlichen Zusammenlebens. Jegliches politische und rechtliche Handeln in diesem Land ist daran gebunden. Das Recht schützt die Werte, die Bestandteil der gewachsenen Kultur geworden sind. Sie sind das Ergebnis jahrhundertelanger abendländischer christlicher Erfahrungen bei der Ausgestaltung von staatlichen Strukturen. Werte wie individuelle Freiheit, Menschenwürde, Leben, Eigentum, Ehe und Familie, innere und äußere Sicherheit, rechtliche und soziale Gleichheit, Volkssouveränität und Demokratie sollen durch solche Strukturen geschützt werden.

Den national geformten Gesellschaften ging der seit Jahrhunderten bestehende, föderativ verfasste monarchistische Kirchenstaat (Heiliges Römisches Reich Deutscher Nation) voraus.

Durch seine patriarchalische und religiös wenig tolerante Prägung kann er zwar kein Leitbild, aber dennoch bis heute Maßstab sein. Eine christlich-jüdische Fundierung gehört nach wie vor zur DNS moderner westlicher Gesellschaften. Sowohl die USA als auch die europäischen Staaten bekennen sich dazu. Gleichzeitig werden andere religiöse Lebensformen akzeptiert.

Man könnte fast argumentieren, dass die Akzeptanz vielfältiger Lebensentwürfe verschiedenster Ethnien zur Klammer heutiger Gesellschaften wird. Dies ist grundsätzlich zu begrüßen. Eine solche Toleranz in religiöser und weltanschaulicher Hinsicht findet ihre Grenze in gewaltverherrlichenden Ideologien, die nicht selten einen religiösen Anspruch formulieren. Ein gewaltbereiter religiöser Fundamentalismus ist beispielsweise entschieden abzulehnen.

Der Anspruch, eine maximale bürgerliche Freiheit in Bindung an zentrale abendländische Werte zu erreichen, ist eine ständige Herausforderung. Dabei ist Kompromissbereitschaft gefordert. Das angestrebte Ziel einer generationenübergreifenden Gerechtigkeit führt zum derzeitigen Modebegriff »Nachhaltigkeit«, der zugleich auf ganz altmodische Werte verweist.

Nicht nur der Wald, dessen nachhaltige Pflege Generationen überdauert und derzeit eine beliebte Referenz bildet, auch die Familie mit der Elternschaft und entsprechenden Erziehungszielen sind verbindende Elemente eines zukunftsorientierten Gemeinwesens. Wertvorstellungen werden so weitergetragen und schaffen Spielraum für Innovation und Fortschritt.

Eine Reihe weiterer Verfassungswerte strahlt auf die Lebenswelt und die Gesellschaft aus. Hierzu gehören die Privatsphäre, Ehe und Familie, religiöse und weltanschauliche Überzeugungsfreiheit, wirtschaftliche Handlungsfreiheit, Kommunikationsfreiheit, Pluralismus, politische Partizipation und Bürgerverantwortung.

Schließlich gibt es Verfassungswerte, deren Funktion darin besteht, Staat und Politik zu prägen. Zu dieser Wertegruppe zählen gemäßigte Herrschaft, weltanschauliche Neutralität, Rechtsschutz, wehrhafte Ordnung, Gemeinwohl, Frieden, Umweltschutz sowie Bildung und Kultur.

Vor dem Hintergrund weiterer wegweisender Entscheidungen in Europa, im Zusammenhang mit der sogenannten Eurokrise, ist dies zu hinterfragen. Ob weitere Transferleistungen stattfinden ober ob die Bankenunion in einer Form staatfindet, die die jetzigen und künftigen inländischen Steuerzahler überfordert, sind wesentliche Fragen, die auch Demokratiedefizite offenbaren (Maastricht-Vertrag, Ausschalten staatlicher Zuständigkeit ohne eine europäische Verfassung und Plebiszit).

Europa braucht eine Wertefundierung

Vereinigte Staaten von Europa wird es vielleicht nicht geben. Dafür sind die nationalstaatlichen und regionalen Wurzeln nach wie vor zu groß. Einen europäischen Einheitsstaat zu formen ist angesichts unterschiedlicher angelsächsischer, deutscher und romanischer Traditionen nur schwer möglich, wenn überhaupt. Differierende religiöse Prägungen und ein unterschiedliches Staatsverständnis wirken spaltend. Teilweise durchziehen diese Trennlinien sogar einzelne Staaten und fördern Separationsbewegungen. In Europa ist zunehmend ein Riss zwischen Süd- und Nordeuropa erkennbar.

Unklar ist, wie Frankreich sich verhält. Die traditionelle deutsch-französische Achse ist kaum mehr erkennbar. Ohne sie sind Fortschritte in Europa schwer möglich.

Umso wichtiger ist es, dass sich Europa auf Regeln des »Fair Play« und Mindestwerte verständigt. Das rechtliche Rahmenwerk liegt weitgehend vor. Der Maastricht-Vertrag ist hier unmissverständlich. Eine Transferunion war nicht gewollt.

Ohne Freihandel zerstört Europa seinen Wohlstand. Der Rückfall in Nationalismus und Protektionismus kann keine sinnvolle Antwort auf die aktuellen Herausforderungen sein. Ein zentralistisches und planwirtschaftliches Europa erst recht nicht.

Im Fokus sollten Freihandel zwischen souveränen Staaten und die Dezentralisation der Macht stehen. Eine föderative Gestaltung und ein vielseitiges Europa bleiben der Maßstab, denn: Aus Europa eine Art »Vereinigte Staaten von Europa« zu formen, ist angesichts der unterschiedlichen historischen Traditionen der Staaten vermutlich eine Illusion.[66] Friedrich A. Hayek formulierte bereits 1944 unmissverständlich:

> *»Es ist kein Zufall, dass im Allgemeinen im Leben der kleinen Staaten mehr Schönheit und Anstand zu finden war und dass die großen umso glücklicher und zufrieden waren, je mehr sie das tödliche Gift der Zentralisierung vermieden hatten. Am wenigsten werden wir die Demokratie erhalten oder ihr Wachstum fördern, wenn die gesamte Macht und die wichtigsten Entscheidungen in der Hand einer Organisation liegen, die viel zu groß ist, als dass der normale Mensch sie überblicken oder begreifen könnte. Nirgends hat die Demokratie gut funktioniert ohne ein hohes Maß von lokaler Selbstverwaltung, die eine Schule für die politische Erziehung sowohl des Volkes im Allgemeinen wie auch seiner zukünftigen Führer darstellt. […] Wenn das Ziel der politischen Maßnahmen so weit gesteckt ist, dass fast nur die Bürokratie das erforderliche Wissen besitzt, muss die schöpferische Kraft der Privatpersonen erlahmen.«*[67]

Auch die EU-Kommission kann einen europäischen Zentralstaat nicht erzwingen, wenn sie nicht Recht brechen und die Demokratie infrage stellen will. Eine pragmatisch-unbürokratische, auf Freihandel beruhende Integration ist dagegen anzustreben, für die bereits Ludwig Erhard eintrat:

> *»Die Integration Europas ist notwendiger denn je, ja sie ist geradezu überfällig geworden. Aber die beste Integration Europas, die ich mir vorstellen kann, beruht nicht auf der Schaffung neuer Ämter und Verwaltungsformen oder wachsender Bürokratien, sondern sie beruht in erster Linie auf der Wiederherstellung einer freizügigen internationalen Ordnung, wie sie am besten und vollkommensten in der freien Konvertierbarkeit der Wäh-*

rungen zum Ausdruck kommt. Konvertierbarkeit der Währung schließt selbstverständlich die volle Freiheit und Freizügigkeit des Waren-, Dienstleistungs- und Kapitalverkehrs ein.«[68]

Derzeit will die EU-Kommission immer mehr Kompetenzen an sich ziehen und damit das Durchregieren auf höchster Ebene ermöglichen. Die EZB wird zum neuen »Hegemon Europas«. Die neue »Euro-Geldplanwirtschaft« durch das Zentralbankensystem wirkt abschreckend auf die Bürger. Auch wenn viele die Details der dadurch entstehenden Umverteilung nicht verstehen (das ist selbst für die Experten angesichts der Intransparenz schwierig), bleibt ein großes Unbehagen. Mit »Fair Play« ist das aktuelle System nicht mehr in Verbindung zu bringen.

Die neue Euro-Zwangsgemeinschaft führt zu Unfrieden. Der Ausweg einer Abwertung wird schwächeren Volkswirtschaften versperrt.

Regionaler Wettbewerb, eine föderale Konkurrenz ohne Finanztransfers ist erfolgversprechender. Durch regionalen Wettbewerb werden Demokratie und Freiheit gesichert – nach dem Vorbild der Stadtstaaten im alten Griechenland. Es ist durchaus hilfreich, wenn Bürger vor schlechten Regierungen flüchten können. Dies nannte man im Zuge der Abwanderung aus der früheren DDR die »Abstimmung mit den Füßen«.

Diese Abwanderungsmöglichkeit diszipliniert politische Entscheidungsträger und trägt zum Wohlstand durch Wettbewerb bei. Roland Vaubel führt dazu aus:

»Politische Integration oder Union ist aber einfach ein anderes Wort für politische Zentralisierung. Sie gibt dem Staat mehr Macht über die Bürger. Sie entzieht der Freiheit ihre politisch-ökonomische Grundlage. Europa war in der Vergangenheit so erfolgreich, weil es kein Großreich war. Es ist dabei, sein historisches Erfolgsgeheimnis zu verspielen. Auf den ›universal state‹ folgt der Niedergang.«[69]

Eine »Festung Europa« kann nicht das europäische Leitbild sein. Papst Franziskus hat in seiner Rede vor dem Europaparlament am 25.11.2014 deutliche und kritische Worte gefunden. Er kritisierte die Flüchtlingspolitik scharf. Er kritisierte die Wirtschaftszentrierung Europas (siehe unten). Man bekomme den »Gesamteindruck der Müdigkeit und Alterung«. Es sei die »Impression eines Europas, das Großmutter und nicht mehr fruchtbar und lebendig ist«[70]. Harte Worte, die aufrütteln sollten.

Am Ende seiner Rede zieht der Papst ein klares Fazit:

> *»Liebe Europaabgeordnete, die Stunde ist gekommen, gemeinsam das Europa aufzubauen, das sich nicht um die Wirtschaft dreht, sondern um die Heiligkeit der menschlichen Person, der unveräußerlichen Werte; das Europa, das mutig seine Vergangenheit umfasst und vertrauensvoll in die Zukunft blickt, um in Fülle und voll Hoffnung seine Gegenwart zu leben. Es ist der Moment gekommen, den Gedanken eines verängstigten und in sich selbst verkrümmten Europas fallen zu lassen, um ein Europa zu erwecken und zu fördern, das ein Protagonist ist und Träger von Wissenschaft, Kunst, Musik, menschlichen Werten und auch Träger des Glaubens ist. Das Europa, das den Himmel betrachtet und Ideale verfolgt; das Europa, das auf den Menschen schaut, ihn verteidigt und schützt; das Europa, das auf sicherem, festem Boden voranschreitet, ein kostbarer Bezugspunkt für die gesamte Menschheit!«*

Angesichts des sich zuspitzenden Streits um Budgets und Finanztransfers in Europa bietet die Rede von Papst Franziskus eine Perspektive der Neuausrichtung.

Die Erneuerung und Zukunftssicherung Europas ist ohne Rückbesinnung auf frühere Werte nicht möglich. Christlich-freiheitliche Werte gilt es zu verteidigen. Sie scheinen in der europäischen Tagespolitik zu kurz zu kommen.

Europa darf aber auch nicht isoliert betrachtet werden, wie dies viele Politiker tun, und zu einer protektionistischen und menschenfeindlichen »Festung« werden. Europa muss international integriert bleiben und mit anderen westlichen Staaten christlich-freiheitliche Werte verteidigen. Dazu ist die atlantische Partnerschaft wichtig – ohne Aufbau von Feindbildern. Derzeit werden Zentralisierungen und Vergemeinschaftungen auf europäischer Ebene mit dem Ziel einer engen politischen Union u. a. mit dem Zwang zur Größe begründet, um gegen die USA und China bestehen zu können. Das ist der falsche Weg. Das zeigt u. E. die am Anfang des Buchs zitierte Stockholmer Rede von Ludwig Erhard[71].

Eine einzige Wirtschafts- oder Finanzpolitik für die EU ist aufgrund der Unterschiede in den europäischen Völkern und ihren Ländern zum Scheitern verurteilt[72]. Den europäischen »Mythos« kritisierte Erhard deutlich:

> *»Es ist in Europa eine Art Mystizismus aufgekommen! Man tut so, als ob die geschaffenen Institutionen unantastbar oder überhaupt gegen jede Kritik gefeit sein müssten. Können wir wirklich annehmen, dass diese Verträge göttlicher Weisheit entsprechen?«*[73]

Heute scheint dies so weit zu gehen, dass jegliche Kritik, ob an der Politik des Euro oder an den EU-Institutionen, dazu führt, dass man allzu leicht als Anti-Europäer verunglimpft wird. Diese Art von Ausgrenzung passt nicht zu einer freiheitlichen Gesellschaft und entspricht vor allem nicht einer fairen demokratischen Streitkultur. Die aktuelle Politik in der EU ist eben nicht »alternativlos«. Gerade europafreundliche Bürger werden zu Recht vor den aktuellen Fehlentwicklungen warnen.

Totalitäre Strukturen manifestieren sich oft schleichend. Christliche und freiheitliche Werte müssen als sichere Schranken neu entdeckt werden. Eine zentral gesteuerte Zwangsvergemeinschaftung – ohne Rückhalt in der Bevölkerung und demokratisch nicht abgesichert – fördert nur Abgrenzung und neuen Nationalismus. Die Erfahrungen des früheren Ostblocks mahnen. Eine »EUdSSR« kann daher kein Leitbild sein. Vor diesem Hintergrund ist ein freiheitlich-christliches, föderales Europa anzustreben, das demokratisch legitimiert ist. Das waren auch – wohlbegründet – die Leitgedanken europäischer Integration nach dem Zweiten Weltkrieg.

Man kann daher auch aktuell bei den offenkundigen Fehlentwicklungen in Europa in den letzten Jahren den Kopf nicht in den Sand stecken. Wie in einer zerrütteten Ehe geht es um Geld und kaum mehr um grundsätzliche Fragestellungen künftiger Politikgestaltung. Das ist ein Alarmsignal. Nach der Wahl in Griechenland im Januar 2015 zeigte sich, dass die Spannungen wieder zunahmen. Der griechische Ministerpräsident Tsipras forderte einen Schuldenerlass. Nach seinem Rücktritt wurde er im September 2015 wiedergewählt. Dies zeigt: Mit den Rettungsschirmen hat man offensichtlich dann doch nur Zeit gekauft. Der verschleppte Konkurs vergrößert sogar die finanziellen Folgelasten und spaltet die europäischen Staaten.

Die seit Längerem bestehende skeptische Grundhaltung zu dem fragwürdigen Euro-Rettungskurs zeigt auch folgender Auszug aus dem Interview von Hubert Obermaier mit Stephan Werhahn:

»***Obermaier:*** *Ihr Großvater Konrad Adenauer gilt als einer der Gründungsväter der Europäischen Union. Sie präsentieren sich jetzt als Euro-Skeptiker. Warum?*

Werhahn: *Zunächst gilt festzuhalten, dass das Europa von damals, zum Beispiel als die Élysée-Verträge unterschrieben wurden, etwas anders war als heute. Damals ging es etwa um die Befriedung des Kontinents und um den Wohlstand der Menschen. Von daher hat sich meine pro-europäische Meinung auch nicht geändert. Aber, was jetzt kritisch hinzukommt, ist, dass sich der Euro als Währungssystem nicht bewährt hat. Und daher glaube ich, dass es bessere Alternativen gibt zu der Rettungspolitik, die den Steuerzahler mehr schonen und nicht nur den Banken nutzen. Deshalb bin ich auch mit der Rettungsschirmpolitik, so wie sie heute gemacht wird, nicht einverstanden.*

Obermaier: *Mit Ihrem Protest kommen Sie allerdings zu spät. Der ständige Euro-Rettungsfonds, der Europäische Stabilitätsmechanismus (ESM) als Bollwerk der Eurozone im Kampf gegen die Schuldenkrise und die Einführung von Schuldenbremsen sind beschlossen. Warum sind Sie dennoch besorgt?*

Werhahn: *Ich sehe, dass die Euro-Rettungsschirmpolitik klare Auswirkungen auf Deutschland hat. Es wird zu einer schleichenden Inflation kommen oder zu massiven Steuererhöhungen, um die Verschuldung und die Risiken, die wir jetzt eingehen, möglicherweise aufzufangen. Ja, das Bundesverfassungsgericht hat jetzt eine Haftungsgrenze von 190 Milliarden Euro für Deutschland eingeführt und die Mitbestimmung des Bundestages angeordnet. Durch die Politik der Europäischen Zentralbank werden diese beiden Voraussetzungen aber komplett ausgehebelt. Die EZB kann eben unbegrenzt Geld schöpfen und damit Schulden von Eurokrisenländern aufkaufen. Zudem hat Deutschland überhaupt kein Vetorecht bei der Europäischen Zentralbank. ... Vielmehr wird diese potenzielle Bedrohung langsam, aber sicher in einem größeren Ausmaß wirksam.*

Obermaier: *Wie sieht die Alternative Ihrer Meinung aus?*

Werhahn: *Als Erstes müssten die finanzstarken Länder den Not leidenden Euro-Ländern mit einer Art Marshall-Plan und einem Schuldenschnitt die Möglichkeit schaffen, einen Neuanfang zu finanzieren. Dann könnten sie ihre Verwaltungen modernisieren, Reformen angehen und Infrastrukturprobleme bewerkstelligen. Außerdem sollten diese Staaten auch die Möglichkeit zur Einführung einer eigenen Währung gewährt bekommen. So könnten diese mit einem günstigen Kurs gegenüber dem Euro ihre Exporte fördern und damit der Wirtschaft kräftige Impulse geben.*

Obermaier: *Für viele Menschen ist der Euro mehr als eine Währung. Er ist ihnen auch ein Symbol für Einheit und Frieden. Weshalb überlegen Sie, zur alten D-Mark zurückzukehren?*

Werhahn: *Das fordere ich so nicht. Vielmehr fordere ich, dass die Beistandszahlungen begrenzt und irgendwann beendet werden sollen und nur unter parlamentarischer Kontrolle vergeben werden dürfen. Mit ihrer Warnung ›Scheitert der Euro, scheitert Europa‹ setzt die Bundesregierung zwei Dinge gleich, zwei Dinge, die überhaupt nicht gleichgesetzt werden müssen. Wir haben den Euro jetzt zwölf Jahre erlebt. Und meiner Meinung nach hat der Euro sich als stabile Währung* *nicht bewährt. Dazu wären noch einige Korrekturen notwendig. Auf alle Fälle kann es nicht sein, dass zu Lasten der stärkeren Euro-Länder Gelder abgeschöpft und in ein Fass ohne Boden hineingesteckt werden.*

Obermaier: *Sie fordern mehr Bürgerbeteiligung. Kann man denn über komplizierte Fragen wie die Euro-Rettung überhaupt eine Volksabstimmung abhalten?*

Werhahn: *Ich glaube schon, dass die Bevölkerung durchaus klug genug ist, um über solche wichtige Fragen wie zum Beispiel über die Euro-Rettung, über den Verbleib in der Währungsunion oder aber auch über große Infrastrukturprojekte abzustimmen. Eine Volksabstimmung zwingt die Politiker, die Alternativen klar herauszuarbeiten und bringt die Bevölkerung dazu, sich zu informieren. Denn heute ist die Resignation bei den Bürgern so groß, weil sie die Probleme in Europa zu komplex und die Zahlen für zu groß finden. Insofern fehlt es in Europa an dieser demokratischen Legitimation und auch an der Transparenz, um überhaupt solche Entscheidungen durchzuführen.*

Obermaier: *Und allgemein gefragt, welches sind bundespolitisch weitere wichtige Themen für Sie?*

Werhahn: *Das Oberthema ist natürlich Europa. Denn für die Rettungsmaßnahmen wird viel Geld reserviert, das hierzulande für notwendige Projekte fehlt. Zum Beispiel könnten mit den 49 Milliarden Euro für die Griechenland-Hilfe mehr als 400.000 Kindertages[stätten] plätze eingerichtet werden. Andere wichtige Themen sind die Bankenregulierung, Steuervereinfachung und Generationengerechtigkeit.«*[74]

Die damals angesprochene verfehlte Euro-Rettungspolitik setzt sich fort. Es fehlen angesichts der unverantwortlichen Maßnahmen, die die Generationen finanziell belasten, Politiker wie Ludwig Erhard oder Konrad Adenauer mit klaren Leitbildern für Europa.[75]

Es muss ein Ruck durch die europäische Politik gehen. Ohne einen klaren Wertekompass und eine Rückkehr zu einer föderal ausgerichteten Ordnungspolitik, die demokratisch legitimiert ist, droht unseres Erachtens Chaos. Die im Anhang zitierte Rede von Papst Franziskus vor dem Europaparlament in Straßburg sollte uns aufrütteln.

Der Irrweg des Kollektivismus
(Gerald Mann)

Mit dem Fall des Eisernen Vorhangs und dem Ende der kommunistischen Diktaturen wurde von vielen – angestoßen von Francis Fukuyamas damals viel beachtetem Werk »Das Ende der Geschichte« – an die unumkehrbare Überwindung von Totalitarismus und kollektivistischer Planwirtschaft und gleichzeitig an die Durchsetzung von freiheitlicher Demokratie und Marktwirtschaft geglaubt. Zweifellos ließen sich auch Argumente für einen solchen Trend anführen.

Zu früh gefreut

Doch heute, ein Vierteljahrhundert später, wird zusehends klarer, dass man zu der damaligen Hoffnung nur noch ernüchtert feststellen kann: zu früh gefreut. Sowohl politisch wie ökonomisch zeigen Trends leider in eine andere Richtung. Dieser Beitrag konzentriert sich auf die ökonomische Analyse mit Fokus auf Deutschland und die Europäische Union (EU).

Dabei soll das Werk »Maß und Mitte« von Wilhelm Röpke, dessen 50. Todestages 2016 gedacht wird, als Hauptreferenz dienen, insbesondere Kapitel IV »Der Irrweg des Kollektivismus«.[76] Röpke war einer der Mitstreiter von hohem akademischen Rang für die ordnungspolitische Konzeption der Sozialen Marktwirtschaft, also des Ordoliberalismus der Freiburger Schule. Manche seiner Ausführungen lesen sich stellenweise vielleicht etwas überzogen kulturpessimistisch. Gleichwohl liefert sein Werk überaus erhellende Analysen für die Beurteilung der gegenwärtigen Entwicklungen. Denn gerade Wilhelm Röpke war eben nicht reiner Ökonom, sondern blickte bewusst über den Tellerrand seiner Disziplin hinaus und hatte dementsprechend schon vor 1933 seine Antenne für totalitäre und eine gewachsene Kultur gefährdende Entwicklungen bewiesen. An Röpke bewahrheitet sich somit das bekannte Diktum des Nobelpreisträgers Friedrich August von Hayek: »Wer nur ein Ökonom ist, kann kein guter Ökonom sein.«[77]

Zwei Trends

Die allseits bekannten, regelmäßig durchgeführten Allensbach-Umfragen haben den »Wertewandel« der deutschen Gesellschaft in den letzten Jahrzehnten transparent gemacht. Darüber wird viel diskutiert – mit erwartungsgemäß unterschiedlichen Bewertungen. Dies soll und kann hier nicht vertieft werden. Zwei negative Trends jedoch, die langfristig für den Wohlstand von zentraler Bedeutung sind und mit diesem Wertewandel in Verbindung stehen, sollen hier herausgegriffen werden:

Steigende Staatsquote

Lag der Anteil der deutschen Staatsausgaben, gemessen am BIP, in den 50er-Jahren noch bei knapp über 30 Prozent, so schwankt er seit der ersten Ölkrise in den 70er-Jahren bis heute zwischen 43 und knapp 50 Prozent.[78] »Bei einer Staatsquote von 50 Prozent beginnt der Sozialismus«[79], wird Helmut Kohl gerne zitiert. Und das nach Deutschland wichtigste EU- und Euro-Land, Frankreich, liegt schon seit Jahren über dieser magischen Grenze. In der Tat weisen zahllose – jedoch nicht unumstrittene – Studien aus, dass Länder mit einer geringen Staatsquote auch tendenziell über ein höheres Wirtschaftswachstum verfügen. Röpke konstatierte schon Ende der 50er-Jahre:

> *»Wenn [...] der Staat 30–40 Prozent des Volkseinkommens durch Zwangsabgaben aller Art in Anspruch nimmt, so wird die Marktwirtschaft zersetzt und schließlich gelähmt, während die auf Inflationsdruck hinwirkenden Kräfte verstärkt werden.«*[80]

Sicherheit vor Freiheit?

Grund dafür: Hohe Staatsausgaben reduzieren über Steuern und Staatsverschuldung die privaten Konsum-, Investitions- und Forschungsausgaben. Individuen haben dann also weniger Gestaltungsfreiraum für die Verwendung der Früchte ihrer Arbeit. Sie wissen jedoch um den Nutzen von Ausgaben besser Bescheid als zentrale Planer und Entscheidungsträger.

Gleichwohl bleibt festzuhalten: Diese Entwicklung zu mehr Staat ist ja von der Mehrheit der Deutschen akzeptiert und in Wahlen bestätigt worden. Obwohl die CDU/CSU 1976 mit ihrem Slogan »Freiheit statt Sozialismus« fast die absolute Mehrheit der Stimmen errang, reichte es nicht zur Abwahl der sozialliberalen Koalition, welche in den Jahren zuvor die Staatsquote massiv nach oben geschraubt hatte. Demonstrationen gegen Sozialkürzungen hat es immer wieder gegeben – solche gegen steigende Staatsquoten sind dem 1968 geborenen Verfasser nicht in Erinnerung. Also scheint die Mehrheit der Deutschen einen immer stärkeren ökonomischen Einfluss des Staates auf ihr Leben zu wollen. »Sicherheit vor Freiheit«, lautet wohl die implizit abzulesende Devise.

Wie gefährlich ein solcher Trend ist, davor warnte Ludwig Erhard 1957 schon in seinem bekanntesten Werk »Wohlstand für alle«:

> *»Eine freiheitliche Wirtschaftsordnung kann auf die Dauer nur dann bestehen, wenn und solange auch im sozialen Leben der Nation ein Höchstmaß an Freiheit, an privater Initiative und Selbstvorsorge gewährleistet ist.«*[81]

Abnehmende Risikobereitschaft

Auch der zweite Trend deutet in die gleiche Richtung: Wissenschaftlich-technologischer Fortschritt wird immer kritischer betrachtet. So hat eine Studie des Instituts für Demoskopie Allensbach[82], die im Auftrag des Bankenverbands durchgeführt und im

Dezember 2015 veröffentlicht wurde, u. a. folgende Ergebnisse erbracht:

Es wurden 22 Schlagworte zu »was im Leben wichtig ist« abgefragt. Mehrfachnennungen waren möglich. Am höchsten geschätzt wurde »Gute Freunde haben, enge Beziehungen zu anderen Menschen« mit 84 Prozent. »Finanziell abgesichert sein« erhielt 76 Prozent und »ein sicherer Arbeitsplatz« 68 Prozent Zustimmung. »Risikobereitschaft« landete mit 9 Prozent abgeschlagen auf dem letzten Platz nach »Aktive Teilnahme am politischen Leben, politisch aktiv sein« mit 11 Prozent. Man muss nüchtern feststellen, dass den befragten Deutschen ab 16 Jahren Sicherheitsorientierung so gut wie über alles geht.

Technophobie

Interessanterweise ist diese Entwicklung nicht neu und wurde von Wilhelm Röpke schon Mitte des 20. Jahrhunderts als Trend erkannt, der sichtlich bis heute anhält:

> *»Dass sich das Gold des technischen Fortschritts zu einem großen Teil in Blei verwandelt habe, das ist nun in der Tat in unserer Zeit zu einer Überzeugung geworden, die man geradezu als die führende bezeichnen kann.«*[83]

So sehr Röpke auch Verständnis für diese kritische Sichtweise aufbrachte, warnte er doch – entsprechend seinem Buchtitel »Maß und Mitte« vor beiden Extremen, der »Technolatrie« wie der »Technophobie«[84]. Und zweifellos ist klar: Wenn Deutschland als rohstoffarmes Land seine bisherige Technikaffinität durch eine weiter um sich greifende Technikphobie ersetzen würde, wäre es um unseren Wohlstand geschehen. Gut Ausgebildete würden wegen Perspektivlosigkeit und noch weiter steigender Steuern und Abgaben das Land verlassen – Verarmung wäre die sichere Folge.

Gründe für diese Trends

Was könnte der tiefere Grund für die beiden dargelegten Trends sein? Zur Beantwortung lohnt ein Blick auf das geistige Fundament der Sozialen Marktwirtschaft als Wirtschaftsordnung der Bundesrepublik Deutschland. Die ordnungspolitische Konzeption der Sozialen Marktwirtschaft ist nicht ohne das Fundament christlich-abendländischer Wertvorstellungen denkbar.[85] Dies bedeutet natürlich keineswegs, dass diese Wirtschaftsordnung nicht für alle Menschen unabhängig von Weltanschauung oder Herkunft eine gute Ordnung ihrer ökonomischen Interaktionen wäre.

Christliches Fundament

Das christlich-abendländische Menschenbild sieht den Menschen als Geschöpf Gottes, der zugleich ein personales, individuelles Wesen sowie ein soziales, auf Gemeinschaft angelegtes Wesen ist.

Individualismus	⇦	**Individuum Markt**	⇔	**Kollektiv Plan**	⇨	**Kollektivismus**
Spannungsbogen (unauflösbar)						

Subsidiarität

Daraus ergibt sich ein Spannungsbogen, der unauflösbar ist. Im Gegensatz zu totalitären Systemen wurde seine Auflösbarkeit auch nicht behauptet, woran sich der starke Realismus der Vertreter der Sozialen Marktwirtschaft ablesen lässt. Die biblische Botschaft weiß ebenfalls um diesen Spannungsbogen und ruft jeden

Menschen in seine Verantwortung für sich selbst und für die Mitmenschen. Daraus ergibt sich nichts anderes als Subsidiarität als ein zutiefst christlich-biblisches Prinzip, das die katholische Soziallehre ebenso lehrt wie die evangelische Sozialethik. Aus zwei Bibelversen lässt sich das beispielhaft ableiten:

»Wer nicht arbeiten will, der soll auch nicht essen.«[86]

»Gutes zu tun und mit anderen zu teilen, vergesst nicht; denn solche Opfer gefallen Gott.«[87]

Echte Solidarität

Nach christlichem Verständnis soll also keinesfalls zur Faulheit ermuntert werden, auch nicht durch einen Sozialstaat. Ebenso warnt die Bibel den Einzelnen (nicht **die** Politik!) vor Egoismus und ruft auf Basis von Subsidiarität und echter, also freiwilliger (!) Solidarität in die individuelle Verantwortung für den Nächsten. Letztlich kommen darin die beiden Komponenten des Kreuzes zum Ausdruck: die vertikale für das Verhältnis Gott – Mensch und die horizontale für das Verhältnis Mensch – Mensch, die jedoch beide aufeinander bezogen sind. Röpke fasste das treffend in dem Diktum zusammen: »Das Maß der Wirtschaft ist der Mensch; das Maß des Menschen ist sein Verhältnis zu Gott.«[88] Demnach hätten sowohl der Faule wie der reiche Egoist ein gestörtes Verhältnis zu ihrem Schöpfer. Eine aus Sicht vieler Zeitgenossen wohl politisch inkorrekte Erkenntnis?

Soziale Marktwirtschaft will also analog zum Grundgesetz den Spannungsbogen zwischen Individuum und Kollektiv auf Basis christlich-abendländischer Wertvorstellungen dauerhaft und erfolgreich entschärfen, ohne ihn beseitigen zu wollen. Denn das wäre aus Sicht der Verfechter dieser Ordnungspolitik unrealistisch und mit Freiheit unvereinbar. Dadurch wird auch deutlich, dass Soziale Marktwirtschaft, entgegen einer heute landläufigen Meinung, nicht »irgendwie Marktwirtschaft mit Sozialamt« meint, sondern dass die zentrale soziale Wirkung aus diesem ordnungspolitischen System eine indirekte ist: Das Gewinnstreben in einem Wettbewerbssystem führt zu einer quantitativ und qualitativ besseren Versorgung mit Gütern auch für die sozial Schwachen. Ein auf staatliche Unterstützung angewiesener Mensch in der Bundesrepublik stellte sich materiell in den 80er-Jahren besser als ein Arbeiter in der DDR.

Nach Einschätzung der Mehrheit der Befragten ist die Soziale Marktwirtschaft – trotz einer Delle in den Zustimmungswerten Anfang des 21. Jahrhunderts – eine gute Ordnung, die zu Wohlstand geführt hat. Dies gilt auch noch trotz der Finanzkrise. Doch warum nehmen dann – entgegen dem Geist des Ordoliberalismus – der staatliche Einfluss auf unser Leben immer mehr zu und gleichzeitig die Bereitschaft ab, Eigenverantwortung zu übernehmen und Risiken zu tragen?

Dazu als Erklärungsansatz zwei Thesen

These 1

Die Diesseitsorientierung des menschlichen Lebens, die sich mit dem Schwinden der Bindung an den christlichen Glauben verstärkt, führt zwangsläufig zu einem Streben nach Optimierung des irdischen Daseins. Wenn das Jenseits wegfällt, bleibt nur das Diesseits. So muss der Nutzen durch Bedürfnisbefriedigung maximiert werden. Da Leben immer auch Risiken mit sich bringt, sollen diese möglichst durch den Staat aufgefangen werden. Etwas pathetisch könnte man es so formulieren: Weil man sich nicht mehr in die Hand Gottes fallen lassen will, muss diese Schutzfunktion der Staat übernehmen.

Dadurch wird unser Leben zwangsläufig immer stärker kollektivistisch organisiert. Der Althistoriker Alexander Demandt hat dieses Dilemma in einem Aphorismus so beschrieben:

> *»Die Politiker versprechen mehr, als sie halten können, weil die Leute mehr verlangen, als sie erwarten dürfen.«*[89]

Am Ende kann der demokratische Verfassungsstaat mehr Macht über unser Leben bekommen als der absolutistische Monarch, dem unsere Vorfahren Macht abgetrotzt haben, um den demokratischen Verfassungsstaat zu bekommen. Viel Freiheit wird dann nicht mehr übrig bleiben. Ein freiheitliches (Wirtschafts-) System kann wahrscheinlich nicht aufrechterhalten werden, wenn bei der Mehrheit der Bevölkerung das Verständnis für die Grundlagen und Voraussetzungen von Freiheit und Wohlstand schwinden.

These 2

Sie steht in einer Wechselwirkung mit These 1. Die Soziale Marktwirtschaft nach dem Zweiten Weltkrieg ist derart erfolgreich gewesen, dass sie dadurch jetzt zu ihrem eigenen Opfer wird. Sie hat ein Wohlstandsniveau mit sich gebracht, dass den in These 1 beschriebenen Säkularisierungsprozess beschleunigt hat und gleichzeitig die Fragestellung von der Güterproduktion immer stärker auf die Güterverteilung gelenkt hat. Es gibt kaum eine der bekannten Talkrunden im Fernsehen, wo es um die Erzeugung von Wohlstand geht, sondern meist um die Verteilung desselben.

Immer mehr Menschen wollen ihr Leben zwar ohne Beachtung von überkommenen Verhaltensnormen gestalten, legen aber gleichzeitig immer stärker Wert auf ein Rundum-sorglos-Paket staatlicher Fürsorge, falls ihre Autonomie scheitert. Selbstvertrauen in das eigene Können nimmt ab, Staatsvertrauen nimmt zu. Und Politiker sind nachvollziehbarerweise bestrebt, diesen Wünschen zu entsprechen, um die nächsten Wahlen zu gewinnen. Für Politiker ist diese Entwicklung eine zweischneidige Angelegenheit: Sie gewinnen an Macht, aber die ungeheure Erwartungshaltung in ihre Gestaltungsmacht kann auch schnell enttäuscht werden. Und diese Enttäuschung kann dann ebenfalls schnell zur Gefahr für die freiheitlich-demokratische Grundordnung werden. Die einzig richtige Antwort auf die geschilderten Herausforderungen, nämlich »weniger Politik, stattdessen mehr Markt wagen«, wäre das implizite Eingeständnis der Fehlentwicklungen der letzten Jahrzehnte und wird aus opportunistischen Gründen von der Mehrheit der politischen Klasse deshalb nicht gegeben werden.

Folgen des Kollektivismus

Dieser Weg in immer mehr Kollektiv mit weniger freien und vom Staat unabhängigen Individuen ist beileibe nicht nur ein deutsches, sondern ein europäisches Phänomen. Wilhelm Röpke sah die Folgen solcher Entwicklungen, wie sie heute zu erkennen sind, sehr klarsichtig:

> *»Zerstört man die Ordnung der Marktwirtschaft, dann muss man entschlossen sein, den anderen Weg der Befehlswirtschaft zu gehen [...] Hier, wo es sich um das ordnende Prinzip der Wirtschaft handelt, gibt es keinen ›Mittelweg‹ oder ›Dritten Weg‹, da entweder die Preise oder die Behörden die Produktion ordnen müssen, andernfalls ein Chaos im Wirtschaftsleben eintreten würde.«*[90]

Ein anderer Ökonom des 20. Jahrhunderts, Ludwig von Mises (1881–1973), arbeitete in seiner »Kritik des Interventionismus« (1929) folgenden Mechanismus heraus: Zur Lösung eines festgestellten Problems wird ein staatlicher Eingriff vorgenommen. Dieser wird aber nicht zur Lösung führen oder er wird andere Probleme schaffen, weswegen dann weitere Eingriffe vorgenommen werden usw. Daraus entsteht eine Interventionsspirale, die in einer kollektivistischen Staatswirtschaft endet.

Ein aktuelles Beispiel: Wird Wohnraum knapper und steigen deswegen die Mietpreise, wird die Lösung in einer Begrenzung des Mietpreisanstiegs (»Mietpreisbremse«) gesehen, also in einem gegen marktwirtschaftliche Mechanismen und die Vertragsfreiheit gerichteten Eingriff des Staats. Dadurch wird jedoch keine einzige Wohnung zusätzlich entstehen – mehr Bauland und vor allem durch Baurechtsänderungen zulässige Verdichtung wären angesagt. Die Wohnungsknappheit in Ballungszentren wird sich voraussichtlich weiter verstärken. Also wird man in Bälde noch stärkere Eingriffe fordern. Und so weiter. Eine sich selbst verstärkende Interventionsspirale. Zumal Maßnahmen wie die Mietpreisbremse auf große Zustimmung in der Bevölkerung treffen, denn oberflächlich betrachtet schützt die Politik so die »kleinen Leute«.

Röpkes Klar- und Weitsicht wird sogar noch frappierender, wenn man die große Regulierungsfreude der EU und die daraus entstehenden Sezessionstendenzen betrachtet:

> *»Insoweit äußert sich die innere Krisis des europäischen Kollektivismus nach außen in Sezessionen, Abbröckelungen und Distanzierungen.«*[91]

Diese Formulierung war bezogen auf kollektivistische Tendenzen in Spanien und Frankreich zu Röpkes Schaffenszeiten. Doch ist sie nicht zugleich genau eine Beschreibung dessen, was der EU heute, 2016, in Bezug auf den im Raum stehenden Austritt des Vereinigten Königreiches (»Brexit«) widerfährt? Die EU ist den Briten aus nachvollziehbaren Gründen zu kollektivistisch und bürokratisch und zu wenig marktwirtschaftlich geworden.

Die Leserin und der Leser, die sich bis hierher durchgekämpft und noch nicht entmutigt aufgegeben haben, werden sich fragen, ob denn dem Voranschreiten des Kollektivismus noch etwas entgegenzusetzen ist. Der Verfasser bekennt, hier selbst für die nahe Zukunft eher skeptisch zu sein.

Interventionistische Geldpolitik

Dies hat nicht zuletzt seinen Grund in einem weiteren kollektivistischen Politikfeld, der Geldpolitik der Europäischen Zentralbank (EZB). Durch eine extrem expansive Geldpolitik mit indirekter Staatsfinanzierung wurde der Preis für Geld, auch Zins genannt, gegen null gedrückt und quasi beseitigt. Dadurch lässt sich Staatsverschuldung leichter finanzieren und sogar ausdehnen. Notwendige marktwirtschaftliche Strukturreformen werden wegen der mit ihnen verbundenen politischen Kosten unterlassen. In Deutschland gäbe es keine »schwarze Null«, müsste der Staat noch das im letzten Jahrhundert übliche Zinsniveau bezahlen. Sparer werden hier also um die Früchte ihrer Ersparnisse gebracht, der Umverteilungsspielraum der Politik wird zu Lasten der Fleißigen und Sparsamen erweitert. Dies lässt erwarten, dass der kollektivistische Weg weiter beschritten wird, zumal er kurzfristig immer der mit den geringsten politischen Kosten ist. Und die ökonomischen Kosten werden aber eben erst in der Zukunft spürbar.

Freiheit statt Kapitalismus?

Der herrschende Zeitgeist flankiert diese Entwicklung. Schön ablesen lässt er sich an dem Buch »Freiheit statt Kapitalismus« von Sahra Wagenknecht, das zwar auch zutreffende Analysen enthält, aber im Titel bereits zwei Irrtümer: Erstens, dass echter Kapitalismus Unfreiheit bedeuten würde. Das Gegenteil ist der Fall: Im Anti-Kapitalismus liegt die Unfreiheit. Wer nicht frei entscheiden kann, wie er seine Ersparnisse (also sein Kapital) investiert, lebt nicht frei. Und, zweiter Irrtum, wenn der Staat Banken rettet wie in der Finanzkrise, liegt nicht Kapitalismus vor, sondern – wie es die Investor-Legende Jim Rogers formulierte –»Sozialismus für Reiche«[92]. In einer echten kapitalistischen Marktwirtschaft gingen Banken eben pleite, wenn sie sich verzockt haben. Denn diese Einheit von Entscheidung und Haftung ist eines der sieben konstituierenden Prinzipien der Sozialen Marktwirtschaft nach Walter Eucken.[93] Auf diesen beiden Irrtümern ist die gegenwärtige Diskussion aufgebaut und läuft deswegen am Kern des Problems – zu viel Staat und zu wenig Markt – vorbei. Bestenfalls wird an Symptomen herumgedoktert.

Schon Erhard warnte

Wie Röpke warnte auch Ludwig Erhard:

> *»Die wachsende Sozialisierung der Einkommensverwendung, die um sich greifende Kollektivierung der Lebensplanung, die weitgehende Entmündigung des Einzelnen und die zunehmende Abhängigkeit vom Kollektiv oder vom Staat [...] müssen die Folgen dieses gefährlichen Weges hin zum Versorgungsstaat sein, an dessen Ende der soziale Untertan und die bevormundende Garantierung der materiellen Sicherheit durch einen allmächtigen Staat, aber in gleicher Weise auch die Lähmung des wirtschaftlichen Fortschritts in Freiheit stehen wird.«*[94]

So traurig es klingt: Vermutlich wird an diesem Zustand erst eine existenzielle Krise etwas ändern. Und man darf nicht vergessen: In Deutschland mag die Staatsgläubigkeit nicht so ausgeprägt sein wie in Frankreich. Aber per Volksabstimmung hätte Ludwig Erhard sein Erfolgsmodell der Sozialen Marktwirtschaft Ende der 40er-Jahre kaum einführen können. Es bedurfte z. B. bei der Aufhebung der Preisbindung der Rückendeckung der angloamerikanischen Besatzungsmächte.

Was kann getan werden? Die Ideen der Freiheit und der Sozialen Marktwirtschaft Erhard'scher Prägung immer wieder in die Diskussion bringen und die negativen Folgen der Abwendung von ihr anzusprechen.[95] Ökonomische Bildung hat in diesem Zusammenhang einen wichtigen Auftrag, und es ist gut, dass gerade an Bayerns Gymnasien das Fach Wirtschaft eine gute Verankerung erfahren hat. Es lohnt sich allemal, für Freiheit und Marktwirtschaft zu streiten, um nicht als fremdbestimmter »sozialer Untertan« zu enden.

Dieser Aufsatz ist in leicht geänderter Fassung erstmals in Politische Studien (2016), Nr. 465, S. 37 ff., erschienen.

Generelle Aspekte einer europäischen Verfassung (Ulrich Horstmann, Stephan Werhahn)

Bereits am 20. Juni 2003 legte der damalige EU-Konventspräsident Valéry Giscard d'Estaing seinen Entwurf für die erste europäische Verfassung vor. Der Verfassungsentwurf formulierte Grundrechte für die Unionsbürger und stand damit in der Tradition der amerikanischen Unabhängigkeitserklärung aus dem Jahr 1776[96], der Losung der Französischen Revolution im Jahr 1789[97], der Erklärung der Menschen- und Bürgerrechte der französischen Nationalversammlung im Jahr 1789[98] sowie des 1949 verabschiedeten Deutschen Grundgesetzes. Für das Funktionieren einer Marktwirtschaft wurde das Recht auf Eigentum sowie weitere Freizügigkeitsrechte eingeräumt. Darüber hinaus wurden Regeln für die Entscheidungsorgane, die Aufgabenteilung zwischen den einzelnen Staaten und der EU sowie die Wirtschafts- und Währungsunion formuliert. Die Regierungen sollten die Hauptkompetenzen behalten, und es sollte auch ein Austritt aus der Gemeinschaft ermöglicht werden.

Europa hat es in diesem Zusammenhang bisher nicht weit gebracht. Es gibt zwar eine Charta der Grundrechte der EU im Rahmen des Vertrags von Lissabon[99], für eine Verfassung hat es aber nicht gereicht. Die Rechte der Bürger – obwohl formal geschützt – spielen in den Alltagsmühlen der Brüsseler Bürokratie keine große Rolle, eher gut organisierte Wirtschafts- und Verbandsinteressen. Institutionen auf einer so hohen Ebene sind nicht mehr bürgernah. Der zentrale Apparat ist auf sich selbst bezogen und die führend tätigen Technokraten versuchen, immer mehr Kompetenzen zu bündeln.

Das Subsidiaritätsprinzip wird zwar in der Präambel der Charta[100] genannt, entspricht aber immer weniger der EU-Realpolitik. Subsidiarität sollte nicht nur in die Verfassung aufgenommen werden, das Prinzip muss auch tatsächlich Bedeutung erlangen.

Aus Europa wird man kaum ein staatsähnliches Gebilde konstruieren können. Das liegt zum einen an den Interessen großer Wirtschaftsunternehmen, die die Regierungen gegeneinander ausspielen, und zum anderen an nach wie vor vorhandenen nationalistischen Tendenzen, die sich in Krisenphasen eher noch verstärken. Der Nationalstaat ohne Bindungen durch die EU findet nach wie vor viele Anhänger, vor allem außerhalb Deutschlands. Die häufig vertretene inländische Sicht, in einem größeren Europa aufgehen zu wollen, ist angesichts der geschichtlichen Katastrophen zwar nachvollziehbar, wird aber in anderen EU-Staaten nicht verstanden oder sogar als Bedrohung empfunden. Auch die seit Langem bestehende Krise rund um den Euro und die Herausforderungen durch Zuwanderung von Flüchtlingen stehen gegen eine verstärkte europäische Einheit. Hermann Lübbe zeigte sich bereits frühzeitig skeptisch:

> *»Das europäische Staatsvolk, das im Europäischen Parlament seine Repräsentanz fände, gibt es nicht, und es ist auch nicht erkennbar, dass es sich in absehbarer Zeit bilden könnte. Es gibt keine europapolitische allgemeine Öffentlichkeit, keine europäischen Parteien, die sich, statt an europapolitischen nationalen Interessen, direkt an europäischen Interessen orientieren.«*[101]

Trotz dieser skeptischen Sicht hat es genug Bemühungen gegeben, die Einheit Europas möglichst weitgehend zu verwirklichen. Sie ist mit Personen verbunden, die für diese Vision eintraten. Ohne Zweifel gehörten neben den Gründungsvätern der EU auch Politiker wie Helmut Kohl, der sogar die Deutsche Mark opferte (vermutlich im Zusammenhang mit der notwendigen Unterstützung Frankreichs für die deutsche Wiedervereinigung) oder Jacques Delors dazu. Solche überzeugten »Europäer«, die das »Elitenprojekt« voranschoben, sucht man heute fast vergeblich. Der europäische Gedanke ist durch kleinliche, nationale Klientelpolitik in den Hintergrund getreten. Welcher Politiker spricht heute noch von der Notwendigkeit einer EU-Verfassung? Der frühere Anlauf ist bereits wieder in Vergessenheit geraten: Der vom Europäischen Konvent erarbeitete Verfassungsentwurf wurde zwar im Jahr 2004 in Rom von den Vertretern der EU-Mitgliedstaaten unterzeichnet. Nach gescheiterten Referenden wurde er aber nie ratifiziert. Stattdessen kam der Vertrag von Lissabon, der 2007 unterzeichnet und 2009 ratifiziert wurde.

Eine verbesserte europäische Verfassung sollte dem Demokratieprinzip stärker Rechnung tragen. Das schließt nicht aus, dass Bürgerechte formuliert werden, die die Teilstaaten garantieren müssen. Aus jetziger (realistisch machbarer) Perspektive ist Europa nur konföderal zu organisieren. Die mögliche EU-Abspaltung Großbritanniens ist ein »Warnschuss«. Der britische Premier David Cameron will zur Sicherung des Verbleibs Großbritanniens in der EU die Europäische Union reformieren.

> *»Ein großer Wurf täte der EU eigentlich sehr gut. Ihre Krise ist nicht in erster Linie eine Flüchtlings- oder Euro-Schuldenkrise, sondern das Fehlen eines Ordnungsrahmens. Es ist die brüchige Architektur, die das Haus Europa ins Wanken bringt.«*[102]

David Cameron hat für Juni 2016 ein Referendum über den Verbleib Großbritanniens in der EU angekündigt.[103]

Walter Eucken beschrieb bereits einen Ordnungsrahmen, der die Freiheit wirtschaftlichen Handelns sichert und der auch für Europa eine Richtschnur sein sollte. Hierfür formulierte er »konstituierende und regulierende Prinzipien«[104]. Zu den sieben konstituierenden Prinzipien gehören seines Erachtens als Grundprinzipien:

1. die Wettbewerbssicherung, darüber hinaus
2. ein stabiles Geldsystem (mit automatischen Sicherungen, um vor dem Zugriff von Politikern geschützt zu sein),
3. offene Märkte,
4. Privateigentum,
5. Vertragsfreiheit,

6. Haftung und

7. die Konstanz der Wirtschaftspolitik.

Die vier regulierenden Prinzipien umfassen:

1. Monopolkontrolle,

2. Korrekturen bei den Einkommen (Steuerprogression),

3. Berücksichtigung von externen Effekten und deren Einbeziehung in die wirtschaftliche Kalkulation nach dem Verursacherprinzip, ohne das Preissystem zu verzerren (z. B. Zertifikatehandel zur Sicherung des Schutzes der Umwelt) und

4. Eingreifen im Fall eines anormalen Angebotsverhaltens (z. B. Arbeitsmarkt).

Die aktuelle Politik des günstigen Geldes mit dauerhaften Niedrigzinsen ist mit Euckens ordnungspolitischen Vorstellungen nicht in Einklang zu bringen. Klaus-Peter Willsch formulierte in seinem Buch »Von Rettern und Rebellen«:

> *»Im 21. Jahrhundert versammeln sich die Europäer aber nicht mehr unter dem Zeichen des gemeinsamen Glaubens, sondern unter dem der gemeinsamen Währung. Wie eine Monstranz tragen die Euro-Retter den Euro vor sich her. Das Credo heißt heute: Scheitert der Euro, dann scheitert Europa.«*[105]

Dass dieses Credo uns nicht weiterhilft, wird allzu offensichtlich. Bei der Einführung des Euro galt die Schaffung einer politischen Union zur Sicherung der Funktionsfähigkeit einer gemeinsamen Währung als unerlässlich. Davon ist kaum mehr die Rede. Die Stabilitätsregeln des grundlegenden Maastricht-Vertrags werden nicht mehr beachtet.

Europa muss da zusammenstehen, wo es wichtig und sinnvoll ist. Eine gemeinsame Außen-, Sicherheits- und Einwanderungspolitik sind Kernelemente einer politischen Union. Hier ist eine enge europaweite Kooperation unabdingbar. Wenn die Einzelstaaten dagegen nicht bereit sind, ihre Finanzpolitik an den vereinbarten Regeln des Maastricht-Vertrags auszurichten, ist das nicht das Ende Europas, allenfalls des inzwischen mehr und mehr fehlkonstruierten Euro. Ein so weiterbestehender Euro entwickelt sich – wie sich bereits jetzt abzeichnet – zu einem gefährlichen europäischen Spaltpilz. Das von Justus Haucap, Stefan Kooths, Thomas Mayer und Frank Schäffler formulierte »Plädoyer für ein konföderales Europa« ist eine sehr gute Diskussionsgrundlage, sie ist im Anhang in voller Länge enthalten. Eine verbesserte europäische Verfassung muss dem Demokratieprinzip stärker Rechnung tragen, das derzeit nur föderal strukturiert sein kann, um eine gängelnde Herrschaft durch EU-Zentralbehörden zu vermeiden. Eine europäische Verfassung schließt aber nicht aus, dass Bürgerechte formuliert werden, die die Teilstaaten garantieren müssen.

Europa muss wieder als Projekt seiner Bürger verstanden werden. Gemeinsame christlich-abendländische Werte wirken integrierend, das wussten schon die Gründer der Europäischen Union. Eine gemeinsame Verfassung sollte eine gemeinsame Außen-, Sicherheits- und Einwanderungspolitik vorsehen, die Reformfähigkeit Europas bewahren, föderal-subsidiären und bürgernahen Politiklösungen den Vorzug geben und zumindest den Freihandel sichern. An einer zentralen Lösung von Problemen, die am besten vor Ort zu lösen sind, kann Europa tatsächlich scheitern. Wenn statt Reformen vermeintlich »alternativlose« Lösungen von oben diktiert werden, geht die Glaubwürdigkeit Europas für die Bürger verloren. Rechtsstaatlichkeit (mit einer funktionierenden Gewaltenteilung), Demokratie und Freiheit sind daher ohne Relativierungen zu sichern.

Mut zur Führung, wie Konrad Adenauer es vormachte
(Stephan Werhahn)

Ein starkes Europa ist die beste Medizin

Adenauer wurde ein überzeugter Pro-Europäer. Er glaubte, die Teilung Deutschlands und Europas war das Ergebnis der Ost-West-Spannungen, nicht der Grund.

Also war der beste Weg, die Teilung zu überwinden, mit Frankreich zusammenzuarbeiten und die Teilung Europas zu überwinden.

Die beste Medizin für eine Erholung und für Wohlstand, Wachstum und Frieden war daher ein starkes Europa, sowohl für Deutschland wie für den europäischen Kontinent.

Im heutigen Europa, das in vielen Fragen politisch gespaltenen ist, ist es dringend geboten, sich darauf zu besinnen, dass gute und mutige Führung den Unterschied macht:

- Nutzung von langfristigen Perspektiven, um Probleme zu lösen,
- Präsentieren von klaren und offenen Optionen für die Bürger,
- nationale Interessen werden auf die europäische Ebene gehoben,
- Mut besitzen, einmal getroffene Entscheidungen in die Tat umzusetzen.

Das war das Erfolgsgeheimnis der deutschen und europäischen Erholung und des allgemeinen Wohlstandes und Friedens.

Diese mutige Führung ist heute in Europa gefragter denn je.

Ungelöste Probleme

Ungelöste Probleme gibt es zuhauf, z. B.:

- **Die Eurokrise:** Seit fünf Jahren werden grundlegende vertragliche Missstände verschleppt, weil die langfristige Perspektive fehlt.

- **Die Flüchtlingskrise:** Seit Jahren ist klar, dass die Zahl der von Hunger und Krieg bedrohten Menschen Afrikas und des Mittleren Ostens stark zunimmt und – wenn sie verzweifelt Schutz suchen – vom christlichen Standpunkt aus nicht abgewiesen werden können.

- **Die kulturellen Grundwerte** und unsere allgemeine Sicherheit müssen gewahrt werden. Wir brauchen daher feste Außengrenzen, eine klare Einwanderungspolitik, die eine Überlastung unserer Städte und Regionen in Europa verhindert, und Konzepte für eine humane Integration.

- Es fehlt auf europäischer Ebene **ein konsequentes marktwirtschaftliches Konzept** mit sozialer Verantwortung für die wirklich Bedürftigen. Zentralistische Verteilung der Mängel reicht nicht aus!

- Schließlich fehlt **ein fester staatlicher und wertemäßiger Ordnungsrahmen**, der sich ausdrückt in einer subsidiären, demokratischen Verfassung mit klarer Bottom-up-Kompetenzverteilung und in Zustimmungsrechten und -pflichten der Bürger.

- Die Politiker, Wirtschafts- und Gesellschaftseliten aller europäischen Länder müssen wieder, wie bei Schumann, de Gasperi und Adenauer, den **Mut zu guter Führung** besitzen, dann haben alle die Chance auf ein starkes, freies Europa.

Neue geopolitische Herausforderungen erfordern eine enge Kooperation – Plädoyer für eine gesamteuropäische Immigrations- und Sicherheitspolitik. Der Alleingang der Angela Merkel und der Krieg im Nahen Osten[106]

(Günter Ederer[107])

Musste erst der Sohn von Flüchtlingen, ein Muslim noch dazu, den Mut haben, die besonders empfindlichen Honoratioren der deutschen Gesellschaft darauf aufmerksam zu machen, dass sie sich in eine Traumwelt verloren haben, die es ihnen ermöglicht, mit mitleidigem Blick auf das Elend der Welt zu schauen, um mit entsprechendem moralischen Hochmut das niedere Volk zu belehren, wie es sich im Durcheinander der Völkerfluchten zu verhalten hat?

Navid Kermani, der in diesem Jahr den Friedenspreis des Deutschen Buchhandels erhielt, hat in seiner Dankesrede in der Frankfurter Paulskirche gewagt, die selbstgefällige Kulturelite daran zu erinnern, dass es ein Krieg ist, der die Menschen zu Flüchtlingen macht, dass wir als die nächsten Nachbarn uns da nicht heraushalten können, uns einbringen müssen, »womöglich militärisch«, weil dieser Krieg alleine nicht mehr von Syrien und dem Irak beendet werden kann. Und er sagt:

> *»Wahrscheinlich werden wir Fehler machen. Aber den größten Fehler begehen wir, wenn wir weiterhin nichts oder so wenig gegen den Massenmord vor unserer europäischen Haustür tun, den des Islamischen Staates und den des Assad-Regimes.«*[108]

Vier Jahre haben wir zugeschaut, wie Assad sein Land zerstört und Krieg gegen die eigene Bevölkerung führt, mit Zehntausenden von Toten und Millionen von Flüchtlingen. Wir saßen dabei in der ersten Reihe und waren uns einig: Es gibt keine militärische Lösung. Das war eine wunderbare, moralisch so friedfertig daherkommende Ausrede, sich nicht einmischen zu müssen. Dann erschreckte uns der »Islamische Staat« mit Jubelszenen um abgehackte Köpfe, mal einzeln, mal zu Dutzenden. Die schwarz gekleideten Horden jugendlicher Irrer aus aller Welt versklavten Frauen und errichteten eine Horrorherrschaft, was immerhin dazu führte, dass Deutschland ein paar Gewehre an die bedrohten Kurden lieferte und die US-Amerikaner einige Staaten um sich scharte, die die IS-Mörder aus der Luft bombardieren. Aber schon diese »Einmischung« war für die friedensverdrehten Linken in den verschiedenen Parteien ein Grund, von Völkerrechtsverletzung zu schwafeln.

Seit die Menschen aus den Kriegs- und Bürgerkriegsländern sich zu Hunderttausenden auf den Weg gemacht haben, ist es vorbei, sich auf den Balkon der türkischen Hügel zu setzen und zuzuschauen, wie eine Stadt von den Terroristen dem Erdboden gleichgemacht wird. Die dort Vertriebenen kommen jetzt hier an, wenn sie nicht unterwegs umkommen, wie der kleine Junge am Strand der griechischen Insel Kos. Das Entsetzen war groß, mobilisierte vielleicht ein paar freiwillige Helfer mehr. Aber, dass das alles nicht reicht, das musste erst ein Friedenspreisträger formulieren. Das Echo in Deutschland aber war sehr schwach. Spätestens, wenn die ehrenwerten Gäste nach einem Smalltalk über diese eindrucksvolle Rede zu Hause angekommen sind, wird der Gedanke an ein militärisches Engagement wieder verdrängt. Dafür aber umso mehr teilweise wirre Propaganda ausgeschüttet, warum die unaufhörliche Zuwanderung Hunderttausender traumatisierter und hilfloser Menschen aus fremden Kulturen für Deutschland auch noch ein Gewinn sein soll.

Bevor ich über die militärischen Versäumnisse und Alternativen schreibe, die Navid Kermani vorsichtig angesprochen hat, ist es wichtig, die Völkerwanderung, die sich zurzeit nach Europa bewegt, einzuordnen. Das geht schon damit los, dass die Verharmloser das Wort »Völkerwanderung« in Abrede stellen. Ab wann würden denn die Talkshow-Intellektuellen der »Grünen« es eine Völkerwanderung nennen? Die mehr als eine Million, die schon unterwegs ist und der weitere vier bis fünf Millionen folgen können, sind für sie offensichtlich nicht genug, um die Entleerung einer ganzen Region als Völkervernichtung zu begreifen. Warum diese Angst zu sagen, was hier wirklich passiert? Weil wir dann eine ganz andere Außenpolitik machen müssten?

Um es unmissverständlich klarzustellen: Die Menschen aus den Kriegs- und Bürgerkriegsgebieten, die nach Deutschland kommen, müssen wir aufnehmen – ohne Wenn und Aber. Dabei ist es egal, ob es eine oder zwei Millionen werden. Das ist der Preis, den wir dafür zahlen, dass wir glaubten, die Gewaltorgien von Pakistan bis Nigeria gingen uns nichts an.

Es sei denn, wir würden auch noch den Rest unserer christlichen und westlichen Werte verraten, die wir wie eine Monstranz vor uns hertragen, wenn wir unsere moralische Überlegenheit beschreiben. Selbst unser Mitleid setzt erst situationsbedingt ein. Bei Bildern von frierenden und durchnässten Flüchtlingen, die durch den Schlamm auf der Balkanroute stapfen oder ungeschützt tagelang vor deutschen Aufnahmezentren stehen, beginnt sofort das Gefühl, helfen zu müssen. Wenn hungernde Kinder im zerstörten Aleppo vor Assads Bomben Schutz suchen, stellen wir fest, dass wir nichts dagegen tun können.

Nach nur wenigen Wochen einer überschwänglichen Willkommenskultur wird jetzt schon vom Umkippen der Stimmung gewarnt – nicht bei den verbohrten Nationalisten und Rassisten, sondern bei den vielen selbstlosen Helfern und den hoffnungslos überforderten Kommunen. Das liegt auch daran, dass eine völlig verlogene Einwanderungs- und Asyldebatte losbrach. Am Anfang wurde der Eindruck erweckt, als kämen jetzt Tausende von syrischen Ärzten und Akademikern, auf die wir regelrecht gewartet hätten. Diese Propaganda wurde von Arbeitsministerin Andrea Nahles beendet, als sie feststellte, dass höchstens 10 Prozent der Flüchtlinge in absehbarer Zeit in den Arbeitsmarkt integriert werden können.

Die nächste Nebelkerze verbreitete den Unsinn, dass die Einwanderer die Lücken schließen würden, die durch unsere niedrigen Geburtenraten in den nächsten Jahren aufreißen. Seit 1971 haben wir eine Geburtenrate von 1,34–1,4 Kindern pro gebärfähiger Frau. 2,1 müssten es sein, um die Einwohnerzahl konstant zu halten, um die Überalterung zu verhindern. Das heißt, um die in Rente gehenden Babyboomer zu ersetzen, müssten wir jedes Jahr bis zu 700.000 qualifizierte Zuwanderer integrieren – und das über Jahrzehnte. Prof. Dr. Herwig Birg, der renommierteste deutsche Bevölkerungswissenschaftler, hat schon vor Jahren ausgerechnet, dass wir bis 2050 188 Millionen Einwanderer brauchen, wenn wir den Altersdurchschnitt der in Deutschland lebenden Bevölkerung nur auf dem jetzigen Stand halten wollten. Das wären mindestens 3,5 Millionen Einwanderer pro Jahr. Die jetzt ankommenden, schlecht ausgebildeten Kriegsflüchtlinge, hauptsächlich arabischer Herkunft, sind da noch nicht einmal ein Tropfen auf den heißen Stein. Außerdem werden sie erst einmal jahrelang Kosten verursachen, bis sie in den Arbeitsmarkt und das soziale Netz eingegliedert werden können.

Damit sind wir bei der dritten – man muss schon sagen – Lüge. Die Flüchtlinge würden, da sie jünger sind als die deutsche Gesellschaft, die Rentenkassen entlasten, wird uns weisgemacht. Das Gegenteil ist der Fall: Sie werden die Altersarmut vergrößern. Die wenigsten werden es schaffen, 45 Jahre in einem gut bezahlten Job in die Sozialkassen einzuzahlen, um auf eine ausreichende Rente zu kommen. Genaue Zahlen gibt es nicht, weil wir ja den Überblick verloren haben über die, die gekommen sind. Wir wissen ja nicht, mit wem wir es zu tun haben. Vielleicht können wir uns darüber im nächsten Jahr ein zuverlässigeres Bild machen.

Nur wer an all diese Illusionen glaubt, kann sich mit Inbrunst in der Debatte verbeißen, ob wir ein Einwanderungsgesetz brauchen oder nicht, ob wir das Asylrecht ändern müssen und ob wir integrativer werden müssen. Egal, wie wir uns entscheiden, der Zustrom von Hunderttausenden wird so schnell nicht aufhören. Jetzt ist es das Gebot der Stunde, die Menschen in winterfesten Unterkünften zu versorgen. Wir fordern sie ja auch regelrecht auf, zu uns zu kommen. Sie wären dumm, wenn sie in Griechenland oder Ungarn blieben. Sie werden auch wieder nach Deutschland umsiedeln, wenn sie nach einer europäischen Quotenregelung nach Polen, der Slowakei oder Spanien transportiert würden. Deutschland bietet einen großzügigen Wohlfahrtsstaat, hat es bis in den letzten Winkel der Welt hinausposaunt, wie robust unsere Wirtschaft ist und dass unsere Kanzlerin allen europäischen Regeln zum Trotz ein Herz für sie hat.

Der Nobelpreisträger Milton Friedman hat festgestellt: »Man kann einen Staat mit offenen Grenzen haben oder einen Wohlfahrtsstaat schaffen. Beides geht nicht.«[109] Nun ist mir bewusst, dass Milton Friedman für die »Lasset die Kindlein zu mir kommen«-Idealisten eh schon ein rotes Tuch ist. Aber vielleicht denken Sie mal in ihren grünromantisch gepolten Ganglien kurz nach: Jeder vernünftige Mensch wird versuchen, dorthin zu gehen, wo es ihm besser geht. Und solange ein Monatslohn in Serbien niedriger ist als der Satz, der jedem Asylsuchenden in Deutschland zusteht, gibt es nicht nur für die Bewohner des Balkans, sondern für circa eine Milliarde Menschen den Anreiz, zu uns zu kommen.

Einige Hunderttausend werden es sicher auch tun. Ob das aber die Neubürger sein werden, die wir uns wünschen, ist zumindest für die Vergangenheit mit einem klaren »Nein« zu beantworten.

Die OECD hat 2004 über die Qualifikation der Einwanderer für ihre Mitgliedstaaten eine Untersuchung veröffentlicht. 46,1 Prozent der Einwanderer nach Kanada hatten einen hohen Bildungsstand im Vergleich zu den in Kanada Geborenen, die auf 38,8 Prozent kamen. Die Vergleichszahlen für Irland: 45,4 Prozent hochqualifizierte Einwanderer zu 25,5 Prozent der Einheimischen. Für Australien lauten die Zahlen 35,7 Prozent für die Einwanderer zu 26,2 Prozent der Australier. Selbst das offene Schweden zog zumindest bis 2004 mehr Intelligenz an, als die Schweden selbst vorweisen konnten. Die Zahlen: 29,4 Prozent zu 27,3 Prozent. Für Deutschland dagegen ergibt sich ein trostloses Bild: 18,9 Prozent der Einwanderer zählen zu den Hochqualifizierten gegenüber 25,5 Prozent der in Deutschland Geborenen.

Aber 37,4 Prozent der Einwanderer gehören der geringsten Qualifikationsgruppe an im Vergleich zu 12,3 Prozent der Deutschen.

Trotz der anfänglichen Propagandawelle, von den syrischen Akademikern, die unser Land bereichern würden, ist diese Flüchtlingswelle aus Afghanistan, Pakistan, Eritrea, dem Irak und Syrien ein weiterer Schub gering qualifizierter Zuwanderung. Die in Deutschland angepriesenen Gründe für die Aufnahme der Flüchtlinge sind alles Argumente, warum es eine europäische Lösung nicht geben kann und warum die anderen Staaten sich mit Recht weigern, Flüchtlinge in Kontingenten aufzunehmen.

Grund 1: Die zu geringe Geburtenquote. Frankreich, Großbritannien, Irland, Island und mit Einschränkung die Skandinavier und die Niederlande haben das Problem nicht. Dort werden genügend Kinder geboren. Sie brauchen also keine Einwanderer.

Grund 2: Der Facharbeitermangel. Süd- und Osteuropäer haben einen Arbeitskräfteüberschuss. Bisher konnten sie den in die wenigen wirtschaftlichen starken Staaten wie Deutschland, Schweden, Norwegen, die Schweiz, die Beneluxstaaten und Österreich teilweise abgeben. Das wird jetzt durch die Flüchtlingswelle blockiert. Warum sollen sie also ihre Arbeitslosigkeit erhöhen und Flüchtlinge aufnehmen? Die Forderung, ganz Europa müsse den Deutschen helfen, das Flüchtlingselend zu bewältigen, geht also voll an der Realität vorbei. Die Diskussion darüber ist aber sehr gut geeignet, die Idee von Europa noch mehr zu beschädigen als durch die Alleingänge der Kanzlerin Angela Merkel in der Energiefrage, bei dem Bruch des Maastricht-Abkommens in der Griechenlandkrise und bei dem Bruch der Verträge von Dublin und Schengen und bei der Flüchtlingsproblematik.

Es gibt nur eine europäische Gemeinsamkeit, die uns verpflichtet zu helfen. Das sind die Werte der Freiheit, der Menschlichkeit, der persönlichen Integrität und der Gerechtigkeit. Für die Menschen, die an Europa, und da vor allem an Deutschland, glauben, die vor dem sicheren Tod oder der existenziellen Bedrohung fliehend, sich der Karawane nach Norden angeschlossen haben, für die müssen wir in Europa gemeinsam die Verantwortung übernehmen. Jetzt, wo sie unterwegs sind, und dann, wenn sie hier ankommen.

Dass dies zurzeit zu dramatischen Verwerfungen führt, ist auch der Preis dafür, dass wir nicht die Kraft und den Mut hatten, den Verbrechern entgegenzutreten, als sie anfingen, ihre Völker zu unterdrücken und zu ermorden. Die Gedanken des Friedenspreisträgers des Deutschen Buchhandels waren nicht nur, aber hauptsächlich in Deutschland Ketzerei oder wurden sogar als Kriegstreiberei verdammt. Ich will hier nicht die vielen politischen Fehlentscheidungen abarbeiten, die es seit dem Sturz der Regime Saddam Husseins und Muammar al-Gaddafis gab. Aber ein Hinweis ist an Zynismus nicht zu übertreffen: Hätten die Amerikaner nicht im Irak und die Franzosen und Briten nicht in Libyen militärisch interveniert, wären die Flüchtlingsströme nicht ausgelöst worden. Was für eine »Ohne-mich-Logik«. Übersetzt: Solange die Verbrecher in ihrem eigenen Land morden, ist es uns egal. Hauptsache, sie stören uns nicht in unserem wohl geheizten Wohnzimmer.

Saddam hat schätzungsweise 600.000 Kurden und Schiiten umgebracht. Gaddafi mordete je nach Wahnsinnsattacke und persönlichem Interesse. Das Assad-Regime in Syrien hat eine halbe Million Menschen auf dem Gewissen. Einige Volkserhebungen wurden mit gnadenloser Brutalität niedergemacht: Hussein die Kurden im Irak mit Giftgas, die Assads die Bürger in Hama und Homs mit Bomben.

Und dann, als sich die Völker wieder einmal gegen die Tyrannei erhoben, hat sie der »Westen« schmählich in Stich gelassen. Beim Tyrannenmord in Libyen und dem Irak war er noch dabei, aber danach hat er zugeschaut, wie die Länder im Chaos versanken. Schon der Gedanke, Deutschland hätte mehr als ein paar Gewehre an die Kurden geliefert, wäre in unserem ach so moralisch hochwertigen Staat einem politischen Selbstmord gleichgekommen. Über Jahre haben vor allem die Grünen und der linke Flügel der SPD ein gefährliches, romantisches Verhältnis zur Gewalt und militärischen Interventionen in der Welt. Solange noch die Amerikaner dabei sind, können sie wenigstens ihr altes Feindbild reaktivieren. Wenn aber Russland, ein Stamm in Afrika, ein wildgewordener Serbenführer oder eine mit Drogen finanzierte Guerilla in Südamerika ganze Regionen unbewohnbar machen, dann malen sie sich eine heile Welt, die mit der Realität nichts zu tun hat.

Sie haben eine Mitschuld daran, wenn heute Millionen Menschen vor Taliban-Banden, al-Qaida-Söldnern, islamischen Fanatikern und mörderischen Regierungen fliehen, weil diese nicht konsequent vom Westen bekämpft werden. Sie erzeugen das gesellschaftliche Klima, das sich der Rationalität der Macht entzieht.

Als Assad mit Giftgasgranaten auf sein Volk schoss, wäre der Moment gekommen, um ihn zu beseitigen. Ja, ich bekenne mich zum Tyrannenmord.

Es wäre für den Westen kein Problem gewesen, 2013 seine Helikopter mit den tödlichen Fassbomben abzuschießen. Wie viel seiner kläglichen Luftwaffe hätten die Staaten, die so viel von Freiheit und Menschenrechten reden, denn abschießen müssen, damit er nicht mehr den Versuch gemacht hätte, überhaupt noch einen Angriff zu befehlen? Drei Helikopter, vier oder sogar fünf? Ja, es war Präsident Obama, der Friedensnobelpreisträger, der (2013) zurückwich, als die »rote Linie«[110], chemische Waffen einzusetzen, überschritten wurde, aber er machte dies auch, weil er sicher sein konnte, dass seine europäischen Freunde, also die EU, die auch den Friedensnobelpreis erhalten hat, ihn mehr kritisiert als unterstützt hätten. Vorneweg die Deutschen. Bisher habe ich die Linken noch nicht erwähnt. Was soll das auch. Ihre einzige Lösung heißt: Weniger Waffen liefern. Gut so: Dann sollen sie mal anfangen, das dem Iran, den Saudis und den Russen beizubringen. Die Beiträge der Linken im Bundestag stammen aus den verqueren Wolkenkuckucksheimen der selbstverliebten Rhetorik.

Der Westen hat sich 2013 nicht zur Verteidigung seiner Freiheitswerte aufgerafft. Jetzt, wo die Völkerwanderung begonnen hat, wo jeder unübersehbar von den Kriegen im Nahen und Mittleren Osten betroffen ist, jetzt hat ein anderer das Handeln an sich gerissen, und jetzt ist es nicht mehr so einfach, die Luftwaffe Assads aus dem Kriegsgeschehen herauszuhalten. Jetzt hat Putins Russland mit dem Bomben angefangen, und zwar nicht wie die Koalition der Amerikaner ausschließlich auf die IS, nein, Russland greift alle Feinde Assads an. Putin hat keine Hemmungen, einem Massenmörder zu helfen. Wieder einmal zeigt er, dass sich Gewalt lohnt, unverrückbare Tatsachen schafft, weil der »Freie Westen« zu einer Quasselbude verkommen ist, die ihre Werte verloren hat. Auch dazu hat Friedenspreisträger Navid Kermani Aufrüttelndes und leider sehr Wahres gesagt: Die Resignation des Paters Jaques Mourad, der in Syrien in einem christlichen Kloster lebte, das inmitten von Muslimen Jahrhunderte bestand und jetzt vom IS zerstört wurde und dessen Gläubige vertrieben oder gefangen genommen wurden, fasst er zusammen in dem Satz: »Wir sind euch nichts wert«, ja genauso waren uns die Christen, Yesiden und Muslime nichts wert, die von dem IS überrannt und von Assad mit Fassbomben getötet wurden. Wir sind Schwätzer und Feiglinge.

In diesem Essay schreibe ich nicht über die vielfältigen Probleme, die eine solche Masseneinwanderung mit sich bringt. Keine Bürokratie der Welt könnte das ohne Friktionen und unschöne Vorfälle bewältigen. Ich schreibe auch nicht über die unausweichlichen Konflikte, die sich aus den verschiedenen islamischen Glaubenslehren ergeben werden, nicht über die saudi-arabischen Wahhabiten, auf die sich der IS beruft, und auch nicht über die Grenzen der Integrationsmöglichkeiten einer intoleranten Religionsausrichtung. Das alles wird uns in den nächsten Monaten kontroverse Debatten und eine politische Radikalisierung bescheren.

In all diesen Problemfeldern sind wir noch weit weg von Lösungen, was aber angesichts der Wucht der Menschenmassen, die zu uns kommen, nicht verwunderlich ist. Keines dieser Probleme darf uns davon abhalten, erst einmal bedingungslos zu helfen.

Um davon abzulenken, versucht unsere Regierung, und da besonders die Kanzlerin, jetzt mit großem Palaver von dem bisherigen Versagen und der gleichzeitigen Sackgasse abzulenken: Durch die angeblichen wirtschaftlichen Vorteile, die die Massenzuwanderung auslöst; durch die Europäisierung des Flüchtlingsproblems, die es nicht geben wird; durch diplomatische Aktivitäten des Außenministers Steinmeier, die zu nichts führen; durch die völlig irrige Annahme, mithilfe der UN könnten Saudi-Arabien, der Iran und Russland ihre Stellvertreterkriege beenden. Damit wird von der Realität abgelenkt. Es gibt keine Verhandlungslösung, bevor die ganze Region zerstört ist. Der Westen muss an eine Neuordnung der Region denken und diese auch militärisch wollen. Neuordnung heißt auch, den Kurden einen Staat erlauben, der ihnen im Vertrag 1919 in Trianon von den Siegermächten des Ersten Weltkriegs verwehrt wurde. Die Stämme Iraks und Syriens müssen mehr Autonomie erhalten, die Religionsvielfalt der Levante sollte zu einer Kantonalslösung führen. Schiiten und Sunniten wären damit nicht mehr zusammengekettet.

Die Alternative: Weiter ein Exodus der Menschen und ein Ausbluten der Region. Mehrfach habe ich gehört, dass diese Mordorgien im Orient mit dem Dreißigjährigen Krieg zu vergleichen seien, der auch erst aufhörte, als die Mitte Europas ausgeblutet war. Das ist dann die Ultima Ratio, damit sich Europa und der Westen nicht einmischen müssen, weil dies die Gefahr birgt, zu Hause von den Friedensengeln abgewählt zu werden. Und die finden sich links außen, rechts außen und bei den bürgerlichen Mitläufern.

Es gibt natürlich auch noch die Illusion, die unsere Kanzlerin mit ihrer Reise in die Türkei verdeutlicht hat. Die Europäer bezahlen drei Milliarden Euro an den türkischen Staatspräsidenten Recep Tayyip Erdogan, damit er seine 7.000 km lange Grenze zu Syrien, dem Irak und dem Iran dicht macht, weil wir ja unsere 3.000 km nicht absperren können. Wir ziehen die Erleichterung der Visa-Erteilung für die Türken in Erwägung, wir beginnen wieder mit Verhandlungen über eine Aufnahme in die EU. Das heißt: Wir vergessen, dass Erdogan mit eiserner Hand die Türkei in einen religiösen, semidemokratischen Staat umwandelt, dass in der Türkei mehr Journalisten im Gefängnis sitzen als in China, wir lassen ihm freie Hand beim Bombardement der Kurden, die bisher die erfolgreichste Truppe im Kampf gegen den IS ist. Wir überlegen sogar, die Türkei zu einem sicheren Herkunftsland für Asylanten zu erklären, was bedeutet, dass wir die verfolgten Kurden nicht mehr aufnehmen müssen. Zu diesem Machtmenschen Erdogan, der eine Gefahr für die Südostflanke der NATO darstellt, weil er all die Werte verachtet, die wir sonst so hochhalten, zu diesem Erdogan fährt Merkel kurz vor einer Wahl und hat dabei keine Skrupel, ihn zu unterstützen, weil sie die Opposition links liegen lässt. Diese Reise zeigt, wie hilflos unsere Regierung und diese Kanzlerin in der Flüchtlingsfrage sind, wenn Merkel plötzlich alles vergisst, was sie bisher über die Türkei und Erdogan gesagt hat. Diese peinliche Reise ist die Bankrotterklärung der Angela Merkel.

Für eine neue Sicherheitsstruktur in Europa (Ulrich Horstmann, Stephan Werhahn)

Historische Parallelen

Nach Mark Twain wiederholt sich Geschichte nicht, aber sie reimt sich. Vor gut einem Jahrhundert schlitterten die an Frieden und Fortschritt gewöhnten Staaten in einen verlustreichen Weltkrieg. Der Buchtitel »Die Schlafwandler«[111] drückt das Versagen der passiv unaufmerksamen Politiker aus, die zu unreflektiert den großen Krieg ermöglichten. Die Sicherheitsarchitektur auf der Basis von Bündnissystemen, die bis dahin lange funktionierten, war gescheitert.

Vor dieser »Urkatastrophe« waren die Europäer Teil einer globalisierten Welt, die sie selbst noch prägten. Nach dem Ersten Weltkrieg blieben die Staaten weitgehend national abgeschottet. Handelsbeschränkungen und das Streben nach Autarkie waren Ausdruck des weiter bestehenden Misstrauens. Das zaristische Russland entwickelte sich ab 1917 zu einem zentral gelenkten kommunistischen Staat unter Führung der Einheitspartei KPdSU. In Italien wurde 1922 eine faschistische Diktatur errichtet, in Deutschland 1933 der nationalsozialistische Terrorstaat geschaffen. Auch Spanien entwickelte sich nach dem Bürgerkrieg 1939 zu einer Diktatur. In diesen totalitären Systemen mit Personenkult rund um das Spitzenpersonal, treuen privilegierten Dienern und passiven Untertanen desinformierten regimetreue Medien. Damit die neuen, atheistischen »Staatsreligionen« unangefochten blieben, überwachte eine allmächtige politische Polizei die Bevölkerung mit jakobinischem Eifer. Mit dem Zusammenbruch des Ostblock-Kommunismus ab Ende der 80er-Jahre erschien – nach einer langen Wartezeit – die Welt wieder als globale Einheit und »der ewige Friede«, wie von Immanuel Kant formuliert[112], auf der Basis des Völkerrechts möglich.

Nach der Zunahme der geopolitischen Spannungen in den letzten Jahren, auch weltweit, stellen sich folgende Fragen:

Sind die Lehren aus zwei Weltkriegen in Europa gezogen worden? Ist Gewalt als Mittel der Politik – zumindest vor der eigenen europäischen Haustür – keine Option mehr? Beide Fragen mit einem klaren Ja zu beantworten ist vermutlich zu optimistisch und durch die aktuellen Entwicklungen – nicht zuletzt im Nahen Osten – nicht gerechtfertigt. Die Konflikte im Zusammenhang mit dem Zerfall Jugoslawiens in den 90er-Jahren – und seit 2014 in der Ukraine mit der erzwungenen Abtrennung der Krim und den anhaltenden Kämpfen im Osten des Landes – lassen daran zweifeln. Bilden die beiden Friedenskonferenzen in Minsk, die als Minsk I und Minsk II bezeichnet werden, eine tragfähige Grundlage für einen dauerhaften Frieden? Auch hier sind angesichts der sich immer wiederholenden Brüche des Waffenstillstands Zweifel berechtigt.

Lässt sich eine Parallele zu »München 1938« ziehen?

Zur Erinnerung: »München 1938« steht für das Scheitern der Appeasementpolitik westlicher Demokratien kurz vor dem Zweiten Weltkrieg.

Die Verhandlungspolitik von Chamberlain (britischer Premierminister) und Daladier (französischer Ministerpräsident) scheiterte. Erst mit der Wahl Churchills endete die Beschwichtigungspolitik. Das weitreichende Entgegenkommen des Westens – so empfand man später – stärkte Hitler. Das Verzögern und die Halbherzigkeit von Gegenmaßnahmen verlängerten möglicherweise den Zweiten Weltkrieg. Dass Hitler den Krieg wollte, ist allgemein unbestritten.[113] Den Hebel seiner aggressiven Politik bildeten die umstrittenen Friedensbedingungen des Versailler Vertrags.

Wie sieht die Lage derzeit aus? Ist die Gefahr eines neuen großen Kriegs in Europa leicht von der Hand zu weisen?

Sicherheit bedarf des Vertrauens und der Klarheit bezüglich der politischen Ziele aller Beteiligten. Fangen wir mit Deutschland an.

Frei nach dem Buchtitel von Kenneth Rogoff »Diesmal ist alles anders«[114] setzte die Bundesregierung nach dem Ende des Kalten Krieges Anfang der 90er-Jahre auf die sogenannte »Friedensdividende«. Viele Waffen wurden verkauft oder verschenkt. Das hochverschuldete Griechenland war dabei ein bedeutender Abnehmer und verfügt heute vermutlich über die größte Panzerarmee in der EU. Während einerseits auch Deutschland sein Geld für die vermeintliche Rettung des Euro in das Schaufenster stellte (dies sollte nur der Stabilisierung dienen, aber das Geld wird von den Entscheidungsträgern in und für Südeuropa auch abgerufen), sind moderne Waffensysteme für eine Mindestabschreckung nicht mehr vorhanden. Kein größeres westliches Land hat wohl so radikal abgerüstet wie Deutschland. Es wurde demobilisiert und gleichzeitig eine Interventionsarmee geschaffen, die derzeit einen flächendeckenden Verteidigungsauftrag nicht erfüllen kann.

Nach über 3.500 Kampfpanzern vor dem Fall des Eisernen Vorhangs sind nur noch gut 200 für die Verteidigung vorgesehen.[115] Angesichts der veränderten Bedrohungslage sollen wieder über 300 Leopard-Panzer in den nächsten Jahren einsatzfähig sein. Die Marine verfügt künftig u. a. über elf Fregatten und sechs U-Boote, die Luftwaffe u. a. über 140 Eurofighter. Der Transportflieger A400M kommt verspätet, für das Heer sind nach den Neuausrichtungsplänen der Bundesregierung (2013) 40 geplant. Hubschrauber fliegen nicht und sind nur bedingt einsatzfähig, was Hohn und Spott auslöste. Abschreckung sieht anders aus.

Ein weiteres Signal dafür, dass die territoriale Verteidigung des eigenen Landes, die ein Massenheer erfordert, an Bedeutung verlor, war die Abschaffung der Wehrpflicht. Die neu verpflichteten Berufssöldner sind vor allem auch für Auslandseinsätze vorgesehen, denn es galt der Grundsatz: »Die Sicherheit Deutschlands wird auch am Hindukusch verteidigt.«[116] Gleichzeitig blieb die Teilnahme an fragwürdigen Auslandseinsätzen immer umstritten, da es sich um eine sehr weite Auslegung von Landesverteidigung handelt.

Deutschland selbst verfügt also über keine glaubwürdige Abschreckung.[117] Dies könnte bei einer Konfliktverschärfung zum

»Durchmarschieren« einladen, zumal die Abschreckung mit Atomwaffen in den Händen der USA sowie Frankreichs und Großbritanniens liegt. Deutschland ist sicherheitspolitisch ein Partner zweiter bis dritter Klasse. Nach wie vor ist die landläufig »Force de Frappe« genannte Atomstreitmacht eine rein französische Angelegenheit. Die besonders enge Sicherheitspartnerschaft Deutschlands mit den USA wird im politischen Berlin inzwischen nicht mehr so betont und weicht einer neutraleren bis amerikakritischen Sicht.

Unsere Nachbarstaaten und NATO-Partnerstaaten sehen Abschreckung vermutlich pragmatischer und realitätsnäher – im Gegensatz vor allem zu den vermeintlichen »Gutmenschen« hierzulande. So wurde lange gern beschönigend davon gesprochen, dass wir »von Freunden umgeben« wären.

Für Briten, Franzosen und US-Amerikaner bleibt das eigene Land und dessen Erhaltung im Fokus. Der 1991 in Kraft getretene »Zwei-plus-vier-Vertrag« wurde zwar als Friedensvertrag interpretiert, und Deutschland ist formal ein souveräner Staat. Aber das Thema Sicherheit hat die Bundesregierung, das ist offensichtlich auch Konsens der großen Koalition, an die beiden großen europäischen Partner und vor allem die USA »outgesourct«.

So schafft man kein Vertrauen, auch innerhalb der NATO nicht. Deutschland betreibt eine Militärpolitik, mit der es sich, neben seinem Sonderweg in der Energiewende und der Flüchtlingspolitik, weiter isolieren könnte. Damit würde gegen eine wichtige westdeutsche Nachkriegsdoktrin zunehmend verstoßen. Die Verlässlichkeit in der EU und der NATO sowie die besonders enge Abstimmung mit den USA und Frankreich wurde von deutschen Regierungen noch bis zur Amtszeit von Helmut Kohl immer wieder betont.

Den Verpflichtungen kommen deutsche Regierungen derzeit nur noch halbherzig nach. Der Verteidigungsbeitrag am BIP liegt lediglich bei knapp über einem Prozent. Griechenland, Großbritannien und Frankreich sind hier vorbildlicher, aber vor allem die USA. Deutsche Politiker kritisieren gerne und ausgiebig, wenn andere souveräne Staaten sich bei Fragen des Klimas oder des

Staatshaushalts nicht so verhalten wie die vermeintlich vorbildliche Bundesregierung. Das wirkt dann oft schulmeisterlich und anmaßend. Dabei schwingt auch deutsches Sendungsbewusstsein nach Emanuel Geibel durch: »Am deutschen Wesen soll die Welt genesen«[118].

Auch dass sich Nationalstaaten friedlich in einem neuen Großeuropa auflösen, ist möglicherweise vor allem eine in Deutschland verbreitete Illusion. Im Ausland wird dies oft als Versuch dafür gesehen, dass Deutschland – sich seiner Rolle in der Welt selbst nicht sicher – das neue größere Europa prägen will. Hier wäre mehr deutsche Zurückhaltung zielführender bei gleichzeitiger Einhaltung der Bündnisverpflichtungen. Schon für die Römer galt: »Si vis pacem, para bellum«, d. h. »Wenn du Frieden willst, bereite den Krieg vor.« Die übertriebene Demobilisierung fällt der deutschen Regierung jetzt auf die Füße. Es gilt nicht nur »bedingt abwehrbereit«, wie in dem berühmten »Spiegel«-Artikel[119] aus dem Jahr 1962, sondern **»gar nicht abwehrbereit«**.

Russland könnte sich, Berichten zufolge, in einem »Kampf der Kulturen« mit einem vermeintlich »dekadenten« Westen sehen. Ein Kampf der Kulturen nach Samuel Huntington, wie von ihm in dem Buch »Clash of Civilizations and the Remaking of World Order«[120] beschrieben, könnte zur neuen Realität werden. Die zunehmenden geopolitischen Konflikte mit muslimischen Gruppen und innerhalb Asiens (Japan und China) stehen einer dauerhaften Friedensordnung derzeit entgegen. Die UNO muss wieder an Autorität gewinnen.

Grundsätzlich gilt aber: Vor Feindbildern in den Köpfen ist zu warnen, gerade bei einer komplexeren geopolitischen Gesamtlage. Die wirtschaftlichen Beziehungen sollten kein machtpolitisches Instrument sein, sie sind von Unternehmen zu gestalten. Sanktionen führen auch dort zur Abschottung, wo dies nicht sinnvoll ist, und lösen die Krise nicht. Möglicherweise schaden sie z. B. der deutschen Wirtschaft mehr als der russischen. Russland könnte durch eine Verschärfung der Sanktionen noch stärker in die Hände Chinas fallen. Ein Rückfall in altes Lagerdenken ist vor allem für die Bürger der beteiligten Staaten ungünstig. Sie zahlen den Preis durch Wohlstandsverluste, während machtorientierte Politiker eine Bühne erhalten. Äußere Feinde sichern die Macht im Innern. Im Zweifel werden sie – wie Beispiele aus der Geschichte zeigen – produziert.

Dass andere Nationalstaaten sich in der EU– wie von deutscher Seite vielfach angestrebt – in einem neuen Großeuropa auflösen wollen, ist fraglich. Dies zeigt auch die aktuelle Uneinigkeit in der Flüchtlingskrise. Europa als neue Imperialmacht gegen die USA oder China? Nicht selten wird so oder ähnlich argumentiert. Wäre nicht die Schaffung einer Freihandelszone unter Einbindung Russlands sinnvoller? Unter diesem Aspekt ist die Einbindung Eurasiens nach wie vor wünschenswert. Die Ukraine sollte nicht mehr zwischen dem Westen und Russland wählen müssen.

Auch unter sicherheitspolitischen Aspekten ist bedenklich, dass die deutsch-französische Achse nicht mehr so gut wie in früheren Jahren funktioniert. Es fehlt der politische Kit und große gemeinsame Themen, aber vor allem Politiker, die glaubhaft optimistisch für gemeinsame europäische Werte eintreten. Kanzlerin Merkel und Staatspräsident Hollande wirken eher als Verwalter des »Status quo«, auch wenn sie in Minsk gemeinsam auftraten und bei der Terrorbekämpfung nach den Anschlägen in Paris gemeinsam agieren wollen. Dennoch: Frankreich wird sich weiter als »Grande Nation« mit Sendungsbewusstsein fühlen und ist international gut vernetzt. Traditionell verfügt Frankreich über eine **effiziente** Diplomatie zur Wahrung seiner Interessen mit glanzvollen Ritualen.

Strategisch gilt auch: Frankreich und Großbritannien sind Atomstreitkräfte. Dies bildet eine enge Sicherheitspartnerschaft der auch über starke Luft- und Seestreitkräfte verfügenden Länder. Das französische Politik- und Wirtschaftssystem, das bis heute von Jean-Baptiste Colbert geprägt ist, scheint in Europa inzwischen relativ breit akzeptiert zu sein. Es setzt auf Zentralismus und ggf. sogar auf eine eigene Steuererhebung der EU-Kommission, wenn sie französischen Interessen nicht schadet.

Frankreich setzt aber nicht nur auf zentralstaatliche Lösungen, sondern orientiert sich womöglich auch noch verstärkt nach Südeuropa. Die politische und wirtschaftliche machtbeschränkende Ordnungspolitik ist in Lehr- und Fachbüchern gut beschrieben, aber nicht mehr Realpolitik. Die Bundesregierung passt sich den neuen Gegebenheiten flexibel an. Sie nimmt auch eine zu hohe Staatsverschuldung billigend in Kauf. Bislang hört man auch aus der Wirtschaft wenig Kritik. Die inländische Exportwirtschaft profitiert von einer Sonderkonjunktur durch den sich beschleunigenden Euroverfall. Die stets sich wiederholende Aufwertung der D-Mark zwang die Wirtschaft vor der Euro-Einführung zu Rentabilitätsverbesserungen. Dieser Druck ist nicht mehr da. Deutschlands vermeintliche wirtschaftliche Stärke, heute verbunden mit einer schwachen Währung, wird von interessierter Seite vermutlich überschätzt. Angesichts der umfassenden Hilfsversprechungen wäre eine deutliche Rating-Herabstufung Deutschlands gut begründet.

Russland will – so scheint es derzeit, das zeigt nicht zuletzt das Engagement auch in Syrien – wieder eine führende Großmachtrolle spielen. Traditionell bestehen Forderungen, alle Russen wieder in einem Reich zu vereinen. Der Zusammenbruch der Sowjetunion wurde – im Gegensatz zum Westen – vielfach als Niederlage empfunden. Die Ausweitung der NATO nach Osten wird dementsprechend als Bedrohung interpretiert, auch wenn der Schutz durch das westliche Militärbündnis von den Anrainerstaaten Russland angesichts der geschichtlichen Erfahrungen nachvollziehbar ist. Als globaler Gegenspieler zu den USA sieht sich Russland auch als führende europäische Nation. Eine militärische Dominanz Russlands ist in Europa, dies braucht kaum erwähnt zu werden, nicht erwünscht, eine deutsche (ökonomische) selbstverständlich auch nicht.

Eine wesentliche Klammer sollte Westeuropa aber weiterhin verbinden: Ein kommunistisches Europa, das die Amerikaner heraushält, ist eine gefährliche Option. Die EU-Kommission, die im Zuge der Eurokrise lange keine gute Figur machte, sah hier – wie so oft zur Ausweitung ihrer Zuständigkeiten – eine Regelungslücke. Nach Kommissionspräsident Jean-Claude Juncker würde eine europäische Armee Russland »den klaren Eindruck vermitteln, dass wir es ernst meinen mit der Verteidigung der Werte der Europäischen Union«. Juncker wies auch auf den symbolischen Wert eines solchen Projekts hin. »Eine gemeinsame europäische

Armee würde der Welt zeigen, dass es zwischen den EU-Ländern nie wieder Krieg geben wird.« Dabei soll diese Armee keine Konkurrenz zur NATO bilden, sondern gemeinsam die Verantwortung Europas in der Welt wahrnehmen. »Europa hat enorm an Ansehen verloren, auch außenpolitisch scheint man uns nicht ganz ernst zu nehmen«, so Juncker[121]. Auch Verteidigungsministerin von der Leyen befürwortete die Idee.

Grundsätzlich können zwar die Entwicklung und der gemeinsame Kauf von militärischem Gerät zu Einsparungen führen. Bislang waren solche Versuche nur bedingt erfolgreich, da das bestellte Gerät den nationalen Standards angepasst wurde. Die wichtigste kontinentaleuropäische Militärmacht Frankreich (»Force de Frappe«) hat bislang wenig Interesse daran gezeigt, seine Souveränität preiszugeben. Kurzfristig wird sich hier vermutlich nichts ändern. Auch müsste eine integrierte Armee über klar geregelte Führungsstrukturen mit entsprechender Verantwortungszuweisung verfügen. Die derzeitige sozialistische französische Regierung erwartet aber laufend Zugeständnisse von seinen EU-Partnern, die im Maastricht-Vertrag verankerten Defizitziele zu verletzen. Hier könnte ein Deal vor folgendem geschichtlichen Hintergrund möglich sein: Bereits 1952 bestanden Planungen, im Rahmen einer europäischen Verteidigungsgemeinschaft (EVG) eine europäische Armee zu bilden. Frankreich ratifizierte bereits 1954 die geplante Europäische Verteidigungsgemeinschaft nicht. Die europäische Armee kam nicht zustande. Deutschland war danach gezwungen, vor allem auf die USA und die NATO als Sicherheitspartner zu setzen. Unabhängig davon, ob Frankreich engerer Sicherheitspartner wird, kann die Sicherheit Westeuropas aber auch künftig nicht ohne die USA und die Nato garantiert werden.

Der frühere West-Ost-Gegensatz im Kalten Krieg schloss die Verteidigung der westlichen Werte »Demokratie und Freiheit« ein, wobei die Sicherheit des Westens durch die Supermacht USA garantiert wurde. Gilt dies auch noch heute für den Westen und speziell die EU-Kommission? Hier sind Zweifel berechtigt. Mit den häufigen Medienberichten über Korruption und Vetternwirtschaft in höchsten Gremien erscheinen Rechtsstaatlichkeit und ordnungspolitisches Handeln als altmodische Tugenden. Im Zweifel regiert offensichtlich der Wille mächtiger Interessengruppen. Sie könnten auch die Zentralisierungstendenzen in Westeuropa verstärken, zumal sich Politiker in einer EU der »organisierten Unverantwortlichkeit«[122] gut eingerichtet haben. Ein neuer Gegensatz zwischen einem solchen Westeuropa und einem neuen russisch geprägten Ostblock wäre keine gute Perspektive für Europa.

Statt der zentralistischen Lenkungspolitik – eine Tendenz, die auch in der EU erkennbar ist – sollte für ganz Europa eine Freihandelszone geschaffen werden.[123] Politik und Wirtschaft sollten getrennte Sphären bleiben. Die Politik sollte dabei friedliche Rahmenbedingungen sichern. Daher sollte auch die Ukraine nicht zwischen Osten und Westen wählen müssen. Die erneut verlängerten Sanktionen wegen des Ukraine-Konflikts treffen möglicherweise auch deutsche Firmen hart. Bewährte Handelsbeziehungen werden unterbrochen. Die Leidensfähigkeit der russischen Bevölkerung ist erfahrungsgemäß hoch. Auf eine solche gefährliche Interventionsspirale sollte sich der Westen nicht einlassen, dafür aber darauf bestehen, dass das Völkerrecht verbindlich eingehalten wird. Das kann natürlich bei international überprüften (und damit fair durchgeführten) Volksabstimmungen in Teilregionen auch Gebietsrevisionen einschließen. Auch so können Dauerkonflikte vermieden werden.

Stabile und offene Grenzen sind auch für die Wirtschaft wichtig. Fraglich dabei ist, ob der Euro ein Friedensprojekt ist. Die Zunahme der Streitigkeiten um umzuverteilende Budgets zeigt eher das Gegenteil. Westeuropa könnte sich mit dieser zentralistisch umverteilenden Politik so schwächen, dass Putins Russland tatsächlich nach und nach zu einem neuen Hegemon wird (nicht nur in der Ukraine, auch in Syrien tritt Russland zunehmend wieder als Großmacht auf). Der Euro spaltet und schwächt Westeuropa, das werden die Machthaber in Russland registriert haben.

Auch die Westeuropäer und ihr mögliches politisches Scheitern entscheiden über geopolitische Fragen mit. Eine geschickte westliche Diplomatie muss sicherstellen, dass Russland Partner und eben kein Gegner ist. Die friedliche Einbindung Russlands ist nicht nur eine Option, sie ist auch strategisch erfolgversprechend. Westeuropa hat Russland viel zu bieten, auch ökonomisch. Westliche Diplomaten sollten den Bogen (z. B. durch Sanktionen) nicht überspannen und so die Blockbildung Russland–China verstärken. Auch das würde Gesamteuropa schwächen oder sogar spalten.

Was ist jetzt konkret für eine neue Sicherheitsstruktur in Europa zu tun?

Die Schaffung einer europäischen Armee ist grundsätzlich richtig, bedarf aber einer Einbindung Frankreichs, um glaubwürdig zu sein. Bereits 1954 ist die geplante EVG gescheitert. Frankreich müsste zu dem Souveränitätsverzicht in Militärfragen bereit sein. Eine wirklich gemeinsame Armee erfordert eine Staatsform. Vermutlich wird das mit unseren europäischen Partnern nicht zu machen sein. Frankreich will seine Souveränität nicht aufgeben, England auch nicht. Die Südeuropäer misstrauen Deutschlands eifrig betriebener Selbstaufgabe ihrer eigenen Staatlichkeit und kritisieren die Einmischung in innere Angelegenheiten (vielleicht mit Ausnahme Spaniens, das jedoch weit von Russland entfernt ist). Diese neue deutsche »Hybris« wird hierzulande oft als Bereitschaft zur Übernahme von Verantwortung interpretiert. In militärischer Hinsicht ist das nicht spürbar. Deutsche Politik gilt im Ausland oft nicht mehr als berechenbar, vor dem Hintergrund der deutschen Geschichte bestehen – nicht unberechtigt – Sorgen.

Wenn Frankreich auch vor diesem Hintergrund nicht mitzieht und weiter Regulierungsarbitrage zur Sicherung eigener Rüstungsarbeitsplätze betreibt, sollte bevorzugt mit den Staaten, die aus naheliegenden sicherheitspolitischen Gründen interessiert sind, eine integrierte Armee mit klaren Kommandostrukturen geschaffen, zumindest eng kooperiert werden. Polen oder die Niederlande, aber auch Österreich, also die direkten Nachbarn kämen dafür infrage. Die gute Nachricht aus westeuropäischer Sicht ist, dass die NATO – im Gegensatz zu dem früheren Warschauer Pakt – noch als relativ stabiles Verteidigungsbündnis funktioniert. Damit ist die Schaffung einer europäischen Armee unter Abschreckungsgesichtspunkten nicht ganz so dringlich, die Sicherheit wird weiter vor allem durch die USA garantiert (Pax Americana).

Gegenüber Russland muss weiter Verhandlungsbereitschaft signalisiert werden. Die Sanktionen sind zu stoppen, sie schaden hauptsächlich der inländischen Wirtschaft. Es gilt auch weiterhin: Die Sicherheit und Freiheit Europas ist ohne die USA unvorstellbar, bei allen politischen Unzulänglichkeiten der in Europa und nicht zuletzt in Deutschland viel kritisierten Supermacht. Ein Heraushalten der USA ist nicht nur aus deutscher Perspektive fragwürdig.

Deutschland ist derzeit ökonomisch (Forderungen aus Südeuropa) und militärisch (keine ausreichenden eigenen Anstrengungen) erpressbar. Die ordnungspolitisch gebotene Rückkehr zum Recht (Maastricht-Vertrag) würde die ökonomischen Verpflichtungen Deutschlands zumindest wieder auf ein tragfähiges Maß begrenzen. Militärisch wäre es notwendig, den NATO-Bündnisverpflichtungen (2 Prozent Anteil der Militärausgaben des BIP) wieder nachzukommen und das Thema Sicherheit nicht an andere Länder outzusourcen. Deutschland muss daher jetzt vorrangig seinen Bündnisverpflichtungen wieder nachkommen. Die Alternative wäre, sich Frieden mit immer mehr Geld zu erkaufen und damit den (abnehmenden) Wohlstand zu sichern.

Eine tragfähige Sicherheitsstruktur braucht eine glaubwürdige Abschreckung. Die Bereitschaft, für die eigenen Werte – Demokratie und Freiheit – zu kämpfen sowie gewaltsame territoriale Veränderungen auch mit Waffeneinsatz zu revidieren, ist entscheidend. Die Stabilität und Entschlossenheit des NATO-Bündnisses – mit positiver Signalwirkung des wichtigsten NATO-Partners USA – ist hierfür entscheidend.

Zur Vermeidung einer Appeasementpolitik, die die Abschreckung verringert, sollte der Westen jetzt eine Doppelstrategie verfolgen: Die Lehre aus »München 1938« ist so zu verstehen: Verhandeln bleibt wichtig, aber bei klaren Prinzipien und Vermeiden von zu viel Nachgiebigkeit, die als Schwäche interpretiert werden kann. Eine klare Verteidigungsbereitschaft in den NATO-Staaten ist sicherzustellen. Ökonomisch sollte Russland dagegen nicht ausgegrenzt werden. Im Gegenteil: Dies könnte Nationalismus und Abgrenzung verstärken. Russische Bürger werden durch die Sanktionen in Geiselhaft genommen und werden sich mit ihrer Führung solidarisieren. Dies betrifft sogar bislang regierungskritische Russen. So entstehende Feindbilder werden durch die Berichterstattung verstärkt. Es wird immer unklarer, ob Nachrichten richtig sind oder ob es sich um (gezielte) Desinformationen handelt. Boykottmaßnahmen stören die Kommunikation weiter und schüren Vorurteile. Sanktionen sind Teil der Interventionsspirale, mit der auf Dauer der Handel auch in westlichen Ländern beeinträchtigt (Währungskriege und Zollschranken) werden könnte. Diesen gefährlichen Bumerang sollte man nicht werfen.

Fazit: Die NATO bleibt essenziell für die europäische Sicherheitsarchitektur. Deutschland muss entschlossener als bisher seinen Bündnisverpflichtungen (2 Prozent Anteil der Militärausgaben des BIP) nachkommen. Die damit verbundene temporäre Aufrüstung wirkt abschreckend und schafft so gleichzeitig Spielraum, das Freihandelsprinzip nicht preiszugeben.

Wirtschaftliche Abschottung, das zeigt die Phase zwischen Erstem und Zweitem Weltkrieg, führt vermutlich nur zu weiterem Misstrauen, Kommunikationsverweigerung und stärkerer Desintegration.

Geschichtsbewusst agieren und bessere Zukunftsentscheidungen ermöglichen! (Ulrich Horstmann, Stephan Werhahn)

Nach mehr als 70 Jahren verblassen persönliche Erinnerungen an den nationalsozialistischen Terrorstaat und den Zweiten Weltkrieg. Vor allem für jüngere Menschen könnten daher die folgenden Memoiren des ersten Kanzlers im Nachkriegsdeutschland aufschlussreich sein. Bis zum 26. September 1944 war Konrad Adenauer im Gestapogefängnis Brauweiler bei Köln interniert. Beinahe wäre der erste Kanzler selbst noch Ende des Zweiten Weltkriegs durch Granatbeschuss der Amerikaner umgekommen:

> *»Es war an einem Sonntagmorgen, als ich die erste direkte Bekanntschaft mit den amerikanischen Truppen machte. Ich war sehr unklugerweise in meinen Garten gegangen, um von dessen höchstem Punkte aus die Bewegungen der Amerikaner, die sich auf der linken Rheinseite befanden, zu beobachten. Plötzlich sah ich in einer Entfernung von etwa 300 Metern – ich konnte dort alle Entfernungen gut schätzen, da ich mit der Örtlichkeit sehr vertraut war – eine Granate auf mich zufliegen. Ich warf mich sofort zu Boden. Wir wussten aus Erfahrung, dass die Amerikaner in der Regel drei Granaten nach demselben Ziel schossen; so wartete ich die beiden folgenden Granaten ab. Die erste Granate – es war die, die ich gesehen hatte – schlug 12 Meter von mir entfernt ein. Wie alle amerikanischen Granaten war sie hoch brisant, ihre Splitter gingen über mich hinweg. Die zweite Granate schlug 7 Meter, die dritte schließlich 5 Meter unterhalb von mir ein. Danach rannte ich ins Haus zurück. Abgesehen davon, dass mein Gehör noch längere Zeit erheblich beeinträchtigt blieb, war mir nichts geschehen. Übrigens zeigten sich die amerikanischen Truppen im weiteren Verlauf sehr viel umgänglicher als bei dieser ersten Begegnung.«*[124]

Den Einmarsch der Amerikaner in Rhöndorf erlebte Adenauer wie folgt:

»8 Tage hatten wir in unserem Keller verbracht. Dann rückten die Amerikaner in Rhöndorf ein, die Beschießungen hörten auf. Die deutschen Truppen, die im Wald hinter meinem Haus in Schützengräben lagen, zogen sich zurück. Die Anordnungen der Amerikaner waren zwar hart und drückend, aber für uns war der Kampf, der Krieg und der Nationalsozialismus vorbei, und das tröstete über manches hinweg. Auf der Rheinuferstraße rollten die amerikanischen Panzer, eine riesige Kolonne, in Richtung Köln.«[125]

Nicht nur Ludwig Erhard, auch Konrad Adenauer wurde von den Amerikanern »entdeckt«:

»Nach einigen Tagen suchte mich ein amerikanischer Offizier, ein deutscher jüdischer Emigrant, der meinen Namen kannte, auf, um zu sehen, ob ich noch am Leben sei. Wenige Tage darauf kamen amerikanische Offiziere, die mich aufforderten, nach Köln zu dem dortigen Kommandanten zu kommen und die Verwaltung der Stadt zu übernehmen. Ein offener Jeep brachte meine Frau und mich nach Köln. Die Eindrücke, die ich während dieser Fahrt gewann, waren grauenhaft. Wir fuhren mit einer Fähre von Unkel über den Rhein, dann durch verschiedene Orte über Bonn nach Köln. Überall zerschossene Häuser, überall die Spuren des Kampfes. Der Anblick von Köln erschütterte mich zutiefst. Die Stadt, in der vor dem Kriege 760 000 Menschen lebten, hatte in ihrem links-rheinischen Teil jetzt etwa, wie eine spätere Zählung ergab, 32 000 Einwohner. Die rechte Rheinseite war noch von deutschen Truppen besetzt. Es wurde zwar nicht mehr heiß gekämpft, aber immer noch hin- und hergeschossen«.[126]

Dieser Bericht Adenauers am Ende des Kriegs soll aufrütteln. Für viele waren solche Erfahrungen ein Anreiz, sich mit voller Kraft politisch einzusetzen. Konrad Adenauer gehörte dazu und verfügte über politische Erfahrungen noch aus der Zeit der Weimarer Republik als Oberbürgermeister der Stadt Köln. Der Aufruf »Nie wieder« wurde nach dem Zweiten Weltkrieg verbunden mit der Wiederherstellung eines festen christlich-freiheitlichen Wertefundaments. Dafür ist gerade heute mehr denn je zu werben. Gute Europapolitik darf nicht nur – immer wieder – einen möglichen neuen Krieg als Alternative nennen, wenn es doch oft nur um Interessenspolitik geht.

Der Euro als Friedensprojekt – dieses Dogma ist inzwischen zu Recht umstritten. Angesichts des zunehmenden Streits in der EU um »Rettungsgelder« und stabilisierende Käufe der EZB erscheint der Euro bereits eher als »Spaltpilz Europas«.

Unsinnige Zukunftsentscheidungen, die die Völker entzweien, sind keine verlässliche Zukunftsbasis. Sonst hinterlassen wir der Jugend einen Scherbenhaufen, den sie wieder zusammenkehren müssen. Dies gilt es zu vermeiden.

Fachkräfte sichern mit gezielter Einwanderung, Qualifizierung und Integration (Ulrich Horstmann, Stephan Werhahn)

»Die hohe Leistungsfähigkeit der Marktwirtschaft kommt vor allem aber auch auf den sozialpolitischen Gebieten zum Ausdruck. Sie war die Voraussetzung dafür, dass die durch den Krieg und seine Nachwirkungen bedingte Arbeitslosigkeit beseitigt und Vollbeschäftigung erzielt werden konnte und dass darüber hinaus noch die Eingliederung der Millionen von Vertriebenen und Flüchtlingen in das Erwerbsleben relativ reibungslos gelang.«[127]

Die Integration der Flüchtlinge schafft für die politisch Handelnden in Europa enorme Herausforderungen. Allein schon das christliche Gebot der Nächstenliebe verbietet es, den Zuwanderern mit Hass zu begegnen. Die Flüchtlinge sind oft selbst Opfer korrupter Regierungen und von Schleppern. Die Debatte wird nach wie vor emotional geführt. Die Anhänger einer »bunteren Gesellschaft« stehen »rechtspopulistisch« argumentierenden Kritikern gegenüber. So verkürzt sind die Zerrbilder, die pragmatische Lösungsmöglichkeiten für integrationswillige Migranten in den Hintergrund treten lassen. Klar ist auch: Eine undifferenzierte, übertrieben inszenierte und regierungsseitig gesteuerte »Willkommenskultur« ist fragwürdig. Sie schafft falsche Migrationsanreize. Die aufnehmenden Staaten werden überfordert. Der Bürgerkrieg in Syrien geht dennoch weiter. Der Markt für Schlepper wird begünstigt. In den Auswanderungsländern siegt die Gewalt.

Eine Politik, die vermutlich gut gemeint ist, kann so dennoch Böses bewirken. Als Beispiel ist die Übernahme von Flüchtlingen durch die Bundesmarine zu nennen, die mit den Schleppern in Kontakt stehen.[128]

Ist vermeintlich gut gemeint auch wirklich gute Politik? Ist Kanzlerin Merkel mit der unbegrenzten Aufnahmebereitschaft noch Dienerin des von ihr gewählten Volks? Handelt sie nach rechtsstaatlichen und demokratischen Grundsätzen? Hat sie ihren Amtseid verletzt, Schaden vom deutschen Volk abzuwenden? Ist die Informationspolitik noch offen und fair?

➤ Zweifel sind berechtigt. Die illegale Immigration wird kaum mehr als solche bezeichnet. Der von der Kanzlerin spontan postulierte Grundsatz eines »Asyl ohne Obergrenze« überrascht nach wie vor und steht in deutlichem Kontrast zu ihrer Rede beim 17. Bundesparteitag der CDU am 1. Dezember 2003 in Leipzig:

»Manche unserer Gegner können es sich nicht verkneifen, uns in der Zuwanderungsdiskussion in die rechtsextreme Ecke zu rücken, nur weil wir im Zusammenhang mit der Zuwanderung auf die Gefahr von Parallelgesellschaften aufmerksam machen. Das, liebe Freunde, ist der Gipfel der Verlogenheit, und eine solche Scheinheiligkeit wird vor den Menschen wie ein Kartenhaus in sich zusammenbrechen. Deshalb werden wir auch weiter eine geregelte Steuerung und Begrenzung von Zuwanderung fordern.«[129]

Jetzt äußert sie sich bekanntermaßen ganz anders. Nebenbei wurde im Zuge ihrer humanitär begründeten Hilfe das Dubliner Abkommen von deutscher Seite beiseitegeschoben und dann auch das den freien Grenzverkehr sichernde Schengener Abkommen nicht mehr eingehalten.

Eine Masseneinwanderung zu Lasten inländischer Sozialsysteme ist auf Dauer gesellschaftspolitisch, aber vor allem finanziell nicht verkraftbar. Das Asylrecht muss auf unsichere Staaten beschränkt werden. Ein Bleiberecht für Flüchtlinge aus sicheren Staaten wäre dann unzulässig. Die Abschiebung von Flüchtlingen aus sicheren Herkunftsstaaten muss daher schneller und unbürokratischer erfolgen, um den wirklich betroffenen Asylanten besser und gezielter helfen zu können. Ansonsten droht eine Überforderung der Hilfsbereitschaft.

Quotenfestlegungen nach Ländern, wie von der deutschen Bundesregierung gewünscht, stellen das Prinzip der europäischen Freizügigkeit infrage. Der Wunsch der Auswanderer, in bestimmten Ländern aufgenommen zu werden, lässt sich so auf Dauer nicht aufrechterhalten. Lager sind menschenunwürdig und dürfen – auch mangels Integration in den Arbeitsmarkt – nicht als Lösung und schon gar nicht als Dauerlösung angesehen werden.

Selbst wenn schnell Aufnahmemöglichkeiten von Seiten der Wirtschaft geschaffen werden, bleibt zu bedenken: Fachkräfte werden zwar auch hier benötigt, in den Abwanderungsländern aber auch, oft sogar noch dringender. Die Not wird dort verschärft. Auch der Zusammenbruch der DDR wurde durch die Abwanderung von Eliten beschleunigt.

Über klare Festlegungen beim Asylrecht hinaus ist die Einwanderung nach Qualifikation und dem Bedarf der Wirtschaft zu regeln.

Angesichts der Überalterung der Gesellschaft und des zunehmenden Facharbeitermangels sollte die Qualifizierung und Integration im Vordergrund stehen, wenn die Flüchtlinge bereit sind, hier dauerhaft zu leben und zu arbeiten. Statt der Aussicht auf Hartz IV ist eine möglichst sofortige Arbeitsaufnahme und eine gesellschaftliche Aufstiegsperspektive in Aussicht zu stellen. Ansonsten drohen die europäischen Gesellschaften auch unter dem Druck von Sozialflüchtlingen zusammenzubrechen. Wie Erhard bereits – siehe obiges Zitat – ausführte, kann nur eine leistungsfähige Marktwirtschaft diese Herausforderungen bewältigen. Enttäuschungen werden nicht ausbleiben. Ob unserer überregulierten Wirtschaft und bei der nicht mehr nach Erhard'schen Grundsätzen gestalteten Sozialpolitik die Integration von mehreren Hunderttausend Zuwanderern in den Arbeitsmarkt gelingt, bleibt offen. Die Zweifel betreffen weniger die Leistungsbereitschaft der Einwanderer, wobei sich insbesondere für die Kinder mit einer guten Ausbildung bessere Lebensperspektiven ergeben, sondern das eigene Wohlfahrtssystem. Statt zu integrieren, grenzt es aus. Mit Geld werden auch arbeitswillige Personen ins Abseits gestellt. Ein zu hoher Mindestlohn grenzt auch Zuwanderer aus, die sich mit Fleiß aus eigener Kraft hocharbeiten wollen. Das breit gefächerte deutsche Ausbildungssystem bietet dagegen Aufstiegschancen. Im Sinne Ludwig Erhards liegt hier die »Steigbügelhalterrolle« des Staats. Ausbildungs- und Sparförderung sind mit einer Marktwirtschaft kompatibel, das unsoziale Ausgrenzen, wenn auch finanziell gut alimentiert, dagegen nicht.

Hierbei ist besorgniserregend, wenn Ministerin Nahles schon ankündigt, dass 2016 mit bis zu 460.000 Flüchtlingen zu rechnen ist, die zusätzlich Hartz IV beantragen.[130] Prof. Hans-Werner Sinn weist zu Recht auf die zumindest anfänglich hohen Kosten (»800.000 Migranten kosten anfangs etwa zehn Milliarden Euro pro Jahr«[131]) und die niedrige Qualifikation der Flüchtlinge hin.

Die Arbeitslosigkeit wird vor diesem Hintergrund steigen und die Solidarität der Gesellschaft auf eine harte Probe stellen. Sie zahlt es durch sinkende Löhne mit dem höheren Angebot an Arbeitskräften, größeren Schwierigkeiten, eine Wohnung zu finden und zu erwartenden höheren Steuern und Abgaben. Sie sind in den letzten Jahren ohnehin gestiegen und klettern auf immer neue Rekordniveaus. Die Aktivitäten des Staats werden in der Großen Koalition bei einer vergleichsweise schwachen Opposition zunehmend maßloser. Gleichzeitig zeigt sich erneut ein Versagen, Integrationschancen zu nutzen und so die soziale Ausgrenzung durch Lageraufenthalte und Hartz-IV-Alimentierung zu vermeiden: Während westliche Staaten wie die USA, Israel[132], Australien oder Kanada qualifizierte Einwanderer suchen und auswählen, zieht Kanzlerin Merkel jetzt vor allem Sozialflüchtlinge aus aller Welt an. Ob sie hier als innovative Unternehmer den Wohlstand mehren, ist noch unklar. Vieles spricht für das Gegenteil: Die inländischen Sozialsysteme laden eher zum Leben als dauerbetreuter Bürger ein. Um Missverständnissen vorzubeugen: In den frühen Nachkriegsjahren war das anders. Deutsche Flüchtlinge aus den Ostgebieten mussten sich ihren Wohlstand hart erarbeiten. Ein attraktives, hochentwickeltes Sozial- und Betreuungssystem stand als Alternative nicht zur Verfügung.

Mit der Einwanderung qualifizierter Eliten tat man sich in der von Neid geprägten Gesellschaft, der von sozialistischen Politikern nicht selten angeheizt wird, ohnehin schwer.

Wer nicht integriert wird, könnte sich dann frustriert abwenden und anderen Heilspredigern jeglicher Couleur folgen. Aber auch die, die sich nur ein besseres Leben versprachen, könnten enttäuscht werden. Kanzlerin Angela Merkel hat mit mehreren »Selfies« mit Flüchtlingen und dem Satz »Wir schaffen das!«[133] großzügige Aufnahmebereitschaftssignale in alle Welt gesandt. Wenn die größere Wohnung und ein sportliches Auto als unerreichbar gelten, könnte die Enttäuschung in Wut übergehen. Dann drohen sogar bürgerkriegsähnliche Auseinandersetzungen.

Kanzlerin Merkel müsste diese Gefahren kennen. Die Zuwanderer werden adäquate Behausungen fordern. Der betreute Bürger wird ohne berufliche Perspektiven und mit der Alternative der Daueralimentierung zum Normalfall. Ludwig Erhard hatte immer davor gewarnt.

Die veraltete deutsche und abstiegsbedrohte Mittelschicht könnte ebenfalls unruhig werden. Sie wird feststellen, dass die Zuwanderung ihnen oft Ressourcen ohne Gegenleistung nimmt. Steuererhöhungen wurden bereits medial in Aussicht gestellt. Vielleicht will Kanzlerin Merkel durch Überdehnung staatlicher Aufgaben (Energiewende, Massenmigration), die die Normalbürger zu schultern haben, verstärkt staatliche Lenkungsmaßnahmen und den Überwachungsstaat durchsetzen. Sowohl die Migranten als auch die verunsicherten Bürger wären dann nur die nützlichen Idioten einer freiheitsfeindlichen Ideologie, die die Bürger dann auch noch mit höheren Steuern und Enteignungen bezahlen werden. Mit dem französischen Staatspräsidenten Hollande könnte sie dann auch noch gemeinsam ein neues zentralistischeres und sozialistisches Europa proklamieren. Bürgerliche Freiheit und Demokratie würden dann nicht mehr im Fokus stehen. Wäre das dann eine Mischung aus Unbeholfenheit und Hybris oder pure Absicht?

Dies zeigt: Deutsche Sonderwege könnten das Land wieder ins Chaos stürzen. Neben der weltweit einzigartigen und fragwürdigen Energiewende wird die Zuwanderungspolitik derzeit zu einem neuen Alleinstellungsmerkmal mit neuen Rekordwerten. Andere EU-Staaten haben aus nachvollziehbaren Gründen eine völlig andere Sichtweise. Vielleicht haben sie auch tragfähigere und bessere Konzepte. Daher ist es jetzt so wichtig, dass Europa gemeinsam um Lösungen ringt. Eine möglichst gute Ausbildung für die Zuwanderer und die Sicherung einer möglichst friktionsfreien Integration müssen im Vordergrund stehen. Trotz der Notwendigkeit, die Migration, die neue »Völkerwanderung«, zu regeln, bleibt ein Einwanderungsgesetz ein Tabu. In einem ansonsten regelungsfreudigen Staat, in dem z. B. Parksünder streng verfolgt werden, ist das befremdlich.

Durch das entstandene Migrationschaos kam auch Kritik aus den Reihen des Koalitionspartners SPD, so z. B. von der Generalsekretärin Fahimi:

> *»Angela Merkel steht nicht dafür, dass sie ausgereifte Gesellschaftskonzepte auf den Tisch legt, sondern dafür, kurzfristig zu agieren und auf Sicht zu fahren«.*[134]

Im Idealfall schaffen es die europäischen Regierungen, gemeinsam ein konsistentes EU-weit gültiges Einwanderungsgesetz zu formulieren. Der soziale Friede und der »Wohlstand für alle« müssen in eine neue Balance gebracht werden.

Ohne Regeln, die den wirtschaftlichen Aufstieg ermöglichen und die dauerhafte Sozialalimentierung vermeiden, wird das nicht gehen. Auch um Höchstgrenzen wird man nicht herumkommen, um die Einwanderung für alle Betroffenen ohne gesellschaftliche Friktionen zu ermöglichen. Denn wenn auch vermehrt ideenfreudige und leistungsbereite Unternehmer oder Angestellte kämen, sollte dies nicht zu neuer Not in den Abwanderungsgebieten führen, denn diese Fachkräfte fehlen dann auch dort verstärkt. Eine Brückenbildung ist gleichzeitig nur möglich, wenn in den Abwanderungsgebieten die politischen Spannungen abnehmen. Sie wurden oft durch Interventionen westlicher Staaten verstärkt. Auch dies zeigt die europäische Verantwortung, bei Konflikten gemeinsam deeskalierende Maßnahmen zu ergreifen. Ein erneuertes Europa muss selbstverständlich gemeinsam geopolitische Interessen vertreten. Dies verweist auf die europäische Aufgabe, Migration und Sicherheitspolitik im Verbund zu lösen. Ein »Welt-Flüchtlingsheim in Deutschland« (Merkels Aufruf »Wir schaffen das« könnte so fehlinterpretiert werden) zu schaffen, kann nicht im Interesse deutscher Bürger sein. Es setzt falsche Anreize für die Zuwanderung nach Europa, wenn Sozialstandards und nicht die Integration in den Arbeitsmarkt im Fokus der Immigranten stehen. Das sollten wir nicht schaffen wollen.

Wenn aber die »von oben verordnete« Massenintegration anhält, sollte die Kanzlerin den Bürgern erklären, dass das Grundgesetz vor allem in den größeren deutschen Städten auf Dauer nicht mehr durchsetzbar ist. Parallelgesellschaften (damals, 2003 noch von ihr kritisiert, s. o.) werden dann zur neuen Normalität. Es wäre pragmatisch und vor diesem Hintergrund dann sogar besser, als Staatssprache Englisch einzuführen. Zuwanderer wären so besser integrierbar, da sie Englisch viel häufiger zumindest oberflächlich sprechen können im Vergleich zu Deutsch. Hochqualifizierte aus Krisenregionen und Entwicklungsländern würden eine attraktivere Alternative als bisher zur Abwanderung in angelsächsische Staaten haben. Die Sprachhürde ist für sie nach wie vor sehr hoch. Durch das zeitaufwendige Selbststudium müssten deutsche Firmen und Forschungseinrichtungen den Einwanderern mehr Geld bieten. Sie werden aber nur kommen, wenn das Leistungsprinzip mit fairer Entlohnung und Aufstiegschancen hochgehalten wird und vor allem im Inland nicht eine diffuse, sozial alimentierte »Multi-Kulti-Gesellschaft« in Aussicht gestellt wird.

Gemeinsame europäische Antworten sind erforderlich. Flexible und aufnahmebereite Arbeitsmärkte sind nur ohne Abschottung innerhalb Europas denkbar. Die Nationalstaaten sind derzeit erkennbar überfordert. Eine gemeinsame Politik zur Sicherung von Integration muss die Außengrenzen der EU sichern, Einwanderungsnormen im Verbund festlegen, das Asylverfahren beschleunigen und die Fluchtursachen bekämpfen.

Bei Fragen der Sicherheit und bei der Immigrationspolitik sind föderale Lösungen, die sonst ordnungspolitisch naheliegend sind, nicht sinnvoll. Hier muss Europa Geschlossenheit und Glaubwürdigkeit zeigen. Ein Mindestkonsens reicht hier längst nicht mehr aus. Sonst wird die Masseneinwanderung Europa weiter spalten wie bereits der Euro ohne Beachtung der Stabilitätsregeln[135]. Die Totengräber der EU wären dann auch die nationalen Regierungen, die nicht kooperieren wollen, und nicht nur Merkel und Draghi, die wegen des Versagens der übergreifenden Wirtschafts- und Geldpolitik seit Jahren scharf kritisiert werden.

Auf dem Weg ins europäische Dorf! Chancen für junge hochqualifizierte Menschen auf dem europäischen Arbeitsmarkt (Stefan Remhof)

In den Anfangstagen des Europas, wie wir es heute kennen, waren die beruflichen Optionen einer Vielzahl von Personen zumeist auf ihre jeweiligen Heimatländer begrenzt. Mit den heutigen grenzüberschreitenden Aktivitäten und dem europäischen Binnenmarkt werden auch die persönlichen Karrierewege grenzüberschreitend und europäisch. Mit der zunehmenden wirtschaftlichen und politischen Integration Europas haben die Personen- und Arbeitnehmerfreizügigkeit als Bestandteil der vier Grundfreiheiten besonders die Möglichkeiten von hochqualifizierten Personen aus Deutschland erweitert. Gerade die Personen mit einer guten Ausbildung und einer hohen Motivation können zu den Gewinnern der Globalisierung gehören.[136]

Ludwig Erhard erkannte bereits im Jahr 1956 die Notwendigkeit der Integration Europas und bezeichnete diese gar als »geradezu überfällig«[137]. Erhards Sichtweise war Mitte der 1950er-Jahre optimistisch und zukunftsgerichtet:

> *»Nach meiner Auffassung steckt die Welt voller unermesslicher Chancen, wenn wir sie nur zu nutzen verstehen würden. Der Segen ist kaum auszudenken, der aus einer freien weltwirtschaftlichen Politik erwachsen könnte. Den kühnen Aspekten von morgen muss aber die zunächst noch harte Wirklichkeit von heute entgegengehalten werden.«*[138]

Erhard argumentierte, »dass man von einem Europa erst dann sprechen könne, wenn jeder Bürger in jedem anderen Land freie und gleiche Betätigungsmöglichkeiten findet«.[139] In dieser Freizügigkeit sah Erhard den Garant für »ein viel höheres Maß an

Produktivität und an Ausnutzung der menschlichen und technischen Produktivkräfte«.[140]

Fast genau 60 Jahre nach Erhards visionären Worten und der Umsetzung dieser Integrationsschritte werden diese »unermesslichen Chancen« gerade von Hochqualifizierten aus Deutschland nur unzureichend genutzt. So schreibt das Handelsblatt etwa, »Deutsche wollen ungern im Ausland arbeiten«, und sieht Deutschland im weltweiten Vergleich als »Land der Nesthocker«[141]. Während im weltweiten Vergleich laut einer gemeinsamen Studie der Boston Consulting Group und von Stepstone 64 Prozent der befragten Personen angeben, auch im Ausland arbeiten zu wollen, gaben nur 44 Prozent der deutschen Arbeitnehmer diese Bereitschaft an.[142] Zurückzuführen sei diese Sesshaftigkeit auf die derzeit guten persönlichen und beruflichen Perspektiven in Deutschland. Deutsche Arbeitnehmer sehen insbesondere die Kriterien »persönliche Erfahrungen sammeln«, die »Fähigkeit, in einem fremden Land zu leben« sowie »sich selbst herausfordern« als Motivation für das Arbeiten im Ausland.[143] Die persönliche Zufriedenheit im Ausland ist unter deutschen Expatriates dabei hoch. 82 Prozent der im Ausland beruflich tätigen Deutschen sind mit ihrem Leben als Expatriate zufrieden (im Gegensatz zu 77 Prozent im globalen Vergleich).[144]

Die gemeinsamen kulturellen Werte der Länder Europas können die Integration und Anpassung für Expatriates im Zielland erhöhen und ein finanziell wie auch persönlich unerfreuliches Scheitern der Auslandsentsendung minimieren.[145]

Insbesondere die exportorientierten Unternehmen in Deutschland brauchen Mitarbeiter, die als Expatriates bereit sind, für einen bestimmten Zeitraum im Ausland zu leben. Will ein Unternehmen im Ausland Vertriebsniederlassungen oder Produktionsstätten aufbauen, so ist es auf die Entsendung von deutschem Wissen in Form von Fach- und Führungskräften angewiesen.[146] Das Beratungsunternehmen Deloitte ergänzt, dass »der langfristig internationale Erfolg global wachsender Unternehmen [...] zukünftig immer stärker davon abhängen [wird], ob und wie es gelingt, die richtigen Mitarbeiter zum richtigen Zeitpunkt am richtigen Ort zur Verfügung zu haben«.[147]

Mit der temporären Entsendung von Mitarbeitern sichern sich Unternehmen einen Wettbewerbsvorteil und garantieren einen Wissenstransfer – sowohl auf der technischen wie auch auf der persönlichen Ebene. Zudem helfen Auslandsentsendungen dabei, Führungskräfte mit internationalen Kompetenzen auszustatten.

Auf der individuellen Ebene ermöglichen Auslandsaufenthalte, sich verschiedene Fähigkeiten und Erfahrungen anzueignen. So wird die Arbeit im Ausland als eine Möglichkeit der beruflichen Fortentwicklung, zur Verbesserung der eigenen arbeitsbezogenen Kompetenzen sowie zur Reifung der Persönlichkeit angesehen.[148]

Die Bereitschaft zu einem temporären Auslandsaufenthalt sowie die Offenheit hinsichtlich einer Tätigkeit im Ausland werden bereits zur Zeit des Studiums herausgebildet. Vorherige Auslandserfahrung kann die Absicht zur Arbeit im Ausland positiv beeinflussen.[149] Allerdings zeigen Untersuchungen, dass der Anteil von deutschen Studenten mit Praktikumserfahrung im Ausland seit dem Jahr 2003 stetig abnimmt.[150] Immerhin sind mit Großbritannien, Spanien und Frankreich drei Länder der Europäischen Union unter den fünf beliebtesten Zielländern eines studienbezogenen Auslandsaufenthalts im Jahr 2012.[151]

Jenes Europa, welches Ludwig Erhard in den 1950er-Jahren vorschwebte, kann nur von seinen Menschen und Bürgern umgesetzt werden, wenn diese ihre Chancen wahrnehmen und die Freiheit leben. Durch ein freies und integriertes Europa ist »die Anzahl der Kombinationen für die eigene Chancenrealisierung [...] unendlich gestiegen«.[152]

Neue Chancen in einem »Europa der Marktwirtschaften«. Plädoyer für eine sektorale Erneuerung. Geldflutung und fragwürdige Bonitätsratings in Europa: Die Lenkungsfunktion der Märkte wieder ermöglichen (Ulrich Horstmann, Stephan Werhahn)

Die erhoffte Steigerung des Wohlstands der Bürger in der Europäischen Union ist u. E. nur durch eine dezentral und marktnahe freiheitliche Verfassung zu ermöglichen, nicht durch eine zentral gelenkte Planbürokratie. Nun werden aber die Marktgesetze zunehmend außer Kraft gesetzt, nicht zuletzt auch in Deutschland. Die Verbraucher müssen die zunehmenden staatlichen Interventionen bezahlen. Ein Beispiel dafür ist die »Energiewende«, die die Verbraucher von Ökostrom finanziell übermäßig belastet.[153] Verbraucher und Sparer sind die Verlierer der neuen Planbürokratie, die, wie die Einführung von Mindestlöhnen und der Mietpreisbremse zeigt, keine Tabus mehr kennt.

Solche Fehlsteuerungen werden erfahrungsgemäß weitere Interventionen nach sich ziehen. Marktwirtschaftliche Ordnungspolitiker, die die Soziale Marktwirtschaft Erhards prägten, haben daher stets davor gewarnt. Schon Staatsschulden ausufern zu lassen, um vermeintlich Wachstum zu generieren, sahen sie kritisch. Die derzeitigen konkreten Markteingriffe und die aktuelle Notenbankpolitik sind ein möglicher »Weg zur Knechtschaft«, wie Hayek sein Buch[154] 1944 nannte. Solche Machtstrukturen verdrängen dann im schlimmsten Fall auch noch Demokratie und Freiheit.

Die Liquiditätsflutung durch die Notenbanken hat den Zins nahe an die Nullgrenze gerückt, wodurch die Notierungen von

Staatsanleihen viel zu hoch ausfallen. Bei Immobilien und Aktien zeigen sich auch in Europa »Vermögenspreisblasen«. Die Lenkungsfunktion der Preise kann aber nur wieder ermöglicht werden, wenn die Fehlsignale verhindert werden, die durch eine zunehmend planwirtschaftliche Lenkung entstanden sind.

Vor diesem Hintergrund sollte in der EU daher wieder die Marktwirtschaft nach Erhard'schen Vorstellungen neu entdeckt werden. Dabei drängt die Zeit. Bei einem Austritt Großbritanniens (»Brexit«) aus der EU wären Reformen, die Markt und Wettbewerb und damit das Prinzip der Eigentümerhaftung wieder stärken, noch schwieriger umzusetzen.

Ohne schnelle Reformen ist nicht auszuschließen, dass die salopp von Kritikern als »Konkursverschleppung« bezeichneten Rettungsaktivitäten für angeschlagene Banken und Staaten zu einem viel gravierenderen Konkurs auch größerer Staaten führt. Im Fokus könnten dann die rettenden Staaten stehen. Die Ratingagenturen beurteilen vor diesem Hintergrund die deutsche Bonität vermutlich zu hoch. Die finanziellen Lasten wären dann nicht zu stemmen. Glaubwürdig sind die finanziellen Garantien bereits jetzt nicht. Zu fragen ist auch: Würden weitere Hilfspakete Griechenland wirklich helfen? Und wem wird damit überhaupt geholfen?

Die Exportsonderkonjunktur für die deutsche Wirtschaft jedenfalls, die auch von der schwachen Währung Euro profitiert, könnte bald zu Ende gehen, wenn der Exportboom z. B. nach China an Dynamik verliert. Gleichzeitig sind die Überschuldung und die mangelnde Zahlungsfähigkeit Griechenlands seit Jahren allzu offensichtlich. Die Ratingagenturen waren hier ohnehin keine Frühindikatoren und reagierten erst, als die Bonität auf den Märkten sank. Die Finanzkrise wurde von ihnen zu spät erkannt. Erst dann, als das zu positive Bild nicht mehr haltbar war, wurde in einem großen Hauruck viel zu kräftig herabgestuft.[155]

Die Bilder und Meldungen aus Griechenland sind nach wie vor dramatisch, auch wenn sie durch die Flüchtlingskrise in den Hintergrund gedrängt wurden. Die griechischen Bürger leiden nach wie vor unter der verfehlten Politik. Jetzt gilt es vor allem, zu den bestehenden Fehlsteuerungen (Nichtbeachtung des Subsidiaritätsprinzips!) nicht noch neue hinzuzufügen und die langfristigen Folgen zu berücksichtigen. So wird u. E. auch eine Treuhandlösung für multinationale Investoren den Griechen nicht helfen. Die entsprechenden inländischen Erfahrungen waren negativ. Staatliches Geld floss zugunsten großer Konzerne ab.

Für inländische Sparer und Steuerzahler ist die Lage ebenfalls dramatisch, auch wenn dies noch nicht so sichtbar ist und verdrängt wird. Den griechischen Bürgern selbst wird durch die dauerhafte Subventionierung ihres maroden Systems wohl am wenigsten geholfen.

Sie werden von ihren oft korrupten Entscheidungsträgern »betreut«, die nicht nur Konkursverschleppung, sondern -verschlimmerung betreiben und inzwischen ganz Europa destabilisieren.

Gemäß S&P behält Deutschland im Bonitätsranking weiterhin seinen AAA-Status. Die hohen stillen Lasten durch die ausufernden Rettungsmaßnahmen werden hier offensichtlich (noch) nicht erfasst. Wie im Fall Griechenland wird es auch hier möglicherweise erst dann zu einer Herabstufung kommen, wenn dieser Herabstufungsschritt dann längst unausweichlich geworden ist.

Alle drei führenden Ratingagenturen beurteilen die Bonität der finanziellen Garantiemacht in Europa, die Kanzlerin Merkel, die vermeintlich »mächtigste Frau der Welt«, die gleichzeitig das Geld ihrer Bürger verstärkt aufs Spiel setzt, zu einer Schlüsselfigur in der Krise macht, mit einem AAA. Dabei ist hinzuzufügen, dass ein Triple A immer nur ein relatives Rating im Vergleich zu anderen ist, denn Deutschland war vor der DDR-Integration in den 90er-Jahren finanziell noch weit solider positioniert als heute. Das Abrutschen der Bonität Deutschlands nach unten wird öffentlich nicht so gut erkennbar, wenn andere auch eine verringerte finanzielle Solidität zeigen. Die USA sind nach wie vor der Referenzpunkt für die Ratingagenturen – nach dem Motto, wenn Amerika pleite ist, dann geht international gar nichts mehr. Die führende Weltmacht hat im Gegensatz zu Deutschland aber die Möglichkeit, eigenes Geld zu drucken. Dies ist hierzulande nicht mehr möglich. Die Bundesbank ist de facto im Euroverbund vergemeinschaftet worden.

Vor diesem Hintergrund werden inzwischen aus den Bundesanleihen zunehmend Eurobonds mit den entsprechenden Versicherungs- bzw. Vergemeinschaftungsrisiken. Bei einem Schuldenschnitt für Griechenland würden die inzwischen aufgelaufenen Forderungen transparent. Dies wollen Politiker in den Geberländern aus gut nachvollziehbaren Gründen nicht. Es geht um ihre Glaubwürdigkeit. Für die Aufrechterhaltung dieses Zerrbilds wird von den Bürgern ein hoher Preis zu zahlen sein.

Deutschland als finanzielle Garantiemacht müsste eigentlich schon jetzt ein schlechteres Rating haben. Das griechische Rating ist dagegen weitgehend irrelevant und müsste weit besser ausfallen, da die »De-facto-Versicherung« des Nehmerlands durch die europäischen Partner doch immer wieder neu greift.

Die Bonität der Eurostaaten müsste sich in der Mitte treffen, das würde dann auch zu den vergemeinschafteten Eurobonds passen. Deutschland würde so »südeuropäischer«. Die Garantie Deutschlands ist nicht dauerhaft glaubwürdig. Nicht einmal die inländische Wiedervereinigung wurde vollends finanziell verkraftet, weiterhin fließen Milliardentransfers in die neuen Bundesländer. Dieser Misserfolg deutscher Integrationspolitik ist nach wie vor eine teure Altlast. Jetzt wird das inländische fehlerhafte Transfermodell auch noch auf ein System wirtschaftlich nicht zusammenpassender Staaten im ganzen Euroraum übertragen.

Europa hat Besseres verdient. Die Not leidenden griechischen Bürger – die Opfer einer unfairen Gestaltung Euro-Europas, die die Märkte durch die Geldflutung der EZB außer Kraft setzt – erst recht. Ihre Politiker sagen ihnen nicht die Wahrheit. Unsere uns aber auch nicht.

Vor Jahren wurde noch von der ordentlichen Rendite durch die Ausleihungen an Griechenland gesprochen. Wenn keine klaren ordnungspolitischen Regeln mehr gelten, werden irgendwann die tatsächlichen »Retter« – nämlich inländische Sparer und Steuerzahler – zur Kasse gebeten werden. Nur wer rettet sie dann? Die führenden drei Ratingagenturen werden Deutschland als systemrelevantes Unterstützerland wohl lange nicht fallen lassen. Die preisgünstige Refinanzierung bleibt wichtig, sonst würde das Schulden-Kartenhaus in Euro-Europa gleich heute zusammenfallen. Es ist daher nur ein Spiel auf Zeit ...

So werden sinnvolle Reformen hinausgezögert und aus einer beherrschbaren möglicherweise eine unbeherrschbare Krise. Und die Ratingagenturen haben durch ihre Fehlsignale – ein zu gutes Rating für die Geberländer (aktuelle »Retter«) und jetzt ein viel zu schlechtes für Nehmerländer (die vermeintlich aktuell »Geretteten«) – zu der Misere noch beigetragen. Mit solchen falschen Ratings verzögern sie eine Krisenbereinigung. Die Risikoaufschläge für Bundesanleihen, den neuen »Eurobonds«, sind viel zu niedrig.

Ein Wertekompass für europäische Banken – Ethik und Regulierung wieder in Einklang bringen (Ulrich Horstmann, Stephan Werhahn)

Stellen Sie sich vor, Sie wollten mit den besten Absichten eine Bank neu gründen.

Ein paar Freunde von Ihnen würden sogar gerne mitmachen. Nachdem Sie ein bisschen recherchiert haben, merken Sie, dass das nicht ganz so einfach ist. Sie stoßen auf Hürden, die nur schwer zu überwinden sind: Der Finanzsektor ist besonders umfassend reguliert, seit dem Ausbruch der Finanzkrise ab 2007 mehr denn je. Beispielweise sind das Altersvorsorge-Zertifizierungsgesetz (AltZertG), das Börsengesetz (BörsG), das Depotgesetz (DepotG), das Finanzmarktstabilisierungsbeschleunigungsgesetz (FMStBG), das Finanzmarktstabilisierungsfondsgesetz (FMStFG), das Kapitalanlagegesetzbuch (KAGB), das Kreditwesengesetz (KWG), das Restrukturierungsgesetz (RStruktFG), das Pfandbriefgesetz (PfandBG), das Vermögensanlagengesetz (VermAnlG) und das Wertpapierhandelsgesetz (WPHG) zu beachten. Damit nicht genug. Eine Vielzahl weiterer Verordnungen ließen sich hier nennen. Immer mehr supranationale Regulierungen sind relevant, so z. B. das MiFid, künftig MiFid II, für den Anlegerschutz, verschärfte Eigenkapital-(Basel III) und Solvabilitätsanforderungen (Solvency II) für die Versicherer. Sie sehen, ein sehr dichtes und kaum mehr überschaubares Finanzregelwerk, das jetzt zunehmend von der EU bestimmt wird.

Wahrscheinlich werden Sie die Idee eines eigenen Finanzinstituts jetzt nicht mehr weiterverfolgen. Selbst für Experten ist das Regelungsgeflecht oft unverständlich. Die Finanzbranche ist über- und fehlreguliert, viel zu komplex und auch widersprüchlich.[156] So ist von einer Marktwirtschaft, die auf Eigentum und Haftung sowie Wettbewerb basiert, im Finanzsektor inzwischen relativ wenig übrig geblieben. Durch die geplante neue europäische Einlagensicherung werden inländische Sparer in eine supranationale »Verantwortungsgemeinschaft« hineingezwungen, die den Grundprinzipien einer Marktwirtschaft widerspricht. In den Risikomodellen werden die Systemrisiken nicht oder nicht ausreichend erfasst. Die Bilanzen der Versicherer werden mit »Solvency II« zunehmend vereinheitlicht. Staatsanleihen werden weiter als risikofrei eingestuft. Das Risiko finanzieller Ansteckungsgefahren wird ausgeblendet.

Große, seit dem Ausbruch der Finanzkrise als systemrelevant erkannte Finanzinstitute stehen de facto unter der Protektion der EZB, die ihnen zu Vorzugskonditionen Geld leiht, und der EU-Regierungen, die das derzeitige fragwürdige Finanzregime mehrheitlich stützen. Die Regulierungen begünstigen einseitig Staatsanleihen, für die die Institute im Finanzsektor kein Eigenkapital hinterlegen müssen. Eine weitere Fehlsteuerung erfolgt durch die Testate der großen drei Ratingagenturen. Die Eigner der Agenturen, meist selbst aus dem Finanzsektor, profitieren von deren Gewinnmaximierungsstrategie. Die vielfach zu guten Beurteilungen durch die führenden Agenturen werden von der Regulierung gestützt, da die Auftraggeber selbst ihr Rating bezahlen. Das ist »Sozialismus für Reiche«. Jim Rogers prägte diese Einschätzung im Zusammenhang mit der Notenbankpolitik der Fed (siehe unten).

Die Anleger werden dagegen teilentmündigt. Professionelle Anleger dürfen nur ratinggestützt agieren. Privatanleger werden desinformiert. Ludwig Erhard hätte ihnen das weniger komplizierte Aktiensparen empfohlen. Für ihn wären Aktien auch kein »Produkt« gewesen.

Wie man es dreht und wendet: Die Branche steht insgesamt unter »Systemschutz«, wobei vor allem große Institute abgesichert sind (»too big to fail«). Die Überregulierung nutzt nicht den potenziellen Neueinsteigern oder Kunden, sondern den ganz großen Anbietern mit umfassenden Fachabteilungen und Beratern, die komplexe und intransparente Regelwerke bewältigen können. Der Wettbewerb wird so weitgehend ausgeschaltet. Die Regulierungen schufen so planwirtschaftliche Strukturen, die ihre finanzielle Sicherheit nicht stärken, sondern das Systemrisiko sogar erhöhen. **Finanzinstitute sind so tendenziell zu groß, ziemlich gleich und – natürlich – systemrelevant. Die üblicherweise kundennäheren kleinen Banken können so eine Regulierungsflut nicht mehr bewältigen und werden aus dem Markt gedrängt.**

Das zeigt: **Wir brauchen nicht mehr Regulierungen, sondern weniger**, dafür jedoch wieder marktwirtschaftskonforme. Dafür müssten die zunehmend planwirtschaftlichen Finanzmarktstrukturen aus hochverschuldeten EU-Staaten, großen Finanzinstituten und der EZB aufgelöst werden. Statt einer Branche, die sich von der realen Welt immer weiter entfernt und ihre Risikospiele zu Lasten der Sparer und Steuerzahler betreibt, brauchen wir kundennahe und auch kleine Finanzinstitute, die nicht durch Regulierungen benachteiligt werden. Für mittelständische Banken gilt nach einer Befragung der Professoren Andreas Hackethal und Roman Inderst von über 500 Genossenschaftsbanken zur Einschätzung der regulatorischen Kosten:[157]

1. Ein starker Anstieg der Ressourcenbelastung beim Meldewesen und beim Anlegerschutz.

2. Die durchschnittlichen Regulierungskosten (bezogen u. a. auf die Bilanzsumme) sind bei kleinen Banken deutlich höher als bei größeren Banken.

3. Bei sehr kleinen Banken – Bilanzsumme von unter 50 Mio. Euro – sind die Dokumentationskosten im Rahmen des Anlegerschutzes höher als der entsprechende Rohertrag aus dem Wertpapierberatungsgeschäft.

4. Die relativ stärkere Belastung kleinerer Banken führt zu steigendem Fusionsdruck, einer deutlichen Mehrbelastung der Mitarbeiter einschließlich der Vorstände und einer Verschiebung der Aufmerksamkeit weg von Kunden und weg vom Markt.

5. Regulatorische Themen erfordern durchschnittlich ein Drittel der Vorstandsarbeitszeit (in Banken mit bis zu 100 Mio. Euro Bilanzsumme).

6. Kleinere Banken mussten bei der Aufteilung ihrer Arbeitszeit in den letzten Jahren Marktfolgetätigkeiten gegenüber Markttätigkeiten deutlich erhöhen.

7. Mit einer hohen Ressourcenbelastung durch die Regulierung rechnen die Banken auch weiterhin, die höchste Belastung ist im Bereich des Meldewesens zu erwarten.

Diese Überforderung kleiner marktorientierter Banken ist kritisch zu hinterfragen. Sie werden bürokratisch überfrachtet. De jure handelt es sich durch private Eigner zwar nicht um Behörden, das völlig überzogene Berichtssystem schafft aber de facto einen Zwang zu neuen Mindestgrößen und macht sie immer mehr zu Großbehörden. Der Grundsatz müsste daher hier lauten: **Zurück zu den Prinzipien einer Sozialen Marktwirtschaft nach Ludwig Erhard.**

Finanzinstitutionen unterliegen in einer Marktwirtschaft grundsätzlich dem Haftungsprinzip. Zu riskante Geschäfte können daher das Aus bedeuten, wenn kein ausreichender Risikopuffer gebildet wurde. Der mögliche Konkurs schreckt die Entscheidungsträger ab. Dieses scharfe Selektionsprinzip wirkt äußerst disziplinierend und schützt vor unrealistischer Gier. Nicht nur die Betreiber, auch die Geschäftspartner profitieren von dieser systematischen Vorsicht, die sich traditionell auch in der Bilanzierung niederschlägt.

Entscheidend ist dabei auch, dass Kunden ihrer Bank zu Recht vertrauen können. Der Name Kreditinstitut leitet sich vom lateinischen »credere«, vertrauen, glauben, ab. Dieses Vertrauen gilt es wiederzuentdecken, da dies eine Grundvoraussetzung für einen nachhaltig erfolgreichen Geschäftsbetrieb ist.

Übertragen auf die Ratingwelt, müssten Unternehmen des Finanzsektors immer ein Triple A aufweisen. Ansonsten wird die Refinanzierung tendenziell zu teuer und es entstünde ein

Teufelskreis. Das Management müsste – mit dem Rücken zur Wand – höhere Risiken in Kauf nehmen, um die höheren Finanzierungskosten zu stemmen. Wenn sich die Kapitalkosten nicht erwirtschaften lassen, wird sich auch das Problem der Eigenkapitallücke erneut verschärfen. In einer funktionierenden Marktwirtschaft scheiden solche Finanzinstitute aus und werden im Zuge eines Bonitätswettbewerbs verdrängt.

Nun ist – wie wir bereits erwähnten – das marktwirtschaftliche Idealbild durch eine Vielzahl von Regulierungen und das Einlagensicherungssystem unterhöhlt. Diese paternalistisch anmutenden Eingriffe sind – wie so vieles, was den Bürgern mit schönen Etiketten verkauft wird – vielleicht gut gemeint, aber letztlich ökonomisch doch daneben, wenn sie den Risikoappetit erhöhen und eine zu hohe Sicherheit suggerieren. Die Verbundhaftung wurde inzwischen mehr und mehr sogar zu einer Staatshaftung. Das inzwischen geschaffene komplexe System verdrängt – wie bereits erwähnt – die üblicherweise kundennäheren kleinen Banken.

Anders dagegen ist die Situation in der Industrie: Der weltweite Erfolg der mittelständischen Industrie ist in nicht geringem Maße auf das niedrigere Regulierungsniveau zurückzuführen. Der Staat erlässt hier in der Regel aus Verbraucherschutzgründen eher produktbezogene Vorschriften, mischt sich aber nicht in die Gestaltung des Angebots oder der Eigentumsverhältnisse ein. Dies ist dagegen im Bankensystem anders und wird auch im Zuge der europäischen Bankenunion nicht überwunden: Der Staat ist oft sogar selbst Eigentümer und nimmt so gewichtigen Einfluss auf die Gestaltung des Angebots und damit auch auf den Ertrag.

Keine andere Branche ist einer solchen Regulierungsdichte ausgesetzt. Im Zuge der Finanzkrise hat sich das Problem noch verschärft. Auch für Experten ist das Regelungsgeflecht oft unverständlich und verwirrend. Die Bankbranche ist über- und so fehlreguliert, dass Märkte zur Funktionsunfähigkeit gebracht werden. Die auch hier vielleicht gut gemeinten Regulierungen im Finanzbereich sind – wie das komplexe inländische Steuersystem – ein Standortnachteil für eine Marktwirtschaft, die auf Eigentum und Haftung sowie Wettbewerb basiert. Sie nutzt weniger dem Markt und den Kunden, sondern mehr den Beratern und den Großbanken, die die Komplexität noch bewältigen können.

Die bisherigen Regulierungen begünstigen weiter den risikoerhöhenden Verbund von Staat und Bank. So muss für Staatsanleihen bis heute kein Eigenkapital hinterlegt werden. Diese Fehlregulierung führt dazu, dass die so begünstigten Staatsanleihen von Banken und Versicherungen übermäßig gekauft werden, aber Aktien z. B. zu wenig. Problematisch ist auch, dass sich die Finanzwelt seit einiger Zeit immer mehr von der Realwirtschaft abgekoppelt hat. Sie nimmt – so wird kritisiert – keine dienende Rolle mehr ein, sondern hat sich zunehmend verselbstständigt. Die Rettung dieser zu einem Kasino mutierten Finanzwirtschaft übernimmt dann, so wird kritisiert, der Steuerzahler. Dies wurde durch die Regulierungen begünstigt und dass Banken mit zu wenig Eigenkapital wirtschaften durften, dass die Gewinne für die Aktionäre und die Gehälter von den Managern maximiert und dass das Geschäftsrisiko an die Allgemeinheit outgesourct wurde. Ob die Rettung nachhaltig gelingt, ist noch völlig offen. Die massiven Fehlentwicklungen in der Branche wurden von Prof. Hans-Werner Sinn in seinem Buch »Kasino-Kapitalismus« bereits 2009 beschrieben.[158] Spätestens nach dem Ausbruch der Finanzkrise ist vielen Bürgern bewusst geworden, dass auch die eigene Bank scheitern kann. Die bereits kritisierten Regulierungen haben die Skepsis bislang nicht überwunden, zumal die Systemrisiken durch noch größere Banken zugenommen haben, die immer ähnlichere Strukturen aufweisen. Eine Trennung der Wertpapier-/Investmentbankingaktivitäten einerseits und des Privatkunden und Kreditgeschäfts andererseits erfolgte nicht – obwohl sich das Trennbankensystem in den USA nach der Weltwirtschaftskrise gut bewährt hatte. In Deutschland blieb das Universalbankensystem weiter bestehen – für die privaten Sparer/Einleger ein fragwürdiger Risikoverbund. Das Vertrauen in die Integrität der Branche steht nach wie vor auf dem Spiel.

Das neue Finanzregime scheint zwar hilfreich durch die Entlastung bei den Zinszahlungen. Damit werden auch keynesianische Ideen verwirklicht. Die Wirtschaft soll durch günstigere Kredite angekurbelt werden. Dauerhaft wirkt diese Politik dennoch verderblich. Mit der Nullzinspolitik und einer damit marktwidrigen Intervention werden die marktwirtschaftlichen Steuerungssignale außer Kraft gesetzt. So werden laufend Fehlbewertungen (landläufig »Blasen« genannt) produziert, die »Interventionisten« dann auch noch als marktwirtschaftliches Versagen fehlinterpretieren, obwohl es sich um Politikversagen handelt. Die Regulierungen hebeln die auf Verantwortung und Haftung beruhende Marktwirtschaft aus. An diese fehlsteuernden Vorgaben der Notenbanken und Regulierer sind die Akteure im Finanzsektor gebunden.

Politikversagen ist auf jedem Fall mit im Spiel. So erlauben die immer noch gültigen Regulierungen den Finanzinstitutionen bei niedrigem Eigenkapital lukrative Geschäfte. Im Risiko- oder Verlustfall übernimmt die Gemeinschaft/der Staat die Lasten. Die Regulierungen begünstigen einseitig Staatsanleihen, für die die Institute im Finanzsektor – wie bereits erwähnt – kein Eigenkapital hinterlegen müssen. Eine weitere Fehlsteuerung erfolgt durch die Testate der Ratingagenturen. Die Eigner der Agenturen, oft selbst aus dem Finanzsektor, profitieren von deren Gewinnmaximierungsstrategie. Die vielfach zu guten Ratings werden von der Regulierung gestützt, dass die Auftraggeber selbst ihr Rating bezahlen.

Aber was lief im Bankensektor selbst falsch?

Die traditionelle Hausbankbeziehung ging zunehmend verloren, die persönliche Kenntnis der geschäftlich verbundenen Personen oft auch. Automatisierte Abläufe und das Vertrauen auf – im Nachhinein als falsch erkannte – mathematische Modelle verführten zu einer übertriebenen Risikofreudigkeit. Banken mit einem großen Anteil an Investmentbanking gelten – wie auch die Ratingagenturen – spätestens seit dem Ausbruch der Finanzkrise als Bestandteil eines Kasino-ähnlichen Systems. Ein solches »Finanzkartell«, versehen mit dem Gütesiegel der Ratingagenturen, konnte »ein ganz großes Rad drehen«. Auch die Notenbanken halfen dabei mit, die notwendigen Marktbereinigungen zu verhindern. Dazu Jim Rogers in einem Interview aus dem Jahr 2008:

»Wenn jetzt die Geldpresse angeworfen wird, um die Milliardenhilfen zu finanzieren, dann heizt dies die Inflation an. Schon jetzt galoppieren die Kosten für die Lebenshaltung davon. Statt die Zinsen immer weiter zu senken und Milliarden in den Markt zu schießen, sollten die Währungshüter besser die Zügel anziehen und den Selbstreinigungsprozess der Märkte nicht behindern. Stattdessen müssen Millionen von Menschen über eine stärkere Teuerung für die Interessen einiger Investmentbanker blechen. Was die Fed hier veranstaltet, ist eine Art Sozialismus für Reiche.«[159]

Bei einem niedrigen Eigenkapitaleinsatz – verbunden mit der administrierten Niedrigzinspolitik – waren enorme Gewinne möglich, wenn man bereit war, entsprechend hohe Risiken einzugehen. Und dazu waren die Bankmanager oft bereit, waren doch die Kapitalkosten durch die Geldflutung der Notenbanken und nicht zuletzt dank der guten Bonitätsnoten vor der seit 2007 bestehenden Finanzkrise allzu einladend niedrig.

Die finanziellen Schieflagen der Banken führten zu einem Rückgang des Vertrauens der Kunden. Der Staat half den – durch die Regulierung fehlgesteuerten – Banken aus der Patsche. Für den Kauf von Staatsanleihen muss bislang kein Eigenkapital zurückgelegt werden. Daher wird der Vertrieb dieser Papiere von den staatlichen Regulierern nach wie vor begünstigt – zum Schaden der Kunden und nicht zuletzt des Steuerzahlers, der für die hohen Verluste durch das Regulierungsversagen des Staates aufkommen muss. Der so paternalistisch finanziell »betreute« Bürger vertraut auf Einlagensicherungssysteme, die nur in normalen Zeiten funktionieren, aber nicht krisenfest sind. Letztlich mussten Politiker – wie 2008 Steinbrück und Merkel – intervenieren, um einen Bank Run zu verhindern und die Glaubwürdigkeit wiederherzustellen. **Dass die Politiker durch die Fehlregulierungen selbst zur Instabilität des Bankensektors beitragen, wird oft verschwiegen.**

Auch Manager, insbesondere von Großbanken, wurden kritisiert, nicht zuletzt wegen hoher Bonuszahlungen. Wenn sie nicht gut gewirtschaftet haben, wäre dies zu beanstanden. Ihre Aufgabe ist aber die Gewinnmaximierung, dies verlangen die Eigner. Bei der Unternehmensführung steht auch die Frage nach dem Personal und dessen Eignung im Fokus. Dies ist ein heikles Thema. Es ist allzu menschlich, wenn Managerfehlleistungen, selbst wenn sie allzu offensichtlich sind, nicht öffentlichkeitswirksam thematisiert werden. Insofern ist eine interessensgeleitete Rücksichtnahme oft opportun. Andererseits fallen bei den Finanzunternehmen, die sich zunehmend in einem verschärften Wettbewerbsumfeld behaupten müssen, Managementfehler inzwischen leichter auf, während dies bei Gesellschaften mit wirtschaftlichen Freiheitsgraden – im Extremfall Monopole – nicht der Fall ist. Hier spielen die Fähigkeiten der Unternehmenslenker nicht so eine große Rolle. Für Manager ist es daher grundsätzlich von Vorteil, wenn sie einem wirtschaftlich gut positionierten Unternehmen vorstehen und eine große Zahl von Kleinaktionären sich nicht in das Geschäft einmischen (100 Prozent Freefloat). Sie sind dann nahezu allmächtig. Schwieriger wird es für sie, wenn ein langfristiger Haupteigentümer die Manager aussucht und kontrolliert. Gesellschaften mit großen Stakeholdern sind in dieser Hinsicht auch besser für die kleineren Aktionäre.

Dies zeigt: Für die Wertsteigerung ist es vor allem wichtig, gute und stabile Eigner zu haben. Sie kümmern sich – im eigenen Interesse – um ein solides Management, das von seinem Geschäft etwas versteht. In mittelständischen Unternehmen ist diese Eigentümerstruktur ohnehin häufiger als bei den Banken. Das erklärt auch ihren Erfolg. **Oft fehlt den Mittelständlern eine entsprechende Bank, die sich um ihre Kapitalerfordernisse adäquat kümmert.**

Die mittelständisch geprägte deutsche Wirtschaft verfügt häufig auch nicht über den notwendigen Kapitalmarktzugang. Im Gegensatz zum Ausland ist die inländische Industrie daher auf Bankkredite weiter angewiesen. Die Bedeutung der Finanzierung über den Kapitalmarkt ist nach wie vor im Vergleich zu den angelsächsischen Staaten gering und kurzfristig schwerlich zu steigern.

Viele Mittelständler halten an ihren Geschäftsmodellen – auch gegen den Rat von Beratern – fest. Das hat sich in vielen Fällen auch als richtig erwiesen. Der über viele Generationen hinweg ausgeprägte traditionelle Wille der Eigentümer, die Unternehmensentwicklung selbst zu prägen, bleibt bestehen. Komplexere Finanzierungsinstrumente werden von mittelständischen Unternehmern vielfach mit Skepsis betrachtet. Sie werden als nicht immer fair eingestuft und die vorsichtig agierenden mittelständischen Unternehmer, die ihr eigenes Geld im Risiko sehen, handeln eher nach dem Grundsatz, nur Finanzgeschäfte zu tätigen, die sie auch verstehen. Manager großer Unternehmen, die mit fremden Geld operieren sind da üblicherweise wagemutiger – mit entsprechenden Schieflagen.

Dass es eine deutsche Bank sein muss, die inländischen Kunden Bankkredite zur Verfügung stellt, ist im zusammenwachsenden Europa inzwischen umstritten. Die Finanzkrise hat allerdings auch gezeigt: Bei einer derartigen Krise mit der Gefahr einer Kreditklemme zeigte sich, dass es sich vorrangig dann wieder auch um ein national geprägtes Geschäft handelt. Persönliche Betreuung, Krisenresistenz von Krediten und das breite Dienstleistungsangebot für auch im Ausland erfolgreiche Mittelständler sind nach wie vor die Erfolgsfaktoren für eine leistungsfähige Kreditwirtschaft. Aufgrund der hohen Solidität der auch als »Hidden Champions« bezeichneten Firmen bemühen sich viele Banken um Geschäfte mit dem Mittelstand. Deren Bonität ist inzwischen nicht selten besser als die der früheren Hausbank.

Im Gegensatz zur Industrie ist das Geschäft ist vor allem abwicklungsorientiert, Banktransaktionen müssen funktionieren. Im Retailbereich stehen zunehmend Automaten und standardisierte Produkte im Vordergrund. Für nachhaltige Innovationen, die einen Vorteil im Wettbewerb verschaffen, ist kaum ein Spielraum vorhanden; auch wenn »Finanzinnovationen« oft als große Errungenschaften gefeiert werden, aber doch eher dem Verkäufer dienen und schnell keine Alleinstellungsmerkmale mehr sind.

Retailbanken fehlt oft eine individuelle Kundenausrichtung. Für Banken besteht daher ein größerer Anpassungsbedarf als für die mittelständische Wirtschaft und Industrie, die im internationalen Maßstab relativ gut mithalten kann. **Der Finanzsektor bedarf einer marktwirtschaftskonformen Reformierung.**

Marktwirtschaft an sich funktioniert unseres Erachtens bereits dann – das wäre schon ein Zwischenfazit – fair und ethisch, wenn wirtschaftliche Machtkartelle in der Branche unterbunden werden. Eine Machtballung einer verzahnten Großbankenwelt in den USA im Verbund mit den Ratingagenturen ist das klare Gegenstück zu einer so verstandenen Ethik. Eine transparente und faire Regulierung muss dem Kunden dienen und eben nicht den kurzfristigen Gewinnmaximierungsinteressen von immer weniger Finanzinstituten. Sie schreiben – dies wird vielfach beanstandet – oft auch noch die Regulierungen, die von Regierungen, die diesbezüglich auch unter Druck gesetzt werden, in Kraft gesetzt werden. Sonst bricht angeblich das Finanzsystem zusammen. Große Banken werden aus Sicht der Lobbyisten als effizienter und sicherer dargestellt.

Das Prinzip »too big to fail« führte so zu einer falsch interpretierten Systemrettung. Die Großen stützte der Staat, die kleinen ließ man zusammenbrechen. Diese Politik ist nicht marktwirtschaftskonform, sie ist unethisch und hat die finanzielle Stabilität international verringert.

Auch die europäische Bankenunion lässt kaum Ethik in diesem Sinne erkennen. Positiv ist immerhin die geplante Entkopplung von Staat und Bank. Am besten wäre es aber, wenn das marktwirtschaftliche Haftungsprinzip wieder verstärkt gelten würde. Ethisch für Banken ist die Rückführung des Sektors zur Marktwirtschaft, nicht die Aufrechterhaltung einer von der Realwirtschaft entkoppelten Struktur.

Eine Lehre der Finanzkrise sollte sein: Banken haben der Realwirtschaft zu dienen, sie dürfen nicht als Spielwiese für fragwürdige Spekulation missbraucht werden. Diese wiederum wird durch eine fehlgeleitete und von den Großbanken in ihrem Sinne beeinflusste Regulierung gestützt. Hier muss wieder das richtige Maß gefunden werden. Die Bankbranche ist über- und fehlreguliert. Die Systemrisiken wurden seit dem Ausbruch der Finanzkrise erhöht (fragwürdiger Grundsatz »too big to fail«!). **Kleine, flexible und kundennahe Banken, die im Falle wirtschaftlichen Versagens aus dem Markt austreten, wären dagegen marktwirtschaftskonform.**

Außerdem gilt: Ethisches Verhalten darf nicht zu einem Alibi auf Kundenveranstaltungen verkommen.

Um die finanzielle Stabilität der Banken nachhaltig zu verbessern, sind daher marktwirtschafskonforme Regulierungen mit folgenden Grundsätzen zu fordern:[160]

- Weniger Komplexität!

- Mehr Eigenkapital (> 25 Prozent)

- Persönliche Beteiligung der Manager an den Risikogeschäften, damit die Lasten im Falle des Scheiterns nicht einseitig auf Dritte verschoben werden.

Die Rettung maroder Banken entspricht nicht dem Wettbewerbsprinzip, das auch durch immer größere systemrelevante Institute ausgehöhlt wird. Mit einer vorgeschriebenen Verbesserung der Bilanzqualität wird die Sicherheit im Sinne der Kunden und Anleger erhöht. Diese Maßnahmen sind fair und bankenethisch geboten. Auch die Sparer und Steuerzahler profitieren, wenn sie nicht immer wieder neu durch Fehlregulierungen für finanzielle Schieflagen geradestehen müssen.

»Europa erneuern« erfordert die Überwindung nationaler Infrastrukturschranken (Ulrich Horstmann)

Europäische Politiker haben zwar den Euro geschaffen und wollen ihn offensichtlich mithilfe der EZB-Führung »koste es, was es wolle« bewahren, bei der notwendigen Umsetzung grundsätzlicher ordnungspolitischer Reformen sind sie dagegen weniger rigide. So gibt es in vielen Bereichen, wo dies supranational sinnvoll erscheint, noch keinen zum Euroraum passenden Binnenmarkt und damit auch noch keinen nennenswerten Wettbewerb. Der Ordnungsrahmen für die noch zu entwickelnden Märkte fehlt nach wie vor.

Europa verspielt seine zukünftige Chancen. Beispiele dafür sind:

- die Unzulänglichkeiten in der Sozial- und Altersvorsorgepolitik. Sie wird in Deutschland noch national und »paternalistisch« im Rahmen des sogenannten Generationenvertrags geregelt. Dieser Generationenvertrag entspricht allerdings längst nicht mehr den Wünschen international mobiler jüngerer Menschen;

- das planwirtschaftlich anmutende Regulierungswirrwarr in der inländischen Gesundheits- und Energiepolitik;

- und als ganz besonders negativ hervorzuheben: die Infrastruktur.

Ohne wettbewerbsfördernde Reformen – dazu gehören einheitliche Normen und ein klares Bekenntnis zur Auflösung nationaler Monopole – bleibt die EU-Verkehrsinfrastruktur im Digitalzeitalter zurück.

Angesichts der sich verschärfenden Verkehrsprobleme – zunehmende Dauerstaus auf den Straßen (jetzt noch verstärkt durch die erneuten Grenzkontrollen!) und anachronistisch schlecht gemanagte nationale Bahngesellschaften sowie eine immer noch nationalstaatlich organisierte Flugüberwachung im ohnehin sehr kleinteiligen Europa – sind dringend Lösungen gefragt. Dabei sind freiheitliche und marktkonforme Ansätze besser als die zentralgesteuerten, planwirtschaftlichen Ansätze, die sich jetzt immer mehr abzeichnen. Solche Entwicklungen stoßen auch in der Wirtschaft auf Vorbehalte.

Dennoch: Mit großen Budgets arbeitet man in der EU-Bürokratie offensichtlich sehr gern, auch mit vielversprechenden Ankündigungen. Man denke nur an die Agenda 2010, mit der Europa zum »wettbewerbsfähigsten und dynamischsten, wissensbasierten Wirtschaftsraum der Welt« avancieren sollte, oder die Wachstumsstrategie »Europa 2020« der EU. Vermeintliches Marktversagen soll offensichtlich durch große Pläne und beeindruckend hohe öffentliche Geldmittel ausgeglichen werden. So legte EU-Kommissionspräsident Jean-Claude Juncker zur Bekämpfung der Wirtschaftskrise im November 2014 einen 315 Mrd. EUR umfassenden Investitionsplan vor. Die Europäische Investitionsbank (EIB) spielt dabei eine Schlüsselrolle, dessen Verwaltungsrat sich aus Vertretern der EU Mitgliedstaaten – den Anteilseignern der Bank – und der EU-Kommission zusammensetzt. Die EIB, inzwischen nach eigenen Angaben bereits der weltweit größte multilaterale Anleiheemittent und Darlehensgeber, unterstützt Infrastrukturvorhaben im Rahmen der EU-Politik der Transeuropäischen Netze (TEN). Der länderübergreifende Netzausbau steht im Fokus. Vorhaben, die folgenden Zielen entsprechen, sollen unterstützt werden:

- wirtschaftliche und soziale Integration
- freier Personen-, Waren- und Dienstleistungsverkehr
- Entwicklung von benachteiligten Regionen

- Begrenzung von Umweltauswirkungen
- Kontakte zu angrenzenden Ländern
- wettbewerbsfähige Energieproduktion und -versorgung
- Nutzung erneuerbarer Energien
- effiziente und sichere Energieversorgung.

Die hier formulierten Ziele sind relativ schwammig und daher entsprechend beliebig auslegbar formuliert. Darüber hinaus setzte die EIB gemeinsam mit der EU-Kommission eine Projektanleiheninitiative (»Connecting Europe«) in Gang. Investitionen in große Infrastrukturprojekte u. a. im Verkehrssektor (TEN-V) sollen für Kapitalmarktanleger attraktiver gestaltet werden.

Es geht auch hier um die Erfüllung selbst gesetzter Planvorgaben. Laut Prognose der EU-Kommission sind 2 Billionen Euro in die Infrastruktur zu investieren, damit die EU die Ziele ihrer Strategie »Europa 2020« erreicht. Zur günstigeren Refinanzierung wurden in Italien und Frankreich alternativ zur Projektanleiheninitiative die Einführung von Eurobonds gefordert, die damals von deutscher Seite abgelehnt wurden. Solche Projektbonds könnten sich zu einer Alternative der früher abgelehnten Eurobonds entwickeln. Man könnte sie auch direkt bereits jetzt so nennen. Gleichzeitig werden die inländischen Bundesanleihen angesichts der Risiken durch die zunehmend etablierte Transferunion auch de facto zu Eurobonds. Aber zurück zur Infrastrukturinitiative der EU:

Das Vorhaben klingt zu Recht planbürokratisch, die Attraktivitätssteigerung für Investoren zeigt sich aber in der Möglichkeit, Verbindlichkeiten in zwei Tranchen – eine vorrangige und eine nachrangige – aufzuteilen, wodurch die Anleihequalität für die Projektträger verbessert werden soll. Dabei gibt es für die nachrangige Tranche nach EIB-Angaben zwei Möglichkeiten:

1. Darlehen der EIB mit Unterstützung der EU-Kommission, oder

2. Bereitstellung einer vorbeugenden Kreditlinie, auf die der Projektträger zurückgreifen kann, falls die Einnahmen des Projekts für die vorrangige Schuldenbedienung nicht ausreichen.

Durch den Einsatz einer nachrangigen Garantie der EIB bis zu 20 Prozent der jeweils ausstehenden Projektanleihe sollen die Kreditgeber des Projekts zusätzlich abgesichert werden. Mit dieser Ausgestaltung der nachrangigen Tranche wird die Anlage für institutionelle Anleger attraktiver, wobei der Einsatz von Steuermitteln zur Steigerung der Attraktivität von der EU und der EIB letztlich mit der Investitionszurückhaltung seit dem Ausbruch der Finanzkrise begründet wird. Die neuen, so geförderten Anleihen werden vom Projektträger selbst begeben und damit nicht von der Bank oder von dem jeweiligen Mitgliedsland, in dem das Projekt durchgeführt wird. Ein weiterer Vorteil nach EIB-Angaben ist, dass die zusätzlichen Finanzmittel über die gesamte Projektlaufzeit, einschließlich der Bauphase, verfügbar sind.

Die so gestaltete Chancen-/Risikenteilung ist dann doch, wenn man so will, »Sozialismus für Reiche«[161], d. h. für große Finanzinstitute, die im Niedrigzinsumfeld kaum mehr attraktive Anleihen finden. Staatsanleihen sind eben auch risikobehaftet, wie die Entwicklung in Südeuropa eindrücklich zeigt.

Das Interesse in der Privatwirtschaft an solchen staatlich geförderten Infrastrukturinvestitionen ist zwar nachvollziehbarerweise vorhanden, aber dennoch bei Entscheidungsträgern mit viel Skepsis verbunden. Institutionelle Investoren verlangen Klarheit/Transparenz und nicht zuletzt eine Mindestrendite, die über die derzeit üblichen Niedrigzinsen bei Unternehmensanleihen höchster Bonität hinausgeht, und eine ausreichend hohe geschäftliche Absicherung. Voraussetzung einer erfolgreichen Projektanleihenplatzierung ist daher zumindest ein Investment-Grade-Rating einer international anerkannten Ratingagentur. Darüber hinaus muss das Baukonsortium erfahren sein und frühere Erfolgsbeispiele nennen können. Die möglichst flexible Finanzierung muss Reserven aufweisen. Nicht zuletzt ist die durch die EIB-Garantie erzielbare Ratingverbesserung für die Vermarktung einer Projektanleihe hilfreich, wenn nicht sogar entscheidend.

Private Strassenfinanzierung ist in Deutschland noch ungewöhnlich

Während u. a. in Südeuropa Mautsysteme und die Baufinanzierung von Infrastrukturprojekten mit öffentlich-privaten Partnerschaften (ÖPP) bzw. Public Private Partnerships (PPP) bereits seit Jahren üblich sind, wurde hierzulande mit der LKW-Maut und einzelnen Neubauprojekten mittels ÖPP Neuland betreten. Infrastrukturfinanzierung erfolgte traditionell als eine rein staatliche Aufgabe. Hierfür steht der paternalistische Begriff der Daseinsvorsorge, der bereits vom Staatsrechtler Ernst Forsthoff 1938 geprägt wurde. ÖPPs haben vor diesem Hintergrund im Inland bislang noch kein hohes Ansehen. Sie sind nach Ansicht von Kritikern zu teuer und intransparent, angesichts der niedrigen Zinskosten durch die hohe Bonität des Staats wären Bund und Länder in der Lage, die Finanzierung alleine durchzuführen. Trotz solcher Vorwürfe entschied die Bundesregierung bereits 1992, rechtliche Voraussetzungen für eine private Bundesfernstraßenvorfinanzierung zu schaffen. Das war ein Meilenstein, denn bis dahin galt für das Autobahnnetz uneingeschränkt die Zuständigkeit der öffentlichen Hand. Dahinter stand das Argument der verwaltungsrechtlich vermeintlich erforderlichen Daseinsvorsorge im Rahmen der Grundversorgung mit staatlicher Planung und Alleinfinanzierung.[162]

Das inländische Bahnmonopol verfestigt sich wieder

Angesichts der weiter durch eine Vielzahl nationaler Sondervorschriften bestehenden technischen Umsetzungshemmnisse kann die Bahn ihre Chancen in Europa nicht länderübergreifend nutzen. Während in den USA der Bahngüterverkehr eine große Bedeutung besitzt, ist dieser Markt in Europa noch weitgehend national fragmentiert und trotz vielfältiger Beteuerungen genau dies tun zu wollen, kaum liberalisiert. Dies hat viel mit Nationalismus und mangelndem Vertrauen – zumindest aus geschichtlicher Perspektive – zu tun. So sind die wesentlichen Gleisnetze in der EU größtenteils noch vor dem Ersten Weltkrieg entstanden. Bei dieser historisch gewachsenen Struktur spielten militärstrategische Erwägungen eine oft entscheidende Rolle. So verhindern bis heute unterschiedliche Normen und sogar divergierende Spurbreiten (Osteuropa) den Transport über lange Distanzen, bei dem die Bahn gegenüber dem LKW deutliche Wettbewerbsvorteile hätte.

Bei Forcierung einheitlicher Standards und dem Trennen von Streckennetz und Betrieb könnte hier eine Plattform entstehen, die ein kräftiges Wachstumspotenzial bietet. Mit privatwirtschaftlichen Mautsystemen und Betreibern könnte nach dem Vorbild der Autobahnen das Streckennetz ökonomisch effizienter, transparenter und kundenfreundlicher genutzt werden. Deutschland strebte zwar eine Privatisierung der Bahn an, die sogar einen Gang an die Börse vorsah, führte sie jedoch nicht zu Ende. Bislang hält man auch hierzulande daran fest, Streckennetz und Transportleistungen nicht zu trennen. Die Monopolkommission forderte durch den mangelnden Wettbewerb auf der Schiene in einem im Juli 2015 veröffentlichten Sondergutachten[163] eine Zerschlagung der Deutschen Bahn verbunden mit einer Trennung der Netzaktivitäten (Infrastruktur) von den Transportdienstleitungen. Letztere sollen privatisiert werden. Es wurde auch eine Veräußerung der Logistiktochter DB Schenker Logistics und DB Schenker Rail wurde gefordert. Dennoch fließen weiter jährlich von Seiten der öffentlichen Hand Milliarden für die Erhaltung und den Ausbau des Streckennetzes, dabei ist die Deutsche Bahn im Schienenbereich – Netz und Betrieb – weiterhin nahezu ein Monopolist in Staatshand. Im Güterverkehr beherrscht sie zwei Drittel des inländischen Verkehrs, im Personennahverkehr kommt sie auf 80 Prozent, im Personenfernverkehr fast auf 100 Prozent. Durch die Fernbusse werden die preissensibleren Alternativanbieter im Bahngeschäft aus dem Markt gedrängt. Das Bahnmonopol besteht weiter[164]. Die französische Staatsbahn SNCF betreibt nach fragwürdigem deutschen Vorbild inzwischen auch Streckennetz und Betrieb in einer Hand. Die als ineffizient geltende SNCF schottet sich damit, wie befürchtet, noch mehr ab. Französische Wettbewerber, ohnehin unbedeutend, kritisieren, dass dadurch das Schienennetz nicht mehr neutral ist, so z. B. Albert Alday, Generaldirektor des Bahnbetreibers Thello und Präsident der Bahnvereinigung Afra:

> *»Die französische Bahnreform ist nicht wirklich zukunftsorientiert. Wir haben die Neutralität des Schienennetzes verloren. Die Chinesischen Mauern innerhalb SNCF sind kaum glaubwürdig.«*[165]

Für die Kunden würde ein europaweiter Bahnwettbewerb die Preise bei deutlich vergrößerten Marktvolumina sinken lassen. Eine Privatisierung der Streckennetze und des Betriebs in ganz Europa wäre u. E. für die Deutsche Bahn, aber auch für die SNCF eine große Chance, selbst wenn sie auf inländische Monopolgewinne verzichten müssten. Erste Schritte wurden bereits gemacht. So erfolgte mit der Bahnreform und der Neugründung 1994 eine konsequente Strategie zur Steigerung der Profitabilität – nach hohen Defiziten des Staatsbetriebs. Das Bahnnetz wurde zugunsten von Strecken mit Ertragspotenzialen verlagert, unrentable Strecken geschlossen. Der Staatshaushalt wurde entlastet. Nach wie vor spielen bei dem Bau neuer Trassen regionalpolitische Erwägungen zwar eine große Rolle, der inländische Bahnmonopolist hat aber mit seinen frühzeitigen Reformen eine gute Ausgangsbasis geschaffen, um im künftigen EU-weiten Wettbewerb zu bestehen.

Entscheidend ist unter dem Strich der Konsument, der von mutigen Reformen profitieren würde. Der Wettbewerb auf der Schiene wird die Preise weiter sinken lassen. Ein europaweites Netz ließe sich privatwirtschaftlich gestalten, weitsichtige europäische Politiker sollten hier faire Bedingungen für Betreiber und Kunden sichern. Dies ist für das Zusammenwachsen Europas wichtiger als neue Riesenbudgets – wie von Jean-Claude Juncker vorgestellt –, die von einer EU-Planbürokratie gestaltet werden. Sie laden in einer fragmentierten EU-Infrastrukturwelt förmlich zum Missbrauch von Steuergeld ein und sind Ausdruck der Interessenlagen einer ausufernden Bürokratie und einflussreichen finanziellen Profiteuren aus Politik und Wirtschaft. Die somit geschaffene »organisierte Unverantwortlichkeit«[166] hat schon bei der vermeintlichen Euro-Rettung viel Schaden angerichtet. Das klare marktwirtschaftliche Prinzip von Entscheidung und Haftung muss auch für EU-Politiker gelten. Statt Mikrosteuerung sollten sie faire Regeln setzen und bei Verstößen wie ein Schiedsrichter agieren. Das Zusammenwachsen Europas erfordert die Überwindung nationaler Infrastrukturschranken, die oft nur Schutz vor Wettbewerb bei veralteten Zügen und schlechtem Service bedeuten. Die Europäer würden als Bürger und als Konsumenten davon profitieren.

Die inländische Energiewende ist nicht europakonform (Ulrich Horstmann)

Die Energiekosten sind in Deutschland trotz des inzwischen eingetretenen Ölpreisverfalls nach wie vor viel zu hoch, vor allem durch hohe Abgaben und Steuern (Beispiel Mineralölsteuer!). Marktmechanismen wurden planwirtschaftlich außer Kraft gesetzt. Die von der Politik eingeleitete Energiewende traf nicht nur die Verbraucher, sondern hat auch die Geschäftsmodelle traditioneller Energieversorger deutlich verändert. Dies zeigt sich auch anhand der Börsenkursentwicklungen. Schauen wir uns die deutschen Versorger E.ON und RWE an. Noch im Januar 2008 notierte die E.ON-Aktie bei fast 150 Euro, heute bei unter 9 Euro. Bei RWE zeigt sich ein ähnliches Bild. Im Dezember 2007 erreicht der Kurs nahezu 100 Euro, heute liegt der Preis lediglich bei knapp über 10 Euro.

Was ist zwischenzeitlich passiert?

Mit dem Ende der bisherigen Absatzgarantie für Strom aus erneuerbaren Energien[167] haben gesetzgeberische Änderungen die Rahmenbedingungen dramatisch verändert. Die auch juristisch fragwürdige Neuregelung erfolgte zu Lasten der Verbraucher und der konventionellen Stromerzeuger E.ON und RWE. Dann kam überraschend noch eine weitere Zäsur, die die Wertvernichtung nachhaltig verschärfte. Nachdem zuvor Laufzeitverlängerung durchgesetzt waren, wurde der Unfall in Fukushima zum Anlass für einen kompletten Richtungsschwenk im März 2011 genommen. Zunächst wurde der Beschluss über die Laufzeitverlängerung für drei Monate »ausgesetzt«[168]. Einen Tag später folgte Kanzlerin Merkels Mitteilung, dass die sieben ältesten Reaktoren in Deutschland während des dreimonatigen Moratoriums abgeschaltet werden sollten.[169] Diese plötzlich getroffenen Entscheidungen waren ebenfalls rechtlich und fachlich fragwürdig. Für die beiden Versorger E.ON und RWE hatten diese Interventionen enteignenden Charakter. Neben den Konsumenten, die mehr für Strom zahlen müssen, gehörten auch Anleger zu den großen Verlierern, dabei auch viele Kleinaktionäre, die im Vertrauen auf eine berechenbare Politik ihre Altersvorsorge sichern wollten. E.ON- und RWE-, früher Volksaktien bzw. »Witwen- und Waisenpapiere« mit stabilen Dividenden, gerieten in Verruf wie die Telekom- oder T-Aktie nach dem Börsengang 1996[170] oder die 2009 von der Börse genommene und verstaatlichte Hypo Real Estate, wodurch die Aktienkultur in Deutschland nachhaltig geschädigt wurde. Der Staat hielt sich hier an Bürgern und Konsumenten schadlos, deren Interessen zu schlecht organisiert sind.

Das zeigt sich auch bei einer möglichen neuen Steuer: Das Mineralölsteueraufkommen sinkt, und schon forderte Finanzminister Schäuble im Januar 2016 eine Benzinsteuer als erste europäische Zentralsteuer zur Finanzierung der Kosten, die durch die Versorgung der Flüchtlinge entstehen. Die EU-Kommission unterstützt den Vorschlag, und sie könnte so erstmals über eine eigene Steuerhoheit verfügen und damit das parlamentarische Königsrecht der Nationalstaaten relativieren.[171] Neue Steuern – das zeigt die Erfahrung – werden in der Regel nicht abgeschafft und bei wieder steigenden Energiekosten wird ihr persönlicher finanzieller Spielraum noch geringer. Irgendwann wird der Ölpreis wieder markant steigen – geopolitische Konflikte gibt es genug, die zu neuen Lieferengpässen führen können – und unsere Politiker werden die Energiewende wieder als einzigartig, vorausschauend und umweltschonend darstellen. Über die Quecksilber emittierenden und als »CO_2-Schleudern« geltenden Kohlekraftwerke (inklusive der landschaftsverschandelnden Braunkohleförderung), die die stillgelegten Atomanlagen in der Grundlastversorgung ersetzen müssen, wird regierungsamtlich wenig berichtet, auch davon nicht, dass das vielversprechende Desertec-Projekt (Solarstromerzeugung in Nordafrika) – Max Otte wies bereits darauf hin – inzwischen beerdigt wurde. Dies zeigt, bei der Energiewende läuft viel schief.

Die Energiewende ist nicht europakonform

Die inländische Energiepolitik ist nachhaltig ungünstig für Aktionäre, Steuerzahler und nicht zuletzt für die Verbraucher (die hauptsächlich zur Kasse gebeten werden und die Industrie quersubventionieren). Sie ist auch nicht europakonform, obwohl es hier naheliegend wäre. Eine Wende zur Vernunft ist nicht in Sicht, selbst im übrigen Europa ist ein solcher Gesetzeswirrwarr und planwirtschaftlicher Dogmatismus nicht anzutreffen. Frankreich setzt weiter auf die Co2-vermeidende Kernkraft und sichert sich einen Energiekostenvorteil, der den Wettbewerb zu Lasten Deutschlands verzerrt. Die hohen Kosten für die Energiewende werden schon bald wieder in den Vordergrund rücken, auch wenn in den Medien derzeit andere Themen im Fokus stehen. Die sind auch nicht immer ermutigend.

Die Perspektiven sind aber auch deswegen nicht gut, weil sich Zukunftsvertrauen nicht von oben diktieren lässt, mit neuen Steuern schon gar nicht. Wenn der inländische Exportmotor stockt, wird auch die Finanzierbarkeit der »Energiewende ins Nichts«[172] diskutiert werden müssen. Die hochsubventionierte Energiewende in Deutschland ist fragwürdiger denn je und die häufigen grün-verpackten Desinformationen hierzu sind besorgniserregend. Die Verbraucher und Steuerzahler sollen den Umverteilungsirrsinn finanzieren – solange sie es sich gefallen lassen.

Energiebranche als »Digitalisierungsvorreiter«?

Die Energiebranche könnte trotz der Kritik an der Umverteilung zu Lasten der Verbraucher zu einem »Digitalisierungsvorreiter« im Vergleich zu anderen Schlüsselbranchen avancieren.[173]

Angebot und Nachfrage würden dann künftig digital erfasst werden, um die komplexere Struktur aus den erneuerbaren (Wind-, Solar-, Biomasse-)Anlagen und lokalen Blockheizkraftwerken zu erfassen (neben den noch bestehenden Atommeilern und den kohlebefeuerten Einrichtungen, die die Grundlast absichern).

Als Gründe für das umfassende Digitalisierungsvorhaben werden die Schwankungen der Stromproduktion durch die »Erneuerbaren«[174] und u. a. die Umsetzung einer EU-Richtlinie zur flächendeckenden Digitalisierung genannt. Erforderlich wird dann auch ein sogenannter »Smart Meter«, das in Echtzeit den Verbrauch der Haushalte meldet und die älteren analogen Anlagen ersetzt.

Die Forcierung erneuerbarer Energien beabsichtigt auch eine Dezentralisierung, die durch die Vielzahl lokaler Einrichtungen möglich ist. Eine solche Dezentralisierung ist zur Einsparung von Ressourcen sinnvoll und findet auch in der bayerischen Politik Unterstützung. Stattdessen setzt das Bundesministerium eher auf eine zentrale Steuerung mittels weniger Großbetreiber des Verteilnetzes. Verbraucherschützer kritisieren jedoch die mangelnde Wahlfreiheit der Konsumenten.[175]

Was jetzt zu tun ist

Wie man es dreht und wendet, die inländische Energiewende ist mit großen Mängeln behaftet. Die neue Digitalisierungsoffensive des Bundes könnte statt zu mehr Flexibilität nur zu noch mehr dirigistischer Lenkung und Umverteilung führen. Statt der Schaffung neuer bürokratischer Monster sind in den Worten Martin Zeils, des ehemaligen bayerischen Wirtschaftsministers, folgende Schritte notwendig:

> *»1. Sofortige Aussetzung des Erneuerbare-Energien-Gesetzes (EEG): Das EEG ist untauglich zur Steuerung einer marktwirtschaftlich ausgerichteten Energiewende, die EEG-Reform*

der Bundesregierung ist schon gescheitert, bevor sie in Kraft ist. Ich verweise insoweit auf die Empfehlungen des Sachverständigenrates der Bundesregierung zur Begutachtung der gesamtwirtschaftlichen Lage vom Frühjahr dieses Jahres. Der Kapazitätsausbau bei den Erneuerbaren liegt bereits jetzt über der aktuellen Zielmarke. Denn weder gibt es im EEG eine Obergrenze des Subventionsvolumens, noch steuert es den Ausbau nach marktwirtschaftlichen Kriterien. Solange der Netz- und Speicherausbau nicht vorankommt, gefährdet das EEG aber die Versorgungssicherheit, treibt die Stromkosten für Verbraucher und Wirtschaft in die Höhe und begünstigt die schleichende Deindustrialisierung in Deutschland, leistet aber keinen Beitrag zur CO_2-Reduzierung.

Das EEG hat außerdem zu einer Kultur des Anspruchsdenkens gegen den Staat geführt, auf dem viele Geschäftsmodelle mit regenerativen Energien basieren, wobei die Kosten auf die Verbraucher, die Gewerbetreibenden und die Wirtschaft überwälzt werden.

Dies gilt, bis Markt- und Netzintegration beim Zubau von erneuerbaren Energien gesichert sind.

Schon heute ist eine Einspeisevergütung für neue Photovoltaik- und Windenergieanlagen an Land an geeigneten Standorten nicht mehr notwendig. Derartige Anlagen können auch ohne Einspeisevergütung wirtschaftlich betrieben werden. Deshalb ist diese Förderung schnellstens einzustellen.

Für die restlichen Förderstrukturen gemäß EEG ist ein Plan zu entwickeln, nach dem die Einspeisevergütungen in einem mittelfristigen Zeitrahmen auslaufen können. Dabei ist die ›Lernkurve‹ bei Forschung und Entwicklung der jeweiligen Technologien ein wichtiges Kriterium. Weitere Unterstützung soll nur noch nach dem Grundsatz der Technologie-Förderung bis zum Erreichen der Marktreife, finanziert aus Steuermitteln, für einen überschaubaren Zeitraum gewährt werden.

2. Umstellung des noch laufenden Fördersystems für erneuerbare Energien auf ein Quotenmodell, mit dem Energieversorger *gesetzlich verpflichtet werden, einen regelmäßig steigenden Anteil aus erneuerbaren Energien zu Marktpreisen zu beziehen. Energieversorger sollen künftig gesetzlich verpflichtet werden, einen regelmäßig ansteigenden Anteil aus erneuerbaren Energien bzw. CO_2-frei-reduziert erzeugtem Strom aus ihrem Produktionsmix zu liefern. Anhand sogenannter Grünstromzertifikate, die an die Erzeuger CO_2-freier-reduzierter bzw. erneuerbarer Energie ausgegeben werden, wird dieser Anteil nachgewiesen. Diese werden auf einem eigenen Markt gehandelt und garantieren den Zuwachs einer kontinuierlich wachsenden Menge an CO_2-freier-reduzierter Energie. Der hieraus entstehende Preis für die Zertifikate entspricht einer effizienten Förderhöhe, da er durch die regulären Mechanismen der Preisbildung ermittelt wird. Jährlich werden die verwendeten Zertifikate zu einem Stichtag gelöscht. Nicht verwendete Zertifikate bleiben gültig. Für nicht erreichte Quoten fällt ein Preis in Höhe von 150 Prozent des durchschnittlichen Zertifikatpreises an.*

3. Ausschreibung von Versorgungssicherungsverträgen im Rahmen eines sogenannten ›Kapazitätsmechanismus‹, durch den die Betreiber von modernen Gaskraftwerken oder eines größeren Verbunds von Biogasanlagen eine Vergütung dafür erhalten, dass sie eine jederzeit abrufbare, gesicherte Leistung zur Verfügung stellen. Nur so können dringend notwendige Investitionen in neue Kraftwerke jetzt erfolgen und die gefährliche Abhängigkeit von Importen aus dem Ausland verringert werden.

4. Bis zur Neuentwicklung eines europatauglichen Förder- und Marktdesigns nach marktwirtschaftlichen Prinzipien für die erneuerbaren Energien werden die Kosten für den Kapazitätsmechanismus durch eine Beteiligung der Bestandsanlagen, die nur schwankenden und keinen grundlastfähigen Strom liefern, sowie durch eine bedarfsgerechte Ausgestaltung des Einspeisevorrangs finanziert.

5. Sofortige Verabschiedung des Gesetzes zur steuerlichen Förderung der energetischen Gebäudesanierung. Das Thema ›Ener-

gieeinsparung‹ besonders im Gebäudebereich kommt bisher viel zu kurz.

6. Massive Aufstockung der Mittel auf Bundesebene zur Erforschung von Speichertechnologien nach dem Beispiel der früheren schwarz-gelben Staatsregierung. Nur wenn es gelingt, neue Technologien zur Speicherung von Strom sowie intelligente Netze zu entwickeln, wird der Übergang in ein Energiezeitalter ohne fossile Brennstoffe gelingen.

7. Schneller Abschluss des Erkundungsverfahrens für ein Endlager für Atomabfälle. Kein Bundesland kann und darf sich aus dieser Debatte ausklinken, jedes Bundesland muss grundsätzlich bereit sein, ein solches Lager aufzunehmen. Die Lager müssen so ausgestaltet sein, dass der Abfall jederzeit rückholbar ist. Gorleben war insoweit ein Sündenfall aller dafür verantwortlichen Regierungen. Endlagerung ohne Rückholbarkeit ist eine schwere Verfehlung gegenüber den kommenden Generationen. Unser Ziel muss sein, in internationaler Zusammenarbeit und Forschung, Technologien zu entwickeln, die den gelagerten Abfall unschädlich machen.

8. Als kurzfristige Maßnahme wird die Stromsteuer – jährlich rund sieben Milliarden – in dem Maße gesenkt, wie die EEG-Umlage steigt. Dies würde zu einer kurzfristigen Strompreisbremse führen.

Es ist sehr spät, aber nicht zu spät, die Energiewende auf ein solides Fundament zu stellen, und das geltende System der Planwirtschaft schrittweise in ein europataugliches, marktwirtschaftliches System zu überführen. Das erfordert Mut, Weitsicht und Kreativität – alles Eigenschaften, die den handelnden Politikern auf Bundesebene 2011 gefehlt haben.

Wenn wir bereit sind, wenigstens heute danach zu handeln, dann kann aus dem Abenteuer doch noch eine Chance werden.«[176]

Chancen durch die Digitalisierung in Europa (Ulrich Horstmann, Stephan Werhahn)

Die Digitalisierung der Wirtschaft schreitet voran und zeigt inzwischen genau das, was Joseph Schumpeter »kreative Zerstörung«[177] nannte. Mit der »kreativen Zerstörung« in seinem Sinne werden alte, überkommene Strukturen durch neue ersetzt, die den sich verändernden Konsumbedürfnissen besser entsprechen. Dabei werden Daten ein immer wichtigerer »Rohstoff«. An der Börse hat man dies längst erkannt, was zu entsprechend hohen Bewertungen von US-Internetunternehmen wie Apple, Amazon, Facebook oder Google führte. Angesichts der enormen Marktkapitalisierung könnten sie inländische Industrieunternehmen – auch die Fahrzeughersteller – aus der Portokasse heraus kaufen, wenn sie dies wollten. Liquidität ist leicht beschaffbar. Goliath würde auf David treffen, so stark haben sich die Gewichte bereits verschoben. Industrielle Kompetenz ohne digitales Knowhow ist billig zu erwerben. Die Sorge, hier abgehängt zu werden, erklärt nicht zuletzt die inländische Aufholjagd in der Industrie, die landläufig mit dem Schlagwort »Industrie 4.0« verbunden wird.

Ein selbstfahrendes Google-Auto würde den Automobilmarkt beispielsweise aufrollen können. Apple könnte ebenfalls ein fahrerloses Elektroauto entwickeln, das in den nächsten Jahren – ggf. als iCar bezeichnet – den etablierten Herstellern den Fahrzeugmarkt streitig macht. Noch ist das Rennen offen. Klar ist dabei: Den Onlinegesellschaften geht es nicht in erster Linie um den technischen Fortschritt im Automobilbau, sondern um die zusätzliche freie Zeit der User in einem selbststeuernden Fahrzeug. Auch die Bewegungsdaten sind wertvoll. Ein führender und besonders bekannter Datensammler ist die bereits genannte US-Firma Google bzw. seit 2015 Alphabet (inzwischen ist Google im Zuge einer Restrukturierung Tochtergesellschaft der börsennotierten Holdinggesellschaft Alphabet). Um zu erkennen, dass die Daten, die wir als Internetuser produzieren, einen hohen strategischen Wert haben, ist folgendes Zitat von Alphabet Chairman Eric Schmidt aufschlussreich:

> *»Wir wissen, wo du bist. Wir wissen, wo du warst. Wir wissen mehr oder weniger, was du gerade denkst«*[178]

Vor diesem Hintergrund ist für Unternehmen ohne digitale Kompetenz eine Überprüfung des eigenen Geschäftsmodells mit folgenden Fragestellungen sinnvoll: Sind die bestehenden Eintrittsbarrieren, die vor ruinösem Wettbewerb schützen sollen, groß genug? Zur Vermeidung plötzlicher Geschäftseinbrüche wird daher von Beratern empfohlen, alle wesentlichen Wertschöpfungsprozesse in der eigenen Firma infrage in Frage zu stellen und einen Angriff auf das bestehende eigene Geschäftsmodell zu simulieren.[179] Auch Verschlüsselungstechnologien gewinnen durch steigende Cyberangriffe an Bedeutung. Das Lahmlegen des Datennetzwerkes des Bundestags im letzten Jahr war ein Weckruf.[180]

Beispiele für sonstige abrupte Veränderungen durch die Digitalisierung gefällig? Die gibt es zuhauf. Innovationen prägten schon immer freiheitliche Gesellschaften, die Wettbewerb zulassen. Als eine mögliche Innovation kann man hier das neue dreidimensionale Drucken anführen. Noch ist unklar, was passiert, wenn 3-D-Drucker in der Breite erschwinglich werden. Mit 3-D-Druckern könnte die Produktion stärker individualisiert werden. Die klassische Massenfertigung würde dann noch mehr als bisher auf dem Prüfstand stehen.

Disruptive Veränderungen sind auch in der Energiewirtschaft möglich. Das Netzmonopol der klassischen Versorger könnte durch monopolnahe Informationsplattformen ersetzt werden, wodurch neue Handelsplätze geschaffen werden könnten. Die Guidelines von Google ersetzen dann möglicherweise nach und nach die bisher als fair eingeschätzten, gesetzlichen Regelungen.[181] Konkretes Anwendungsbeispiel Smart Homes: Technische Verfahren zur verbesserten Sicherheit und zu effizienterem Energieverbrauch in Häusern und Wohnungen werden seit

Jahren diskutiert und sind zunehmend marktreif. Die möglichst vollkommene Vernetzung aller Geräte und ihre Steuerbarkeit stehen im Fokus. Die Automatisierbarkeit vieler Systeme schließt Haustechnik und sämtliche Haushaltsgeräte sowie Unterhaltungselektronik mit ein.

Auch in der Logistik sind die Daten zunehmend wichtig. Das möglichst intelligente Bündeln und Verteilen von Warenströmen mitsamt den dazugehörigen Informationen steht dabei im Vordergrund. Die Kundendaten werden dabei zum zentralen »Rohstoff« der zunehmenden Digitalisierung. So hat z. B. der Onlinehändler Amazon nicht nur durch seine logistische Kompetenz, sondern auch durch die zielgerichtete Kenntnis der Kundenwünsche eine extrem starke Marktpositionierung erzielen können. Das Management der Kundendaten– deren Auswertung und geschäftsoptimierende Anwendung – wird zu einem Schlüsselfaktor im Wettbewerb.

Banken setzen seit Jahren auf die Digitalisierung, die in einigen Jahren auch die Abschaffung des Bargelds implizieren könnte. Die flächendeckende Durchsetzung von Negativzinsen und Transaktionsgebühren sind mögliche kommerzielle Treiber. Wenn die Alternative der Bargeldhaltung und -zahlung nicht mehr besteht, ist eine unauffälligere Umverteilung und eine Steuererhebung in Kooperation mit dem Fiskus machbar. Bis es so weit kommt (wenn überhaupt), werden den Kunden die Bequemlichkeitsvorteile einer bargeldloseren Welt vermittelt, wie dies bereits seit Jahren die Kartendienstleister tun.

So schreitet die Digitalisierung auch hier voran und macht dies und anderes möglich. So prüfen Banken auch zunehmend die Nutzung der Blockchain-Technologie. Durch Verschlüsselung für Dritte gesperrt, erlaubt die neue Technologie transparente Transaktionen, auch völlig unabhängig von dem Einsatz von Bitcoins.[182]

Dies zeigt, die Digitalisierung hat Vor- und Nachteile, die abzuwägen sind. So ist der mit ihr einhergehende »gläserne Bürger« und auch »gläserne Zahler« längst keine Utopie mehr.[183] Aus Sicht der Konsumenten, die ihre fünf Sinne nur eingeschränkt nutzen können, ist die Gefahr einer kommerziellen Schlechterstellung durch Desinformation zu befürchten, die im Extrem eine »digitale Knechtschaft« ermöglichen kann.[184]

Andererseits: Geschäfte im Internet boomen, Mobiltelefone werden zu Allroundgeräten in einer vernetzten Welt. Verlieren wird der klassische Einzelhandel, Bankfilialen verlieren an Bedeutung. **Wer sich nicht anpasst, wird keine Märkte mehr finden.**

Die Digitalisierung ist in unserer Gesellschaft nicht mehr wegzudenken und sie macht vieles im Alltag leichter und bequemer. Man denke nur an die vielen neuen Apps, die unsere begeisterte Aufmerksamkeit finden und bereits den Alltag prägen.

Nun könnte Politik den Mahnern folgen, die – wie früher die Maschinenstürmer – den Fortschritt bremsen wollen. Ein solches Verhalten ist jedoch fragwürdig, Bestandschutzgesetze werden von Lobbyisten schnell gefordert. Die vernetzte Welt bietet vielfältige Lösungen, auch um die Zukunft wieder auf dem festen Boden freiheitlicher und demokratischer Werte zu gestalten, wenn dazu politisch der Wille besteht. Die Vergangenheit hat längst gezeigt, dass es nicht viel hilft, an alten und »aussterbenden« Industrien mit Zwang festzuhalten.

Kreativität, Meinungsfreiheit und Demokratie sind untrennbar miteinander verbunden. Diese zu sichern bildet den Kompass für innovative Gesellschaften, aber nicht das sich »Klammern« an eine Vergangenheit, die oft im Nachhinein beschönigend dargestellt wird. Es ist daher wichtig, die echten Chancen der vernetzten Welt zu nutzen und sie eben so zu gestalten, dass Freiheit, Demokratie und Wettbewerb nicht nur erhalten werden können, sondern sich durchsetzen und weiterentwickeln können.

Für den Verbraucher bleibt vor allem wichtig: Faire Wettbewerbsregeln, die die Monopolmacht vermeiden, und die Sicherung des Datenschutzes müssen als wichtige Ordnungsprinzipien – möglichst international – formuliert und eingehalten werden.

Das mag utopisch klingen, ist aber dennoch richtig, wenn die digitale Welt nach den Prinzipien der Sozialen Marktwirtschaft funktionieren soll. Dann bieten sich auch hier, ganz im Sinne Ludwig Erhards, auch für kleine, innovative Mittelständler neue Expansionsfelder.

Das Werben für das Tolerieren von neuen digitalen Monopolen ist kritisch zu hinterfragen.[185] Innovationen sind zu schützen, dies ist auch unseres Erachtens richtig und zumindest in der westlichen Welt unumstritten. Das Patentrecht sichert temporäre Monopolgewinne. Wenn aber neue digitale Plattformgesellschaften mit Tochtergesellschaften ihre Datenmacht marktwidrig dauerhaft nutzen und ihre Monopolstellung missbrauchen, ist eine möglichst wirkungsvolle Kartellregelung notwendig. Hier wären international verbindliche Vorgaben sinnvoll, die den Marktanteil nach oben begrenzen. Gleichzeitig könnte man versuchen zu verhindern, dass Marktmacht subventioniert wird. Irland hat sich als Niedrigsteuerstandort für US-Internetunternehmen etabliert. Dies wird zu Recht kritisiert. Es sollte daher – international abgestimmt – zur Begrenzung von zu großen wirtschaftlichen Machtpositionen im Digitalbereich eine progressiv steigende Besteuerung erfolgen. Dies ist zwar schwer umsetzbar, würde aber die erhöhte Ertragskraft zur Finanzierung öffentlicher Haushalte nutzen, die bekanntermaßen hochverschuldet sind.

Alphabet, vormals Google, hat z. B. im Suchmaschinengeschäft weltweit bereits eine monopolähnliche Stellung, die höher besteuert werden könnte. Es ist derzeit nicht absehbar, dass diese dominante Marktposition durch eine neue disruptive Veränderung, die die bestehende Technologie ersetzt, verschwindet. Dann droht der Verlust von Freiheit, vor allem wenn Netzgiganten dann auch noch mit Regierungen kooperieren, die totalitär sind und die bürgerlichen Freiheiten nicht achten.[186] Trotz dieser ernst zu nehmenden Gefahren ist eine innovationsfeindliche Überregulierung das andere Extrem, dem oft sozialistisch paternalistische Denkmuster zugrunde liegen. Denn die digitalen Anbieter können darauf verweisen, dass die Kunden ihre Daten ja »freiwillig« überlassen. Sie sind seit Jahren daran gewöhnt, Google zu nutzen. Die Kundenbindungsversuche der Anbieter gelingen. Sie sind kartellrechtlich nicht zu beanstanden, wenn keine unfaire Manipulation gegenüber Wettbewerbern erfolgt und die Kunden transparent informiert wurden. So ist das aktuelle Kundenbindungsprogramm des US-Kaffeeanbieters Starbucks mit über zehn Millionen Kunden, das über eine Karte und eine

Mobiltelefon-App läuft, sehr erfolgreich. Inzwischen ist es bereits möglich, den Kaffee vorzubestellen, um Wartezeiten zu verringern, künftig werden auch andere Waren vorab bestellbar sein.[187] Die Digitalisierung ermöglicht so innovative Geschäftsmodelle mit neuen loyalen Kunden, Konkurrenten wie McDonald's werden herausgefordert.

Auch der Erfolg des aus arbeitsrechtlichen Gründen (Lohndumping) kritisierten Onlinehändlers Amazon profitiert vom bequemen Ablauf des Einkaufs zu Hause oder über Smartphone und von loyalen Kunden. Der stationäre Handel muss sich weiter auf einen beinharten Wettbewerb einstellen. Im Internet, das müssen wir wohl akzeptieren, sind wir als Nutzer manipulierbarer denn je. Die mögliche Desinformation ist insofern problematisch, da – wie bereits erwähnt – unsere fünf Sinne, die auch ein kritisches Urteil erlauben, zu wenig zum Zuge kommen, während die Anbieter professionell agieren. Da bietet aus Kundensicht das klassische Einkaufserlebnis auf Obst- und Gemüsemärkten hierzulande oder auf Basaren im Orient mehr.

Dabei gilt dennoch: Die Konservierung des Bestehenden ist in einer Welt des globalen Wettbewerbs um die besten Ideen immer ein Rückschritt. Immer besser zu werden, alles zu hinterfragen, war immer das Motto erfolgreicher Gesellschaften und Unternehmen. Dieser ständige Erneuerungsprozess fußt auf dem Konsens des »Fair Play«, den bereits der viel zitierte Urvater der Marktwirtschaft, Adam Smith (1723–1790), unterstellte. Wettbewerbs- und Freiheitssicherung muss heute dazukommen. Adam Smith formulierte in seinem Vortrag »Das liberale Manifest« 1755:

> *»Menschen werden üblicherweise von Staatsmännern und Projektemachern als Material einer Art politischer Mechanik betrachtet, obwohl nichts anderes erforderlich ist, als die Natur sich selbst zu überlassen, damit sie ihre eigenen Ordnungen verwirklichen kann. Um einen Staat aus niederstem Barbarismus zu höchstem Reichtum zu führen, bedarf es kaum etwas außer Frieden, mäßigen Abgaben und einer erträglichen Handhabung der Gerechtigkeit. Alles andere bringt der natürliche Lauf der Dinge mit sich. Jede Regierung, die diesem natürlichen Lauf*

entgegenarbeitet, die Dinge in eine andere Richtung zwingt oder die bestrebt ist, den Fortschritt des Gemeinwesens an einem bestimmten Punkt aufzuhalten, muss zwangsläufig, um sich selber zu erhalten, unterdrückend und tyrannisch sein.«[188]

Ein Programm für moderne Maschinenstürmer ist das nicht. Planwirtschaftlich überregulierende, oft zu stark den Interessen großer Netzmonopolanbieter (und damit der Ausschaltung von Wettbewerb) folgende Politiker müssen die Schranken erkennen: Zu viel Regulierung zerstört die Bildung neuer Alternativmärkte und damit freiheits- und wohlstandssichernden Wettbewerb.

Die Demokratie als bürgernahe Gestaltung der Gemeinschaftslösung muss immer wieder neu entdeckt und gesichert werden. Sie sollte auf gar keinen Fall den Interessenverbänden überlassen werden. Gerade hierfür bietet das Internet – und damit das Digitalisierungszeitalter – eine wichtige Informations- und Meinungsaustauschplattform und die Möglichkeit zur verstärkten Teilhabe und »Einmischung« der Bürger. **Das Schlagwort »Industrie 4.0« ist unseres Erachtens zu Recht ein Hoffnungsträger.**

Was sollte die »Digitalmacht Europa« tun?

Europa hat im Vergleich zu den USA keine Unternehmen wie Microsoft, Apple oder Alphabet (vormals Google), die das Entwicklungstempo in der digitalen Welt bestimmen. Dies gilt auch für China, dort steht die digitale Wirtschaft nach wie vor unter staatlicher Protektion. Europa hat allenfalls eine SAP – selbst zunehmend von dem US-Geschäft geprägt – und eine große Anzahl von kleinen »Hidden Champions«, die das Bild prägen. Wie schnell Firmen in bestimmten Segmenten abgehängt werden, zeigten Nokia oder auch Siemens, die im Smartphonegeschäft keine Rolle mehr spielen.

Auch eine vermeintlich kreative Förderpolitik kann so ein Scheitern nicht verhindern. Eine staatliche Wachstumsförderungspolitik nach der Rasenmähermethode oder zugunsten von Großunternehmen ist daher abzulehnen. Immer besser werden, das können innovative und damit häufig auch erfolgreiche Unternehmen selbst. Gleichzeitig gilt: Auch das Scheitern gehört zu einer funktionierenden Marktwirtschaft. Der neue Versuch, es besser zu machen, auch. Hier sollte man den amerikanischen Pioniergeist als Vorbild erkennen. Sozialistische Planung von oben, wie bisher in Europa nicht unüblich, kann dies nicht ersetzen.

»Kreative Zerstörung« zulassen bei fairen ordnungspolitischen Regeln

Das Scheitern der vielen staatlich geförderten neuen »Silicon Valleys« außerhalb Kaliforniens ist eine Warnung. Für kreative Innovationen müssen auch die mentalen Rahmenbedingungen stimmen. Der Staat kann hier allenfalls »Steigbügelhalter« sein. Durch die passende Bereitstellung von Infrastruktur und Plattformen, auf denen sich Märkte entwickeln können, wird der Wettbewerb angefacht. Er ist – unmissverständlich – heute nur global denkbar. Auch hier ist das Setzen sinnvoller Standards zur Belebung neuer Märkte wichtig. So kann – so verstanden – das transatlantische Freihandelsabkommen TTIP ebenfalls dazu beitragen, diese verstärkt auch international zu setzen. Wichtig und entscheidend wird die Art der Umsetzung sein. Denn ein neuer Bilateralismus – d. h. Abmachungen zwischen Teilregionen – dann möglicherweise auch zu Lasten Dritter, die nicht am Abkommen teilnehmen, können kein Leitbild sein. **Der internationale Freihandel muss das Ziel sein, ohne Sonderregelungen und Privilegierungen.**

Sektorale Aspekte einer europäischen Verfassung (Ulrich Horstmann, Stephan Werhahn)

Die Wichtigkeit einer gemeinsamen Außen- und Sicherheitspolitik hat nicht zuletzt der Anschlag in Paris im November 2015 gezeigt. Die Massenimmigration aus Krisengebieten wie Syrien ebenfalls. Eine europäische Verfassung muss hier klarer als bisher auf eine enge Abstimmung setzen, wozu auch die gemeinsame Sicherung der Außengrenzen gehört. Grundsätzliche ordnungspolitische Regelungen zum Wettbewerb, Handelspolitik oder Währungsgestaltung unterliegen der ausschließlichen Zuständigkeit der Union.

Zuständigkeitsbereiche der Union und der Mitgliedstaaten nach dem Vertrag von Lissabon 2007

Ausschließliche Zuständigkeit der Union, Art. 2b	**Geteilte Zuständigkeit zwischen Union und Mitgliedstaaten, Art. 2c**	**Koordinierung der Wirtschafts- und Beschäftigungspolitik, Art. 2d**	**Gemeinsame Außen- und Sicherheitspolitik, Art. 2a**	**Unterstützungs-, Koordinierungs- und Ergänzungsmaßnahmen, Art. 2e**
Zollunion	Binnenmarkt	Grundzüge der Wirtschaftspolitik	Erarbeitung und Verwirklichung einer gemeinsamen Außen- und Sicherheitspolitik	Schutz und Verbesserung der menschlichen Gesundheit
Wettbewerbsregeln	Sozialpolitik	Leitlinien der Beschäftigungspolitik	Schrittweise Festlegung einer gemeinsamen Verteidigungspolitik	Industrie
Währungspolitik	Wirtschaftlicher, sozialer und territorialer Zusammenhalt	Initiativen zur Koordinierung der Sozialpolitik		Kultur

Ausschließliche Zuständigkeit der Union, Art. 2b	Geteilte Zuständigkeit zwischen Union und Mitgliedstaaten, Art. 2c	Koordinierung der Wirtschafts- und Beschäftigungspolitik, Art. 2d	Gemeinsame Außen- und Sicherheitspolitik, Art. 2a	Unterstützungs-, Koordinierungs- und Ergänzungsmaßnahmen, Art. 2e
Meeresschutz	Landwirtschaft/ Fischerei (ohne Meeresschutz)			Tourismus
Gemeinsame Handelspolitik	Umwelt			Allgemeine und berufliche Bildung, Jugend und Sport
Abschluss internationaler Übereinkünfte (unter bestimmten Bedingungen)	Verbraucherschutz			Katastrophenschutz
	Verkehr			Verwaltungszusammenarbeit
	Transeuropäische Netze			
	Energie			
	Raum der Freiheit, der Sicherheit und des Rechts			
	Gemeinsame Sicherheitsanliegen im Bereich der öffentlichen Gesundheit			
	Forschung und Entwicklung/ Raumfahrt (gemeinsame Programme/ Maßnahmen)			
	Entwicklungszusammenarbeit und humanitäre Hilfe			

Eine geteilte Zuständigkeit zwischen Union und Mitgliedstaaten ist derzeit z. B. in der Energiepolitik vorgesehen. In nationaler Hinsicht sind nach wie vor diametral gegenläufige Sichtweisen vorherrschend. So setzt Frankreich nach wie vor auf die Grundversorgung durch die Kernenergie, während im Inland die regenerativen Energien – Wind- und Sonnenenergie – (bei schwankender Energiegewinnung im Gegensatz zu Großkraftanlagen) im Vordergrund stehen. Die Energiewende ist ein nationaler Alleingang Deutschlands.

Auch die Bereiche Verkehr und transeuropäische Netze unterscheiden sich nach Mitgliedstaaten sehr deutlich, auch hinsichtlich der Finanzierung, wie bereits beschrieben. Soll Europa wirklich stärker zusammenwachsen, ist der Ausbau der Infrastruktur einschließlich digitaler Netze bei möglichst einheitlichen Regeln eine notwendige Grundlage.

Ansonsten steht der Anwendung des Subsidiaritätsprinzips grundsätzlich nichts entgegen. Die Beschäftigungs- und Sozialpolitik beispielsweise sollte nicht zu zentralistisch verordneten Mindeststandards führen, die den Wettbewerb strangulieren. Dann hätten südeuropäische Anbieter und ihre Arbeitnehmer unter Umständen noch geringere Wettbewerbschancen, wodurch der Druck weiterer Nord-Süd-Transfers verstärkt würde. Die südlichen EU-Staaten weisen bereits jetzt schon durch den derzeitigen Euroverbund eine viel zu hohe Arbeitslosigkeit, vor allem bei Jugendlichen, auf.

Inzwischen besteht die Gefahr, dass die jetzige »De-facto-Transferunion« der von Prof. Sinn bereits 2005 kritisierten Sozialunion, die in der EU-Verfassung vorgesehen war, ähnelt.[189] Die Bekämpfung von Armut und die Solidarität werden jetzt vordergründig gefordert, gleichzeitig werden – wie bei der Finanzierung der neuen Bundesländer – neue Dauersubventionstatbestände für südeuropäische Staaten geschaffen. Gerlinde Sinn und Hans-Werner Sinn, Autoren des Buchs »Kaltstart«, in dem die Probleme der deutschen Vereinigung analysiert wurden, beschreiben die Risiken einer ähnlich falschen Politik, die jetzt auf die ganze EU übertragen wird, wie folgt:

> *»Die nun von Hollande verlangte Fiskalunion ist die logische Implikation dieses Weges, eines Weges, der nicht nur die Massenarbeitslosigkeit in Südeuropa perpetuiert, sondern auch die Belastung der Steuerzahler der bislang noch halbwegs gesun-*

den Staaten Europas und den daraus erwachsenden politischen Kollateralschäden für Europa maximiert.«[190]

Das Zusammengehörigkeitsgefühl der Europäer wird so einem »Stresstest« unterworfen, der in einer Nation eher gelingen kann, aber nicht in einem Verbund souveräner Staaten. Nach dem Vorbild der USA und der Schweiz würde ein solcher »Versicherungsvertrag auf Gegenseitigkeit« eine funktionierende Regierung mit Armee, Polizeigewalt und Justiz erfordern.[191] Davon kann in der EU derzeit aber keine Rede sein. Dieser sehr weitgehende Souveränitätsverzicht wäre schon in Frankreich kaum durchsetzbar.

Auch das derzeitige deutsche Sozialsystem taugt nicht als Vorbild für Europa. Dazu Dr. Luise Gräfin von Schlippenbach:

»Der deutsche Sozialstaat ist nicht europatauglich, weltweit schon gar nicht. Das Umlagesystem ist technisch nicht übertragbar, im Gegensatz zu einer kapitalgedeckten Altersversorgung. Junge Leute sind eher als früher mobil und lassen sich nicht mehr in nationale Umverteilungskorsette hereinzwängen.«[192]

Sozialistischen Umverteilern sind, wie sich immer wieder zeigte, Grenzen gesetzt. Im Zweifel fliehen die Menschen aus solchen Zwangssystemen, wie die Erfahrungen des früheren »Ostblocks« zeigten.

Mit der fehlenden klaren Aufgabenzuständigkeit in der EU – klaren zentralen Aufgaben (Armee, Polizeigewalt und Justiz) und subsidiär föderalen Aufgaben – wird die EU »unregierbar«.

Wenn das Erpressungspotenzial beispielsweise Griechenlands durch die Flüchtlingskrise noch vergrößert wird, spielt Ordnungspolitik fast gar keine Rolle mehr. Es wird dann eine situativ südländische Politik verfolgt, die unter Umständen sogar die Korruption verstärkt, statt einer regelgebundenen Politik, die im Norden Europas verbreiteter ist.

Eine Sozial- oder Transferunion trägt zur Destabilisierung bei und sollte kein Bestandteil einer zukunftsgerichteten europäischen Verfassung sein.

Europa erneuern mit Ludwig Erhards zeitlosen Grundsätzen. Die Marktwirtschaft im Sinne Ludwig Erhards sichert unternehmerische Innovationen (Werner G. Faix)

In seinem Werk »The Theory of Moral Sentiments« grenzt Adam Smith sich von einem extrem egoistischen Menschenbild deutlich ab: Menschen sind nicht nur von egoistischen Antrieben bestimmt, sondern ebenso von einer gegenseitigen »Sympathie«. Menschen könnten sich grundsätzlich in ihre Mitmenschen hineinversetzen und seien daher auch in der Lage, an deren Schicksal Anteil zu nehmen, also mitzufühlen. Zudem habe der Mensch durch »Sympathie« die Möglichkeit zur Selbstkritik, indem er sein eigenes Handeln aus der Sicht seiner Mitmenschen betrachte. Neben dem Gewaltmonopol eines Staates sei es vor allem diese Fähigkeit zur »Sympathie«, welche für den Zusammenhalt einer Gesellschaft sorge. Das Prinzip der Marktwirtschaft sei daher nach Adam Smith nicht der von Eigennutz getriebene einzelne Mensch, sondern vielmehr ein vom Eigennutz getriebenes, von der Sympathie für den Mitmenschen beeinflusstes und vom Staat in gute und richtige Bahnen gelenktes Handeln aller Marktteilnehmer. Dieses Handeln wiederum führe zu allgemeinem Wohlstand, eben zu jenem von Smith propagierten »Wohlstand der Nationen«.

Originär bedeutet Marktwirtschaft somit, dass unternehmerischer Egoismus gezähmt wird durch eine auf Sympathie gegründete Moral und eine durch den Wohl- und Rechtsstaat gegründeten Ordnung. Diese originäre Bedeutung wird oftmals vergessen, sowohl von Kapitalismuskritikern, aber auch von sogenannten »Raubtier- oder Turbokapitalisten«. Es ist daher – im Sinne von Ludwig Erhard oder Wilhelm Röpke – auch sinnvoll und ratsam, einen deutlichen Unterschied zwischen »Kapitalismus« und »Marktwirtschaft« zu ziehen. Beim Kapitalismus steht Geld im Zentrum allen Denkens und Handelns; die Überhöhung als »-ismus« deutet an, dass wir es beim Kapitalismus gar mit einer Heilslehre zu tun haben, die falsch verstanden auch zu einer fanatisch-einfältigen Verherrlichung des Profits um seiner selbst willen führt. Die Marktwirtschaft hingegen war und ist nie mehr als ein Ort, wo der eine gibt, was der andere braucht. Die Soziale Marktwirtschaft ist schließlich aus der Idee heraus entstanden, dass sich an einem solchen Ort die Harmonie nicht von selbst einstellt, sondern dass es allerlei Institutionen bedarf, die diesen Ort bewachen, regulieren und beschützen. Der Kapitalist sagt »der Staat«, wenn er über dasjenige spricht, das überwunden oder zumindest dem Geldmachen untergeordnet werden muss. Der Marktwirtschaftler sagt »der Staat«, wenn er über dasjenige spricht, das garantiert, dass Anbieter und Nachfrager selbstbestimmt und frei auf den Märkten zusammentreffen können, um dort einander nicht gegenseitig zu berauben, sondern Nutzen zu stiften und Werte zu schaffen.

Und noch einmal ganz deutlich: Kapitalismus selbst kann und darf weder die Grundlage für das Zusammenleben sein, noch sich selbst regulieren. Genau das ist es allerdings, was Menschen weltweit vielfach getan haben und noch immer tun: Profit zum Selbstzweck erhoben und Kapitalismus zum alleinigen Prinzip des Miteinanders, zur Religion und zum Richter über sich selbst erhoben. Marktwirtschaft richtig verstanden war und ist nie selbst ein Zweck; Marktwirtschaft ist Mittel zum Zweck der Mehrung des »Wohlstands der Nationen«; und die Soziale Marktwirtschaft ist Mittel zum Zweck des »Wohlstands für alle«.

Die Soziale Marktwirtschaft gibt sich nicht der romantischen, aber unrealistischen Idee hin, dass der Mensch dem Menschen stets nur Gutes will und man daher die Menschen nur mal machen lassen sollte. Daher verlässt sich die Soziale Marktwirtschaft auch nicht darauf, dass sich fairer Wettbewerb von selbst einstellt. Die Soziale Marktwirtschaft ist kein Hemmnis für freies Unternehmertum, sie ist seine Grundlage. Denn nur in einem durch staatliche Institutionen garantierten fairen Wettbewerb setzt sich ein Anbieter nicht deshalb durch, weil er größer, mächtiger, einflussreicher ist; in einem solchen Wettbewerb setzt sich jener Anbieter durch, der dem Nachfrager schlicht einen größeren Nutzen bietet. Soziale Marktwirtschaft bietet damit die ideale Basis und die notwendigen Rahmenbedingungen für erfolgreiches Unternehmertum.

In hochentwickelten Industrienationen gründet erfolgreiches Unternehmertum im Wesentlichen auf der Innovation, also darauf, auf jede erdenkliche Weise Neues anzudenken und umzusetzen: neue Produkte und Dienstleistungen auf den Markt zu bringen, neue Einkaufs- und Absatzmärkte zu erschließen, neue Geschäftsmodelle zu etablieren, neue Organisationsformen zu entwickeln und vieles mehr. Dass ein Unternehmen innovativ ist, d. h., Neues Wirklichkeit werden lässt, führt natürlich nicht automatisch dazu, dass es erfolgreich ist. Wie eben festgestellt, setzt sich in einem wahrlich fairen Wettbewerb jener Anbieter durch, der dem Nachfrager einen größeren Nutzen verspricht. Übertragen auf Innovationen, bedeutet dies: Ein Anbieter, der etwas Neues schafft, ist damit nur dann erfolgreich, wenn dem Nachfrager dieses Neue einen größeren Nutzen und Wert verspricht als das Bisherige. Erfolgreiche Unternehmen zeichnen sich daher nicht allein dadurch aus, dass sie innovativ sind, dass sie Neues auf den Markt bringen; erfolgreiche Unternehmen zeichnen sich dadurch aus, dass ihr Neues nicht nur anders ist als das Alte, sondern auch besser. In einer Wirtschaftswelt, in der volks- wie auch betriebswirtschaftlicher Erfolg im Wesentlichen auf Innovationen gründet, sind jene Staaten und Unternehmen am erfolgreichsten, deren Neuerungen tatsächlich besser sind als die bisherigen Lösungen; deren Neuheiten tatsächlich von größerem Wert und Nutzen sind als die bisherigen Antworten; deren Innovationen tatsächlich von höherer Qualität sind als das, was bisher war. Und noch einmal deutlich ausgedrückt: Im internationalen Wettbewerb zwischen Unternehmen, aber auch Staaten werden jene erfolgreich sein, die nicht nur nach Innovationen, sondern nach Innovations-Qualität streben.

Die Beantwortung der Frage nach der Innovations-Qualität, nach dem Nutzen und Wert einer Innovation darf dabei nicht alleine von Anbieter und Nachfrager beantwortet werden. Dem Sozialen Marktwirtschaftler muss, wie sich Wilhelm Röpke ausdrückte, nämlich auch die Welt »jenseits von Angebot und Nachfrage«, am Herzen liegen. Wer, wenn nicht der Staat, kann und darf sonst solche blasphemischen Fragen stellen: Hat eine Innovation die Menschheit tatsächlich weitergebracht, d. h., ist durch eine Innovation das Leben auf dem Planeten besser oder nur anders geworden?

Die Marktwirtschaft ist jener Ort, wo Anbieter und Nachfrager zusammentreffen und einander Nutzen stiften. Die Soziale Marktwirtschaft ist jener Ort, wo dieses nutzenstiftende Zusammentreffen durch Institutionen bewacht, reguliert und geschützt wird. Diese Institutionen sind keine Gefahr, sondern die Bedingung für wirklich freies Unternehmertum, bei dem der Erfolg nicht davon abhängt, wie groß die Macht oder der Einfluss sind, sondern davon, wie groß der Nutzen ist, den ein Anbieter einem Nachfrager stiftet. In einer Wirtschaftswelt, in der unternehmerischer Erfolg im Wesentlichen auf Innovationen gründet, bedeutet dies, dass jene Anbieter – Unternehmen wie Volkswirtschaften – erfolgreich sein werden, deren Innovationen dem Nachfrager einen größeren Nutzen versprechen als bisherige Lösungen und Antworten. Die Forderung Ludwig Erhards nach dem »Wohlstand für alle« ist damit heute aufs Engste damit verbunden, dass die Soziale Marktwirtschaft und alle ihre Institutionen diese wesentlichen Aufgaben haben: Erhöhen der Innovationsfähigkeit, Ausweiten der Innovationstätigkeit und Streben nach einer umfassenden und wahren Innovations-Qualität.

Moral statt sozial – Europa mit Maß und Ziel
(Gerd Maas)

Grundfesten der Europäischen Union sind laut dem Vertrag von Lissabon die »Soziale Marktwirtschaft« und »Soziale Gerechtigkeit«[193]. Das klingt ähnlich. Ist es aber nicht. Ganz und gar nicht. »Sozial« ist nicht Nutella. Nicht überall, wo sozial draufsteht, ist auch sozial drin.

Freilich gibt es wenigstens eine kleine Gemeinsamkeit: Friedrich August von Hayek hat beide Begriffe gleichermaßen als inhaltsleer gebrandmarkt. Wiesel-Wörter nannte er sie. Worthülsen, wie ein von Wieseln ausgesaugtes Ei, das zwar noch wie ein Ei aussieht, in dem aber ansonsten nutzlose Hohlheit herrscht.

Nichts macht nichts, möchte man meinen, ein sinnfreier Gedanke wird schon keinen Unsinn anrichten. Tatsächlich ist er aber folgenreich. Mit eben diesen Begriffen wird heute arges Schindluder getrieben. Gerade die Unbestimmtheit macht sie zu idealen politischen Totschlagargumenten. Wer wollte jemandem widersprechen, der im Namen der Sozialen Gerechtigkeit handelt? Wer wollte es nicht gutheißen, wenn jemand die Marktwirtschaft sozial gestalten will?

Trotzdem unterscheiden sich diese Schlagwörter grundlegend. Während die Soziale Gerechtigkeit eine politische Allerweltsfloskel ist, wurde der Begriff der Sozialen Marktwirtschaft von Müller-Armack und Ludwig Erhard als feststehender Begriff für ihre Idee vom demokratischen Weg zum Wohlstand für alle eingesetzt. Das Erste war also schon immer ein Wiesel-Wort – hohl, sinnfrei, vor allem aber unangreifbar. Das Letztere wird heute erst mehr und mehr dazu gemacht, indem der Begriff der Sozialen Marktwirtschaft von Vertretern der unterschiedlichsten politischen Richtungen beschlagnahmt wird – bis hin zur kreativen Sozialistin Sahra Wagenknecht. Auf die allgemeine Geschichtsvergessenheit bauend wuchert jeder mit dem deutschen Wirtschaftswunder, versteckt hinter »Sozialer Marktwirtschaft«

jedoch höchst unterschiedliche Gestaltungsabsichten. Meist ziemlich unabhängig vom dem, was wirklich in der Nachkriegszeit gewirkt hatte.

Trotz aller Auslegungsfreiheiten hat es aber die Soziale Marktwirtschaft nicht wirklich auf die Banner der heutigen politischen Kräfte geschafft. Da hat man sich inzwischen einhellig der Sozialen Gerechtigkeit verpflichtet. Mit fatalen Folgen, denn das allgegenwärtige Streben nach Sozialer Gerechtigkeit untergräbt die Moral einer zukunftsträchtigen, sozialwirksamen Marktwirtschaft. Der Schuss geht quasi nach hinten los. Die Doppelbindung des Vertrags von Lissabon führt die Europäische Union letztlich in politische Schizophrenie. Nicht alles, was irgendjemand mal zum politischen Schlagwort erkoren hat, gehört in die europäische Vision. Es braucht **eine** klare Idee, um Zukunft zu gestalten. Aber eins nach dem anderen.

Soziale Gerechtigkeit

Gehen wir zunächst einmal dieser dubiosen Sozialen Gerechtigkeit auf den Grund. Sozial bestimmt das Miteinander eines wie auch immer organisierten Gemeinwesens als wesentlichen Aspekt des Menschseins. Nicht nur in der Nacht ist der Mensch nicht gern alleine. Wir sind kooperative Gruppentiere. Die Disziplinierung unserer selbstsüchtigen Triebe und Neigungen in einer Gemeinschaft hat irgendwann in grauer Vorzeit den evolutionären Unterschied gemacht.

Sozial heißt, das nicht zu vergessen. Auch wenn mir hierfür das Adjektiv »solidarisch« erheblich geeigneter erscheint. Aber so ist es wohl heute gedacht: Sozial ist, was das Funktionieren des menschlichen Gemeinwesens betrifft. So weit, so nicht sonderlich zu beanstanden – wie gesagt, nur dass es vielleicht treffendere Begriffe gäbe.

Gerechtigkeit beschreibt, meine ich, dass Recht und Richtigkeit zusammenkommen müssen. Der Ausgleich von Interessen zwischen Menschen ist dann als gerecht zu bezeichnen, wenn er dem herrschenden und allgemein akzeptierten Normen- und Wertekanon entspricht. Gerecht ist, was in einer Gesellschaft nicht nur als rechtens, sondern auch als richtig erachtet wird.

Der Gerechtigkeit noch das sozial voranzustellen, ist demnach schon beinahe ein Pleonasmus – ein weißer Schimmel. Aber lassen wir ruhig die Nuancen stehen: Es geht bei Sozialer Gerechtigkeit also um das Funktionieren einer Gesellschaft und das insbesondere in Bezug auf Recht und Richtigkeit. Bravo! Ein fraglos hehres Anliegen. Aber wer will das nicht?

Das Streben nach Sozialer Gerechtigkeit ist kein politisches Ziel, sondern die Voraussetzung von allem Politischen. Die Sozialwesenheit des Menschen und die dementsprechende Notwendigkeit zur Ordnung des Zwischenmenschlichen ist Biologie. Politik beginnt erst bei der Ausgestaltung.

Lassen wir an dieser Stelle die Frage der Definition von Gesellschaft beiseite (Stamm, Nation, Landsmannschaft, die Europäische Union, die Welt ...). Konzentrieren wir uns nur auf die Organisation des Miteinanders, konzentrieren wir uns auf die Politik. Soziale Gerechtigkeit wird erst dann mit politischem Leben erfüllt, wenn sich der Wortführer mit dem Zustandekommen der Ordnung und der Stellung des Einzelnen in dieser Ordnung befasst.

Und wenn man sich mit Recht und Richtigkeit befassen will, stecken die zentralen Fragen des Politischen in den ethischen Vorstellungen und im Menschenbild: Was ist gutes und richtiges menschliches Handeln und wie gelingt das dem Menschen? Erst mit einem solchen Maßstab wird Soziale Gerechtigkeit etwas öffentlich Verhandelbares. Die politische Auseinandersetzung ist eine moralische.

Was sind die unerlässlichen, die hinreichenden und die erwünschten Tugenden in einer politischen Vorstellung und welche Gesellschaftsordnung führt am besten zu solcher Tugendhaftigkeit beziehungsweise bestraft die entsprechenden Untugenden?

Moral statt sozial

Ohne die ethische Einordnung der Sozialen Gerechtigkeit schützt der Forderer entweder einen gleichsam geheimen Instinkt vor, sodass ihm willkürliche Handlungsfreiheit gewährt wird, weil er ja eben sozial gerecht zu handeln versprochen hat – die Katze beißt sich also in den Schwanz –, oder es bleibt unweigerlich nur die absolute Gleichheit der Lebensverhältnisse als faktisches Ziel dahinter. In Ermangelung von ethischen Standpunkten wird die gleichmachende Umverteilung der gesellschaftlichen Ressourcen zum Ablasshandel, um sich die Absolution des Wahlvolks zu erkaufen. Unabhängig von Tugendhaftigkeit und moralischer Verantwortung soll es am Ende des Tages allen gleich gehen. Ist das menschlich? Ist das sinnvoll für die langfristige und nachhaltige Funktionsfähigkeit eines Gemeinwesens? Erwächst dann nicht die Diktatur des kleinsten gemeinsamen Nenners? Mir graut vor so einer schönen neuen sozial gerechten Welt.

Wenn ungleich automatisch ungerecht ist, dann bleibt die Moral auf der Strecke. Moralisches Verhalten oder Fehlverhalten macht dann keinen Unterschied mehr. In der Gleichheit wird das Gemeinwesen bedingungslos. In Forderungen wie nach bedingungslosem Grundeinkommen im Namen der Sozialen Gerechtigkeit offenbart sich das heute schon wortwörtlich. Die Gesellschaft verabschiedet sich dann davon, einen ethischen Anspruch an den Zusammenhalt im Gemeinwesen zu haben. Es bleiben nur die kodifizierten Normen, die allgemeine Werteverbundenheit gilt nicht mehr beziehungsweise wird dem Zufall überlassen.

Das erscheint vordergründig sehr liberal, jeder möge nach seiner Fasson glücklich werden, aber lässt sich damit eine Gemeinschaft zusammenhalten? Warum soll jemand noch fleißig, hilfsbereit, mildtätig, maßvoll, weitsichtig und so weiter sein, wenn diese aufs Öffentliche gerichteten Tugenden öffentlich keinen Widerhall finden? Ja, warum sollte man sich überhaupt an die Normen halten? Pflichtbewusstsein ist eine ethische Kategorie. Wenn der gesellschaftliche Konsens darüber zur Disposition gestellt wird, droht Anarchie.

Vorweggenommen, ich glaube wohl, dass gerade in einer freien Gesellschaft über die Entfaltung der Eigenverantwortung ein sehr nachhaltiges Gemeinwesen geschaffen werden kann. Das heißt aber nicht, dass dies eine wertlose Gesellschaft sein darf. Auch eine freie Gesellschaft braucht Ordnung und die erfordert eben die ethisch-politische Auseinandersetzung – ganz abgesehen davon, dass die Dimension der Freiheiten in einer Gesellschaft eine ethische Diskussion ist, die gerade zu Zeiten des schleichend wuchernden paternalistischen Wohlfahrtsstaats dringend zu führen wäre.

Lassen wir uns also nicht abspeisen mit Sozialer Gerechtigkeit. Fordern wir unsere Volksvertreter und solche, die es werden wollen, auf, ihre ethischen Maßstäbe für ein funktionierendes Gemeinwesen offenzulegen. Fordern wir von Parteiprogrammen, dass sie ethische Prüfroutinen für öffentliche Zwecke und Mittel sein sollen. Verlangen wir den Politikern einen moralischen Steckbrief ab, mit denen wir die Außenwände der Parlamente tapezieren, sodass sie schon von Weitem für alle und vor allem für sie selbst sichtbar sind. Und lassen wir nicht zu, dass sie unsere europäische Zukunft auf grundlose Gemeinplätze bauen.

Bürgertum

Aber auch das Volk kann nicht wertlos durchs Leben irren. In der Demokratie prägt der Souverän unweigerlich den politischen Maßstab. Wir bekommen letztlich nur die Politiker, die wir verdienen. Die Zukunftsträchtigkeit einer Gesellschaft hängt unausweichlich von der Teilhabe ihrer Gesellschafter ab. Ein Selbstverständnis, das sich einmal im Begriff des Bürgers – des Citoyen, nicht des Bourgeois – ausgedrückt hatte.

Allein das, was sich einst selbstbewusst als Bürgertum verstanden hat, scheint mir, zerfließt. Zwischen Individualismus, Hedonismus, Opportunismus und vor allem Gleichgültigkeit. Trägheit. Eine Todsünde, unter die man zu Zeiten der Festlegung solcher Hauptlaster auch vieles, was man heute als Depression oder Burn-out pflegt, subsumiert hätte.

Der Bürger als angewandter Begriff beschränkt sich heute auf die Wirtshaus-Reklame für Hausmannskost und auf ideenlose politische Reden, die resümierend gerne auf den Willen der Bürger verweisen, der wahlweise angenommen wird oder zu erfragen wäre. Das Letztere hohle Floskeln, das Erste ein schwacher Nachhall des ursprünglichen Verständnisses. Steht doch die bürgerliche Küche für schnörkellosen Nährwert und dass man, mit Augenmerk auf Qualität, auch aus einfachen Zutaten Schmackhaftes zubereiten kann. Da schwingen Mäßigung, Rationalität und Fleiß mit. Aber auch Lebenslust und Zufriedenheit.

Wenn jedoch der Literaturchef der »ZEIT«, Ijoma Mangold, in seiner Rezension von Michael Kleebergs »Vaterjahre« meint, das sei »ein materialistischer Roman, der mit großem psychologischem Raffinement davon erzählt, wie Beruf, Status, Geld, Hobbys, Ehepolitik und eine robuste Unempfänglichkeit für höhere Sinnfragen das Konstruieren, was ein gelingendes bürgerliches Leben ausmacht«[194], dann offenbart er seine ehrabschneidende Vorstellung vom Bürger als mittelständischem Spießer. Solches bürgerlich wird dann auch gern mit »arriviert« kombiniert, wörtlich »angekommen«. Da schwingt der Emporkömmling genauso mit wie die Annahme einer Erstarrtheit, was die Fähigkeit der weiteren Entwicklung betrifft. Mangolds Bürgerbegriff ist herrschender Zeitgeist. Er taugt bestenfalls als Ausdruck des intellektuellen Herabsehens.

Ebenso verhält es sich, wenn ein wenig kaschiert von Kleinbürgern gesprochen wird, als den »Sklaven der Konsumwirtschaft, die um nichts so sehr Angst haben wie um ihr bisschen Besitz (das Auto, den Fernseher, die Couchgarnitur, das Abo im Fußballstadion)«[195], wie sie der Schriftsteller Durs Grünbein definiert. Im Kleinbürger reduziert sich der Mensch auf vulgären Opportunismus, weiß der Dichter, und wittert das Phänomen allerorts. Dass man die verkleinernde Vorsilbe auch gleich weglassen könnte, schwingt mindestens atmosphärisch, wenn nicht vorsätzlich mit. Über die Kleinbürgerschelte wird auch das Bürgersein in den Schmutz getreten.

Ansonsten ist der Begriff alles in allem marginal geworden. Die Bedeutung auch. Sich Bürger zu nennen, ist immer weniger die Klammer einer bestimmten Werteverbundenheit, geschweige denn, dass es noch für irgendjemand ein stolz getragenes Etikett wäre. Es ist verschwunden, ohne dass es durch einen anderen Titel ersetzt worden wäre. Nicht nur der Name schwindet, sondern auch die Idee.

Das wäre bloßes Lamento, würde nicht auf der Idee des Bürgertums die Soziale Marktwirtschaft, wie sie Ludwig Erhard verstanden hat, gründen. Der wirtschaftliche und gesellschaftliche Erfolg Deutschlands seit dem Zweiten Weltkrieg ist ein bürgerliches Verdienst. Es ist zu fragen, ob dieses Erfolgsmodell ohne seine maßgeblichen Träger Zukunft hat. Schaut man hierzulande, aber auch europaweit auf Staatsverschuldung, Regulierungseifer und das Primat der Gleichheit aller Lebensverhältnisse, kann man ja durchaus so seine Zweifel haben.

Passend zum Erhard'schen Ordoliberalismus hat Joachim Fest das Bürgertum einmal als »Leben in geordneter Freiheit« definiert.[196] Und Peter Sloterdijk beschreibt in seinem Essay »Der verletzte Stolz«[197] für den »Spiegel« die Entstehung des Bürgerselbstverständnisses im römischen Reich als Wandel vom teilnahmslosen Untertanen zum Aufständischen in »ziviler Einmütigkeit« wider die infame Ehrlosigkeit der herrschenden Kaste. Schon sind aus profundem Munde die gesellschaftstragenden Tugenden des Bürgertums zusammengebracht: Ordnung. Freiheit. Tatkraft. Gemeinsinn. Anstand.

Ebensolche Bürger braucht Europa. Bekennend und anerkannt. Auf Ordnung bauend, also in Verantwortung für die Familie, für das Gemeinwesen und für die wirtschaftliche Unternehmung, die den Broterwerb sichert. Freiheitsliebend, um das Ausufern der Ordnung zu vermeiden, damit Kreativität und Schaffensfreude bewahrt bleiben. Tatkräftig, weil stets alles, was ist, geschaffen werden muss. Dem Gemeinwesen verbunden, da man sich der Kooperation als menschlichen Evolutionsvorsprung bewusst ist. Anständig, weil keine Ordnung dieser Welt je das selbstständige moralische Reflektieren vollends ersetzen kann.

Ordnung

Tatsächlich fehlt heute Bürgersinn an allen Ecken und Enden. Gehen wir die notwendigen Tugenden einmal der Reihe nach durch. Zuerst die Ordnung. Das, was wir heute Verantwortung nennen, hätte Immanuel Kant noch als Pflicht bezeichnet. Heute avanciert das Pflichtgefühl jedoch eher zum Schimpfwort. Überlegen Sie mal, wer heute noch bereit ist, sich im wahrsten Sinne des Worts in die Pflicht nehmen zu lassen? Familie, Broterwerb und Gemeinwesen können aber nur gelingen, wenn sich alle, so gut sie es vermögen, dazu verpflichtet fühlen. Es gibt nämlich niemand anderen als uns selbst, der sich verbindlich darum kümmern könnte.

Die Realität sieht anders aus: Die Teilhabe an den öffentlichen Angelegenheiten, die Politik, wird allgemein nur noch mit Verdrossenheit in Verbindung gebracht. Die Mitglieder der Parteien schwinden, direktdemokratisches Engagement beschränkt sich auf ein paar uninformierte Klicks bei Onlinepetitionen, und die Beteiligung an den demokratischen Wahlen bricht dramatisch ein. Obwohl in einigen europäischen Ländern Wahlpflicht herrscht, ist die durchschnittliche Beteiligung bei den Wahlen zum Europaparlament von dereinst zwei Drittel (1979) auf unter die Hälfte eingebrochen (seit 1999) – zuletzt waren es nur noch 43,1 Prozent (2014). Die vordergründige Ausrede mit der angeblichen Lebensferne der europäischen Institutionen verfängt nicht. Bei den Landtagswahlen 2014 und 2015 in Brandenburg, Thüringen, Sachsen und Hamburg lagen die Wahlbeteiligungen bei 47,9 und 52,7 und 49,1 und 56,9 Prozent. Bei den bayerischen Kommunalwahlen 2014 waren es durchschnittlich 55 Prozent; die spannende Nachfolge um den OB-Sessel in Deutschlands drittgrößter Stadt wollten bei der Stichwahl nur 38,5 Prozent der Münchner Wahlberechtigten mitbestimmen. Ein Großteil der noch sogenannten Staatsbürger verweigert dem Gemeinwesen die Souveränität.

Dass 2016 bei den Landtagswahlen in Baden-Württemberg, Rheinland-Pfalz und Sachsen-Anhalt erstaunlich hohe Wahlbeteiligungen von 70,4 Prozent in den beiden West-Ländern und 61,1 Prozent im Osten zu verzeichnen waren, ändert daran auch wenig. Im Gegenteil: Nachdem von den vorherigen Nichtwählern die meisten mit der AfD eine ausgesprochene Protestpartei gewählt haben, ist zu vermuten, dass deren Wahlakt nicht unbedingt auf einer Grundeinstellung der demokratischen Teilhabe beruht. Dem »Wutbürger« fehlt oft nicht nur der angemessene Anstand im zwischenmenschlichen Umgang, sondern auch die pluralistische Toleranz. Eine Wut der kompromisslosen Umwälzung ist jedenfalls keine bürgerliche Tugend. Wenn sich die AfD im politischen Alltag selbst desillusioniert haben wird, werden auch die Wahlbeteiligungen wieder neue Tiefststände ausloten.

Auch die Notwendigkeit des Lebensunterhalts bedingt kaum mehr Pflichtbewusstsein. Laut dem »Gallup Engagement Index 2014« leisten 84 Prozent aller Arbeitnehmer höchstens Dienst nach Vorschrift, wenn sie nicht gar bereits innerlich gekündigt haben. Bei zugleich global und historisch niedrigsten Jahresarbeitsstunden und höchsten Urlaubszeiten stelle ich mir Verantwortungsbewusstsein im Erwerbsleben anders vor.

Schließlich das Familienleben. Gerade beim Kinderhaben wird das natürliche Prinzip des Verpflichtetseins besonders anschaulich: Ohne dass Eltern Kinder bekommen und damit die Verpflichtung des Großziehens – letztlich eine lebenslange Verantwortlichkeit – eingehen, gibt es einfach keine Kinder. Ohne dass sich unsere Eltern darauf eingelassen hätten, gäbe es uns heute nicht. Der simple Schluss ist, dass es ohne elterliche Verantwortungsbereitschaft schlicht keine Gesellschaft gibt. Das ist in der Tat mehr und mehr zu befürchten. Mehr als jeder dritte Haushalt in Deutschland ist ein Single-Haushalt, ein weiteres Drittel sind Zwei-Personen-Haushalte. Jede fünfte Frau über 40 Jahre ist kinderlos, je Frau kommen nur 1,4 Kinder zur Welt. Zugleich sind die Abtreibungen auf konstant erschreckend hohem Niveau: Rund 200.000 Schwangerschaftsabbrüche werden es wohl Jahr für Jahr sein, ohne dass eine medizinische oder kriminologische Indikation vorliegt.

So haben wir uns heute in beinahe allen vitalen Daseinsbelangen aus der Pflicht gestohlen. Tragisch, wenn dann Joachim

Gauck zu Recht feststellt: »Verantwortung ist die Freiheit der Erwachsenen«[198]. In der Tat erodiert das Pflichtbewusstsein schon im mangelnden Freisinn.

Freiheit

Den Niedergang der Freiheit als ausdrücklich erstrebenswertes Ideal spürt man allerorts, beziehungsweise man erfährt umgekehrt die wachsende Bedeutungslosigkeit. Argumentiert man etwa für die Europäische Union mit Frieden und Freiheit, findet sich heute stets jemand, der abwinkt und solche alten Kamellen als wenig ausreichende Begründungen abtut. Im genauso offenen wie unbegründeten Widerspruch dazu grassiert der Pazifismus. Die vorsichtige Einmischung etwa von EU, G7 und NATO gegen die Annexion der Krim durch Russland und gegen die angeschürten separatistischen Bewegungen in der Ost-Ukraine wird massenhaft als Kriegstreiberei gegen vorgeblich verstehbare russische Interessen verschrien. Der breite Konsens der Medien pro libertate gerät dabei zur Verschwörungstheorie eines westlichen Imperialismus. Einer Mehrheit ist es offenbar inzwischen eher suspekt, dass es noch Menschen in diesem Land gibt, die schlicht nicht zusehen wollen, wie das Streben der Ukrainer nach Freiheit und deren Aufbegehren gegen die postsowjetische Diktatur beistandslos bleibt. Freiheit wird mehr und mehr zur Rosinenpickerei. Die Wohlfahrtseffekte von Demokratie und Sozialer Marktwirtschaft sind Selbstverständlichkeit, für die niemand mehr Mühe aufwenden will. Ganz zu schweigen davon, dass man auswärtig dafür irgendetwas riskieren wollte. In diesem Zusammenhang fragte die Schriftstellerin Thea Dorn jüngst pessimistisch:

> *»Doch wer mag – selbst wenn er sich dem Westen und seinen Werten innigst verbunden fühlt – noch uneingeschränkt eine Lanze für ebendies brechen, wenn auch er sieht, dass wir dabei sind, die kühne, grandiose Idee der Freiheit zur Lizenz zum Raffen und gleichzeitigen Bräsigwerden verkommen zu lassen?«*[199]

Entsprechend nichtig ist die reale Freisinnigkeit im Kleinen, im Alltäglichen. Die Menschen verlangen nach einem Wohlfahrtsstaat, nicht nach einem Freiheitsstaat. Für die möglichst allumfassende staatliche Fürsorge geben sie jegliche Selbstbestimmung auf. War Ludwig Erhards Bild des Staatsbürgers noch geprägt vom Vorrang der selbstständigen, eigenverantwortlichen Lebensführung, zu die der Staat befähigen soll, hat sich das heute genau umgekehrt. Der Staat will heute allen erdenklichen Lebensunbill vorauseilend regulieren. Ein Teufelskreis, denn zunehmende Bemutterung führt doch stets zu schwindendem Verantwortungsbewusstsein. Wie soll es auch anders sein? Warum soll ich mich um etwas kümmern, worum sich doch längst jemand gekümmert hat? Das Tragische daran ist die damit verbundene schwindende Fähigkeit, sich überhaupt noch selbst kümmern zu können.

Beispielhaft sei hier der gewichtige Einzug der Prävention in das öffentliche Gesundheitswesen genannt. 9 Milliarden Euro geben öffentliche Stellen in Deutschland inzwischen für Gesundheitsvorsorge aus. Immanent verständlich, denn Vorbeugen ist nicht nur besser als Heilen, sondern spart auch Kosten an anderer Stelle. Per saldo vermutlich eine sinnvolle Geschichte. Zugleich offenbart es aber die sich ausbreitende Konsummentalität, was die Gesundheit betrifft. Man erhält sich nicht mehr gesund, man lässt sich gesund erhalten. Von der Krankenkasse bezahlte Coaches animieren einen zu kasperlbunten Nordic-Walking-Events, und dann parkt man in der Tiefgarage und fährt mit der Rolltreppe zur Sportabteilung hoch, um sich im Kaufhaus die unabdingbaren Stöcke dafür zu kaufen.

Ein ureigenes individuelles Interesse, die Erhaltung der Gesundheit, wird als öffentliche Angelegenheit delegiert. Unweigerlich verbunden mit der Aufgabe von Selbstbestimmtheit. Wie das endet, lässt sich in Juli Zehs Dystopie »Corpus Delicti«[200] nachlesen. So viel sei verraten: Alles andere als frei.

Tatkraft

Kommen wir zur Leistungsbereitschaft. Nichts entsteht von selbst, auch wenn es so manchem im gegebenen Umverteilungsstaat anders erscheinen mag. Das herrschende Unverständnis hierzulande offenbart sich regelmäßig in Verlautbarungen der sogenannten Wohlfahrtsverbände zum Lohnabstand, also dem angeblich notwendigen Unterschied zwischen niedrigen Einkommen und den Transferzahlungen der öffentlichen Fürsorge. Nach der gängigen Auffassung dieser Verbände – vom Gemeinwesen finanzierte Organisationen – würde sich die Aufnahme einer Erwerbsarbeit nur dann lohnen, wenn damit netto mehr als die staatliche Sozialleistung verdient wird. Es wird dabei vollständig ausgeblendet, dass für die Verfügbarkeit von Sozialleistungen immer zuallererst einmal Arbeit notwendig war ... allerdings von anderen. Eigentlich bestünde geradezu diametral eine solidarische Verpflichtung, so viel wie möglich für das eigene Auskommen selbst zu leisten, allein deswegen, um nicht anderen seinen Unterhalt aufzuhalsen. Diese Selbstverständlichkeit von Geben und Nehmen, von Leistung und Gegenleistung ist im deutschen Wohlfahrtsstaat vollends verlorengegangen.

Das spiegelt sich auch im Länderfinanzausgleich und im interkommunalen Finanzausgleich wieder. Unabhängig von Verantwortung und Leistungsbereitschaft müssen die erfolgreicheren Gebietskörperschaften andere alimentieren. Das geht so weit, dass zum Beispiel die Kleinstadt Monheim in Nordrhein-Westfalen, die es geschafft hat, binnen drei Jahren 130 Millionen Euro Schulden abzutragen und jetzt schuldenfrei ist, per **Solidar**zwangsabgabe über 22,5 Million Euro für 2015 – zusätzlich zu bereits 70 Prozent des Steueraufkommens an die Kommunalumlage – zur Neuverschuldung gezwungen wird. Jedes Bemühen wird so konterkariert. Angesichts solcher Absurditäten ist es nachgerade unfassbar, dass häufig darüber nachgedacht wird, das Gleiche auf europäischer Ebene zu installieren. Gemeinsame europäische Anleihen anstatt nationaler Staatsanleihen – Eurobonds – würden ebenso leistungsfeindlich wirken. Das Target-System und die lockere Geldpolitik der Europäischen Zentralbank nehmen es bereits heute ein Stück weit vorweg. Man muss sich nicht mehr unbedingt selbst etwas verdienen.

Zurück zu den Menschen. In der Arbeitswelt wird der Leistungsbegriff inzwischen vorrangig mit Stress assoziiert. Heute hat jeder Stress. So viel Stress, dass die Bundesarbeitsministerin allen Ernstes über ein Anti-Stress-Gesetz nachdenkt, um den allseits beschworenen Druck auf die Arbeitnehmer zwangsabzulassen. Völlig ausgeblendet dabei die historisch und global einmalig niedrige Erwerbsarbeitsbelastung genauso wie die einmalig viele Freizeit. Die durchschnittlich effektive Arbeitsleistung der Deutschen ist mit 1.413 Stunden pro Jahr im OECD-Vergleich beinahe einzigartig niedrig (2011). 30 Tage bezahlten Urlaub gibt es durchschnittlich im Jahr. Dazu noch je nach Region bis zu 13 gesetzliche Feiertage; je nach Lage der Feiertage also zwischen sieben und neun Urlaubswochen im Jahr. Dazu kommen dann noch im Mittel rund 15 Tage Krankschreibungen per annum, die gerade zu Zeiten guter Konjunktur und Fachkräftemangel durchaus nicht immer auf wirkliches Leiden zurückzuführen sind.

Apropos Krankschreibungen: Gegen die 15 Tage Arbeitnehmerfehlzeiten stehen weniger als sieben Tage, die Unternehmer im Jahr nicht auf dem Posten sind. Der Hintergrund dieser scheinbar wundersamen Immunisierung der Selbstständigen ist schnell gefunden: ihre Leistungsbereitschaft. Wer schafft, hat keine Zeit zum Kranksein.

Lassen Sie mich von den gleichzeitig boomenden Freizeitbeschäftigungen nur noch eine kurz zu diesem Thema herausgreifen. Die passivste. Das Fernsehen. Rund vier Stunden schauen die Deutschen durchschnittlich täglich fern. Nachdem allerdings rund ein Drittel der Bevölkerung sehr wenig oder gar nicht schaut, muss der Rest entsprechend mehr glotzen. Fünf, sechs, sieben Stunden am Tag, sieben Tage die Woche, 52 Wochen im Jahr, ein Leben lang. Am Rande: Ich spreche nur vom Fernsehen. »YouTuben« und sonstiges Internetsurfen und Computerspielen kommen gegebenenfalls noch extra dazu. Von einer Gesellschaft mit Tatendrang lässt sich da beileibe nicht mehr sprechen.

Solidarität

Diesen Tatendrang braucht eine Gesellschaft aber für ihr gedeihliches Fortbestehen. Nicht nur zum Broterwerb, sondern vor allem auch für den unerlässlichen Kit im Gemeinwesen: für das gegenseitige Einstehen. »Aufgeklärten Egoismus«[201] hat der Verhaltensforscher Frans de Waal den menschlichen Evolutionsvorsprung genannt. Die Einsicht des Menschen in die Überlebenskraft des Gemeinwesens und die dementsprechend als notwendig erkannte Solidarität untereinander.

Verunstaltet wird die Solidarität aber heute zur pauschalen Forderung nach Gleichheit der Lebensverhältnisse (unter dem Deckmantel der Sozialen Gerechtigkeit; siehe oben). Der jakobinische Egalitarismus schwelt allerorts, nur dass man inzwischen wenigstens nicht mehr mit der Guillotine zurechtgestutzt wird. Gleichheit ist aber per se unsolidarisch, denn wie soll es denn noch zu einem gesellschaftlichen Ausgleich kommen, wenn alle gleich sind? Der heilige Sankt Martin konnte seinen Mantel nur teilen, weil er sich vorher einen verdient hatte. Oder wie es Abraham Lincoln ausdrückte: »Ihr werdet die Schwachen nicht stärken, wenn ihr die Starken schwächt.«[202] Wenn der französische Wirtschaftswissenschaftler Thomas Piketty dagegen, heute wie ein Star umjubelt, eine progressive Einkommensteuer von bis zu 80 Prozent fordert, wird der andersgesinnte, sozialistisch durchwobene Zeitgeist offensichtlich.

Unabhängig vom wörtlichen Vermögen und unabhängig vom ebenfalls wörtlich gemeinten Verdienst und sogar unabhängig vom Bedarf will jeder möglichst gleichermaßen etwas vom Kuchen haben. Ginge es in der Bundesregierung nach LINKEN, GRÜNEN und SPD, würde sogar das in Unternehmen und Produktionsanlagen investierte Kapital in seiner Substanz besteuert. Das heißt: gemindert. Das heißt: weniger produktiv. Das heißt: weniger Wohlstand für alle.

Wieder einmal hat Ludwig Erhard auch hier den bürgerlichen Gegenpol treffend auf den Punkt gebracht:

»Es stünde im sozialen Leben um manche Not in unserem Volke besser, wenn wir nicht zu viel sozialen Kollektivwillen, sondern mehr soziale Gesinnung und Haltung bezeugen wollten. Das eine aber schlägt das andere tot, und darum stellt sich uns zuletzt die Frage, ob wir, einig in dem Willen und der Verpflichtung, keinen deutschen Menschen mehr der Not ausgesetzt zu sehen, gut daran tun, die besten menschlichen Tugenden im perfektionierten Kollektivismus gar völlig zu ersticken oder ob wir nicht im Streben nach mehr Wohlstand und durch die Eröffnung immer besserer Chancen zur Gewinnung persönlichen Eigentums dem verderblichen Geist des Kollektivismus Todfehde ansagen sollten.«[203]

Diese Frage stellen heute nur noch wenige.

Anstand

Die Solidarität wird heute, wie eingangs ausgeführt, vom viel weiter gefassten Streben nach Sozialer Gerechtigkeit ersetzt. Die bestimmt alle Präambeln der politischen Programme. Welche Gerechtigkeit ist aber sozial, also dem Gemeinwesen förderlich? Wie viel weniger Leistungsgerechtigkeit und mehr Leistungsfähigkeitsgerechtigkeit macht einen sozialen Staat aus? Wie fügen sich da Chancen- oder Generationengerechtigkeit ein? Wie viel oder wenig Freiheit ist dabei möglich beziehungsweise nötig? Fragen über Fragen, die alle auf ein und dieselbe Antwort zulaufen: Es ist ein ethischer Maßstab erforderlich. Erst in der Bewertung von gutem und schlechtem Handeln wird eine Gesellschaft zukunftsfähig.

Aber die moralische Dimension von Gesellschaft geht noch viel tiefer. Während sich um manche Tugenden trefflich politisch streiten lässt, sind andere das Rückenmark des Gesellschaftskörpers. Dazu gehört das individuelle Bewusstsein, Teil eines Ganzen zu sein. Und eben das ist das bürgerliche Selbstverständnis.

Der Bürger ist der **Burgbewahrer**, der Verteidiger des gemeinschaftlichen Zusammenschlusses.

In einem Gemeinwesen ist jeder mitverantwortlich für das Wohl und Weh des Ganzen. Die Mindestanforderung an jeden Einzelnen ist dabei, sich an die gemeinsam ausgehandelten Regeln zu halten. Nicht, dass man nicht mal über eine rote Ampel gehen darf, sondern es geht um das Substanzielle. Die Mindestanforderung ist, dass man die gegebene Ordnung nicht gemeinschädlich bricht.

Das Gebot, die Ordnung nicht zu brechen, kann nie selbst Teil der Ordnung sein. Das kann nur moralische Einsicht gebieten. Die unerlässliche moralische Grundfeste eines Gemeinwesens ist also, gemeinschädliche Regelbrüche zu unterlassen. Dazu braucht es auch keiner moralischen Kontrollinstanz, denn eigentlich weiß ein jeder, wann er sich selbst den Teppich unter den Füßen wegzieht.

Steuerhinterzieher wie Uli Hoeneß, Alice Schwarzer und Patrick Lindner oder Steuerflüchtlinge wie Michael Schumacher, Boris Becker, Jan Ulrich und Theo Müller oder kreative Steuergestalter wie Carsten Maschmeyer und die Führungsetagen von Amazon, Ikea und Co, und die unzähligen Namenlosen, die es denen im Großen wie im Kleinen nachmachen, zeigen eine andere Wirklichkeit. Sie alle erscheinen aus Bürgersicht weit mehr als straffällig. Sie sind anstandslos. Gemeingefährlich. Staatsfeindlich. – Für Rechtssysteme, die das vorsätzlich befördern, wie in Luxemburg oder der Schweiz, gilt das genauso. Für eine partnerschaftliche Beziehung ist eine solche Unmoral schlichtweg untragbar.

Wir wollen die Kirche im Dorf lassen: Wer ein, zwei Entfernungskilometer zwischen Wohnung und Arbeitsstätte bei der Steuererklärung dazuerfindet, ist sicher kein Staatsfeind, wiewohl man bereits hier die Unmoral nicht leugnen kann. Aber spätestens wenn einer bildlich das Geld in den Koffer packt und außer Landes schafft, um es der allgemeinen Besteuerung zu entziehen, dann kündigt er bewusst und vorsätzlich seine Teilhaberschaft an der Gesellschaft auf. Bei geschätzten 13 Milliarden Steuerhinterziehung in Deutschland pro Jahr und Schwarzarbeit mit einem Volumen von je nach Schätzung bis zu 17 Prozent des Bruttoinlandsprodukts werden einem die herrschenden Dimensionen solcher innerer Kündigungen bewusst.

Die moralische Grundregel, sich halbwegs an die Ordnung zu halten, ja vielmehr noch der Anstand, wenn es einem etwas besser als den anderen geht, sein Vermögen eher mehr als weniger in den Dienst der Gemeinschaft zu stellen, verkommen massenhaft. Solche Unmoral ist auf Dauer nicht staatstragend und nicht gemeinschaftsförderlich.

Bürgerbewegung

Das Vorstehende wird vermutlich insbesondere zwei Reaktionsmuster auslösen. Zum einen werden all jene, die nicht Freiheit, Verantwortung, Leistung, Ungleichheit und Werte als die entscheidenden Parameter nachhaltigen Zusammenlebens verstehen, die Ausführungen in Bausch und Bogen ablehnen. Vermutlich mit dem als Schimpfwort gemeinten Kompliment, mich neoliberal zu nennen. Denen sei die Lektüre einer Biografie Ludwig Erhards ans Herz gelegt, zusammen mit dem Gedankenexperiment, wie wir wohl heute dastehen würden, wenn 1948 Erhards Opposition die Oberhand gewonnen hätte.

Zum anderen wird es einige geben, die sich ungerecht behandelt fühlen. Weil sie dem geschilderten Mainstream der grassierenden Untugenden tatsächlich widerstehen. Denen will ich zurufen: Bravo! Weiter so. Ihr schafft Werte. Und: Nennt euch Bürger und seid stolz darauf.

Stolz wie Ludwig Erhard, der stets den Idealen eines »liberal eingestellten Kleinbürgers aus dem Hause eines Ladenbesitzers treu«[204] blieb.

Und ich will den Bürgern auch noch zurufen: Kümmert euch um Europa. Ein Europa der Zukunftsträchtigkeit kann nur ein bürgerliches Europa sein. Ein Europa mit Maß und Ziel.

Das Ziel ist Frieden, Freiheit und Wohlergehen. Das Maß sind Demokratie, Rechtsstaatlichkeit und die Soziale Marktwirtschaft, wie sie Ludwig Erhard begründet hat. Der Träger ist eine selbstbewusste europäische Bürgerschaft.

Es ist Zeit für eine europäische Bürgerbewegung.

Epilog
(Ulrich Horstmann, Stephan Werhahn)

Verantwortung in Freiheit kann u. E. nur dann gelingen, wenn in Europa das Haftungsprinzip nicht ausgehebelt wird, so wie dies derzeit in Europa im Zuge der vermeintlichen Euro-Rettung zu beobachten ist. Um die Haftung für das Handeln der Entscheidungsträger wieder sicherzustellen, ist ein zentrales Kollektiv mit unklaren Strukturen ein Gegenbild, eine föderale oder subsidiäre Organisation mit klaren Regeln dagegen u. E. eine erprobte Richtschnur. Die unterste Verantwortungsebene sind dabei die Familie und lokale Entscheider.

Auf dieser Grundlage kann Vertrauen wieder zurückgewonnen werden. Moralisches Handeln bedarf klarer Grundsätze, die nicht zu Missbrauch anregen (»Moral Hazard«). Politik braucht diese – auch ordnungspolitische – Bindung, um für die Bürger transparent zu sein und um Fehlentwicklungen bis hin zu schwerer Korruption zu vermeiden.

Dabei ist für uns vor allem die Rede von Papst Franziskus vor dem Europäischen Parlament, die in diesem Buch in voller Länge enthalten ist, Richtschnur unseres politischen Handelns. Auch die Weihnachtsrede des Papstes (2014) zeigte die Bereitschaft, Missstände schonungslos zu benennen und zu überwinden. Nach seinen großartigen symbolischen Gesten und Reden u. Ä. war die unglaublich offene, selbstkritische Analyse der »Menschlichkeiten« des Hofstaats Vatikan beispielgebend:

- bei den jugendlichen Strafgefangenen, denen er die Füße wusch,
- in Süditalien, wo er die Mafiosi exkommunizierte,
- in Israel, wo er an der Mauer um Frieden betete,
- im Europaparlament, wo er die Politiker und Menschen dieses Kontinents aufrüttelte,

- neben der Vermittlung zwischen Kuba und den Vereinigten Staaten,
- neben vielen internen Aufräumarbeiten bei den Vatikanfinanzen und
- bei den Kinder- und Ordens-Missbrauchsfällen.

Wie viele Organisationen und Staaten könnten sich hieran ein Beispiel nehmen? Es kommt uns so vor, als ob wirklich ein »heiliger Geist« durch ihn spricht. Wir fanden die Kritik des Papstes erfrischend klar und hilfreich für die praktische Politikgestaltung. Nur mit einem klaren Kompass christlich-freiheitlicher Werte ist ein »Fair Play« in Europa möglich. Mit Besorgnis stellen auch wir fest, dass Europa »an Schwung verliert«. Dabei bieten sich große Chancen, wenn wir die Weichen wieder richtig stellen. Die Stichworte dazu lauten:

- Mehr Föderalismus (statt planwirtschaftlichem Zentralismus)
- Handeln im Einklang mit christlich-freiheitlichen Werten
- Wettbewerb um neue Ideen
- Stärkung der Eigenverantwortung der Bürger (Soziale Marktwirtschaft Erhard'scher Prägung statt einem kollektiven Versorgungsstaat) und
- Sicherung des demokratischen Ringens um die besten Lösungen.

Mit Besorgnis müssen wir feststellen, dass der Euro Europa mehr spaltet als verbindet. Vor diesem Hintergrund muss über Alternativen nachgedacht werden dürfen. Genug gute Reformvorschläge sind vorhanden.

Über die politische Analyse hinaus muss auch der politische Wille bestehen, politische Veränderungen einzuleiten. In der aktuellen Großen Koalition ist dies nicht erkennbar. Vor diesem Hintergrund muss sich europafreundliche kritische Opposition in Netzwerken neu formen. Unser Institut »Europa der Marktwirtschaften« ist vor diesem Hintergrund eine Plattform, sich hieran zu beteiligen.

Schlussappell
(Stephan Werhahn)

Unsere abendländisch christlich-freiheitlichen Werte sind zwar aufgrund kultureller und religiöser Unterschiede nicht universell, für den Zusammenhalt unserer europäischen Gemeinschaft aber sind sie grundlegend. Sie sollten auch Bestandteil einer europäischen Verfassung sein.

Ein friedlich geeintes demokratisches Europas ist nach meiner Auffassung nur in Verbindung mit einem freiheitssichernden Rechtsstaat und föderal denkbar. Die christliche Soziallehre spricht hier vom »Subsidiaritätsprinzip«. Vor diesem Hintergrund lehnen wir eine europäische Transferunion ab. Es geht dabei mehr als nur um den politischen Zusammenhalt und eine funktionsfähige Wirtschaft, es geht um die zukünftige Sicherung christlich-freiheitlicher Werte. Sie sind erfahrungsgemäß nur mit fairen Regeln zu erhalten. Sie müssen auch eingehalten werden, sonst drohen tiefgreifende Konflikte, im schlimmsten Fall eine neue Willkürherrschaft.

Für mich sind die von Richard Nikolaus Graf von Coudenhove-Kalergi 1922 gegründete Paneuropa-Union, das christlich-freiheitliche Aufbauwerk von Konrad Adenauer, meinem Großvater, nach dem Zweiten Weltkrieg und die von Ludwig Erhard geprägte Soziale Marktwirtschaft Richtschnüre meines politischen Handels. Ich freue mich auf eine breite Unterstützung für die Erneuerung Europas, denn nur mit einer breiten bürgerlichen Basis können wir für das derzeit fragile Europa wieder gemeinsam Zukunft schaffen.

Anhang

Eine föderale Struktur für Europa (Thomas Mayer)[205]

Nicht nur zum Erhalt des Euro, sondern auch zum Erhalt der Idee eines in Frieden und Freiheit vereinten Europas wäre ein Wechsel des politischen Modells für die EU dringend notwendig. Zum Erhalt der europäischen Idee ist nicht der europäische Zentralstaat, sondern ein konföderales Europa in der Form eines Staatenverbunds geeignet. Dieses konföderale Europa sollte den Prinzipien Freiheit, Demokratie, Recht, Subsidiarität und Offenheit für alle Völker Europas verpflichtet sein, die diese Prinzipien teilen. Dadurch böte es ein Haus nicht nur für europäische Länder mit einem starken Willen zur politischen Integration, sondern auch für solche, die größeren Wert auf den Erhalt nationaler Souveränität legen. In seiner Rechtsprechung zu den Verträgen von Maastricht und Lissabon hat das deutsche Bundesverfassungsgericht die Europäische Union als eine über einen Staatenbund hinausreichende Verbindung ohne bundesstaatlichen Charakter definiert und als »Staatenverbund« bezeichnet. Dazu heißt es im Lissabon-Urteil, Absatz 229:

> *»Der Begriff des Verbundes erfasst eine enge, auf Dauer angelegte Verbindung souverän bleibender Staaten, die auf vertraglicher Grundlage öffentliche Gewalt ausübt, deren Grundordnung jedoch allein der Verfügung der Mitgliedstaaten unterliegt und in der die Völker – das heißt die staatsangehörigen Bürger – der Mitgliedstaaten die Subjekte demokratischer Legitimation bleiben.«*[206]

Des Weiteren in Absatz 231:

»Die Ermächtigung, supranationale Zuständigkeiten auszuüben, stammt allerdings von den Mitgliedstaaten einer solchen Einrichtung. Sie bleiben deshalb dauerhaft die Herren der Verträge. Die Quelle der Gemeinschaftsgewalt und der sie konstituierenden europäischen Verfassung im funktionellen Sinne sind die in ihren Staaten demokratisch verfassten Völker Europas. Die ›Verfassung Europas‹, das Völkervertrags- oder Primärrecht, bleibt eine abgeleitete Grundordnung. Sie begründet eine im politischen Alltag durchaus weitreichende, aber immer sachlich begrenzte überstaatliche Autonomie. Autonomie kann hier nur – wie im Recht der Selbstverwaltung gebräuchlich – als eine zwar selbständige (sic!), aber abgeleitete, das heißt von anderen Rechtssubjekten eingeräumte Herrschaftsgewalt verstanden werden.«[207]

Im Staatenverbund geht staatliche Gewalt also von den Völkern aus, die Teile nach dem Prinzip der Subsidiarität vertraglich auf die europäische Ebene übertragen können, dabei aber die Herren über die Verträge und damit über die europäische Ebene bleiben. Ein europäischer »Demos« ist in diesem Konstrukt nicht notwendig, denn die Demokratie findet auf nationaler Ebene statt.

Das vom deutschen Bundesverfassungsgericht entwickelte Konzept des Staatenverbunds entspricht dem von einigen Politologen entwickelten Modell einer europäischen »Demoikratie«, also einer Demokratie mit mehreren »demoi«[208]. Darin soll eine vertiefte Zusammenarbeit verschiedener Gruppen von Völkern in von diesen ausgewählten Bereichen möglich sein, wobei aber die Souveränität über die Frage der Zusammenarbeit selbst und in allen übrigen, von der Zusammenarbeit nicht betroffenen Bereichen beim auf nationaler Ebene existierenden »demos« liegt.

In diesem Modell, wie auch im Konzept des Staatenverbunds, ist europäische Integration weder zwangsläufig noch irreversibel. Sie bleibt immer von dem souveränen Willen der Völker abhängig, der sich auf nationaler Ebene im demokratischen Verfahren bildet. Eine Verkürzung des Prozesses der Willensbildung mit dem Hinweis auf einen faktischen Zwang zur Integration kann es in einem richtig verstandenen Staatenverbund oder in einer »Demoikratie« nicht geben.

Für das konföderale (»demoikratische«) Europa sollte eine freiheitliche Wirtschaftsverfassung in der Form der Sozialen Marktwirtschaft in der jeweiligen nationalen Prägung gelten. Wirtschaftlicher Wohlstand entsteht im marktwirtschaftlichen Wettbewerb freier Unternehmen. Der Staat kann die Mehrung des Wohlstands unterstützen, indem er dafür sorgt, dass der Wettbewerb auf allen Märkten uneingeschränkt und fair stattfindet. Wohlstand wird auch durch die angemessene Bereitstellung öffentlicher Güter gemehrt. Auch soll der Staat diejenigen unterstützen, die ohne eigenes Verschulden im Wettbewerb scheitern und dadurch in wirtschaftliche Notlagen kommen.

Während die Regeln für den Wettbewerb für alle EU-Länder einheitlich gelten müssen, können die Bereitstellung öffentlicher Güter und die Ausgestaltung der sozialen Sicherungssysteme den Nationalstaaten überlassen bleiben. Eine Wettbewerbsordnung kann nicht für Teile eines gemeinsamen Markts, sondern muss für den Markt insgesamt gelten. Deshalb muss ihre Ausgestaltung an die europäische Ebene delegiert werden. Dagegen kann die Bereitstellung öffentlicher Güter und sozialer Absicherung auf nationaler Ebene erfolgen. Dafür geben die Familie im Dorf, die Dorfgemeinschaft in der Region und die Region im Bundesstaat entsprechende Beispiele. Jedoch wird wie in den angeführten Beispielen auf niedrigerer Ebene die Großzügigkeit der sozialen Absicherung durch die Fähigkeit der jeweiligen Volkswirtschaft begrenzt, die dafür entstehenden Kosten zu tragen, ohne im europäischen Wettbewerb zurückzufallen. Kern der europäischen Wirtschaftsverfassung ist ein gemeinsamer Binnenmarkt für Güter und Dienstleistungen und freier Außenhandel. Auch mehr als zwei Jahrzehnte nach der ersten Welle der Handelsliberalisierung im Rahmen des Projekts »Europa 1992« ist der einheitliche Binnenmarkt noch nicht in allen Bereichen vollendet. Defizite gibt es noch in der gegenseitigen Anerkennung von Schul- und Berufsabschlüssen, im Zugang zur Produktion von Dienstleistungen und im Bereich der öffentlichen Aufträge. Daher muss die Öffnung nationaler Märkte für den Wettbewerb auf europäischer Ebene weitergehen. Ein gemeinsamer europäischer Markt muss natürlich in eine freiheitliche globale Handelsordnung eingebettet sein. Eine »Festung Europa« mit Handelsbarrieren gegenüber anderen Ländern würde Wohlstandsverluste für die Bürger Europas mit sich bringen und dadurch die Ziele des Binnenmarkts konterkarieren. Die Regeln des Binnenmarkts müssen auch für den Energiesektor gelten, der gegenwärtig in Deutschland im Alleingang unter massivem Einsatz von Subventionen umfassend umgebaut wird. Eine mit dem Binnenmarkt konsistente Energiepolitik kann nur auf europäischer Ebene erfolgen, weil es sonst zu erheblichen Wettbewerbsverzerrungen kommt. Insbesondere muss ein europäischer Konsens über die Rolle von Kernenergie und erneuerbaren Energieträgern im gemeinsamen Energiemarkt erreicht werden.

Dieser Konsens kann dann zum Beispiel in entsprechenden Quoten für die Kernenergie und für erneuerbare Energieträger an der gesamten Energieerzeugung ausgedrückt werden. Globale Klimaziele können durch europäischen Handel mit Verschmutzungsrechten verfolgt werden.

In einem konföderalen, demoikratischen Europa muss Freizügigkeit für Personen und Kapital gewährleistet sein. Während dies im Falle von Kapital weitgehend erreicht ist, besteht Nachholbedarf im Bereich der Freizügigkeit von Personen. Es ist offensichtlich, dass ein gemeinsamer Arbeitsmarkt zu einem gemeinsamen Binnenmarkt gehört, jeder EU-Bürger also frei ist, im EU-Staat seiner Wahl zu leben und zu arbeiten. Doch kommt die Freizügigkeit von Personen politisch unter Druck, wenn sie zur Erschleichung von Sozialleistungen benutzt wird.

Damit Freizügigkeit auf politisch sicherem Boden steht, darf es keine Arbitrage zwischen unterschiedlich gestalteten Sozialsystemen geben. In der freien Wahl des Arbeitsorts, des Wohnorts und der Kapitalanlage wird Freiheit in Europa erlebt. Freiheit und Eigenverantwortung gehören jedoch zusammen. Wer nicht in der Lage ist, wirtschaftlich für sich selbst zu sorgen, muss sich auf die Unterstützung seiner näheren Umgebung verlassen, die durch Familien- oder Staatszugehörigkeit bestimmt ist. In einem demoikratischen Europa sind die nationalen Sozialsysteme für die soziale Absicherung der Staatsangehörigen verantwortlich.

Rede von Papst Franziskus vor dem Europaparlament in Strassburg am 25.11.2014[209]

»Herr Präsident, meine Damen und Herren Vizepräsidenten, verehrte Europaabgeordnete und alle, die in den verschiedenen Arbeitsbereichen dieser Einrichtung tätig sind, liebe Freunde, ich danke Ihnen für die Einladung, vor dieser Institution, die für das Leben der Europäischen Union grundlegend ist, das Wort zu ergreifen, und für die Gelegenheit, die Sie mir bieten, mich über Sie an die über 500 Millionen Bürger zu wenden, die Sie in den 28 Mitgliedstaaten vertreten. Meinen besonderen Dank möchte ich Ihnen, Herr Parlamentspräsident, ausdrücken für die freundlichen Worte, mit denen Sie mich im Namen aller Mitglieder der Versammlung willkommen geheißen haben.

Mein Besuch findet in einem zeitlichen Abstand von mehr als einem Vierteljahrhundert nach dem von Papst Johannes Paul II. statt. Vieles hat sich seit jenen Tagen in Europa und in der ganzen Welt verändert. Es existieren nicht mehr die gegensätzlichen Blöcke, die damals den Kontinent in zwei Teile teilten, und langsam erfüllt sich der Wunsch, dass ›Europa sich souverän freie Institutionen gibt und eines Tages sich in die Dimensionen entfalten kann, die die Geografie und mehr noch die Geschichte ihm gegeben haben‹.

Neben einer weiträumigeren Europäischen Union gibt es auch eine Welt, die komplexer geworden und stark in Bewegung ist. Eine Welt, die immer stärker vernetzt und global und daher auch immer weniger ›eurozentrisch‹ ist. Einer ausgedehnteren, einflussreicheren Union scheint sich jedoch das Bild eines etwas gealterten und erdrückten Europas zuzugesellen, das dazu neigt, sich in einem Kontext, der es oft nüchtern, misstrauisch und manchmal sogar argwöhnisch betrachtet, weniger als Protagonist zu fühlen.

Indem ich mich heute an Sie wende, möchte ich aufgrund meiner Berufung zum Hirten an alle europäischen Bürger eine Botschaft der Hoffnung und der Ermutigung richten.

Eine Botschaft der Hoffnung, die auf der Zuversicht beruht, dass die Schwierigkeiten zu machtvollen Förderern der Einheit werden können, um alle Ängste zu überwinden, die Europa – gemeinsam mit der ganzen Welt – durchlebt. Eine Hoffnung auf den Herrn, der das Böse in Gutes und den Tod in Leben verwandelt.

Eine Ermutigung, zur festen Überzeugung der Gründungsväter der Europäischen Union zurückzukehren, die sich eine Zukunft wünschten, die auf der Fähigkeit basiert, gemeinsam zu arbeiten, um die Teilungen zu überwinden und den Frieden und die Gemeinschaft unter allen Völkern des Kontinentes zu fördern. Im Mittelpunkt dieses ehrgeizigen politischen Planes stand das Vertrauen auf den Menschen, und zwar weniger als Bürger und auch nicht als wirtschaftliches Subjekt, sondern auf den Menschen als eine mit transzendenter Würde begabte Person.

Es liegt mir vor allem daran, die enge Verbindung hervorzuheben, die zwischen diesen beiden Worten besteht: ›Würde‹ und ›transzendent‹.

Die ›Würde‹ ist ein Schlüsselwort, das den Aufschwung der zweiten Nachkriegszeit charakterisiert hat. Unsere jüngere Geschichte zeichnet sich dadurch aus, dass die Förderung der Menschenwürde zweifellos ein zentrales Anliegen war gegen die vielfältige Gewalt und die Diskriminierungen, an denen es im Laufe der Jahrhunderte auch in Europa nicht gefehlt hat. Das Wahrnehmungsvermögen für die Bedeutung der Menschenrechte entsteht gerade als Ergebnis eines langen, auch aus mannigfachen Leiden und Opfern bestehenden Weges, der dazu bei-

getragen hat, das Bewusstsein für die Kostbarkeit, Einzigkeit und Unwiederholbarkeit jedes einzelnen Menschen heranzubilden. Dieses kulturelle Bewusstsein hat seine Grundlage nicht nur in den Ereignissen der Geschichte, sondern vor allem im europäischen Denken, das gekennzeichnet ist durch ein reichhaltiges Zusammenfließen, dessen vielfältige, weit zurückliegende Quellgründe ›aus Griechenland und aus Rom, aus keltischem, germanischem und slawischem Boden und aus dem Christentum [stammen], das sie tief geprägt hat‹ und so zu der Idee der ›Person‹ führte.

Heute spielt die Förderung der Menschenrechte eine zentrale Rolle im Engagement der Europäischen Union, mit dem Ziel, die Würde der Person zu stützen, sowohl innerhalb Europas als auch in der Beziehung zu den anderen Ländern. Es handelt sich um ein wichtiges und bewundernswertes Engagement, denn es bestehen immer noch zu viele Situationen, in denen Menschen wie Objekte behandelt werden, deren Empfängnis, Gestaltung und Brauchbarkeit man programmieren und sie dann wegwerfen kann, wenn sie nicht mehr nützlich sind, weil sie schwach, krank oder alt geworden sind.

In der Tat, welche Würde besteht, wenn die Möglichkeit fehlt, frei die eigene Meinung zu äußern oder ohne Zwang den eigenen Glauben zu bekennen? Welche Würde ist möglich ohne einen klaren juristischen Rahmen, der die Gewaltherrschaft begrenzt und das Gesetz über die Tyrannei der Macht siegen lässt? Welche Würde kann jemals ein Mensch haben, der zum Gegenstand von Diskriminierung aller Art gemacht wird? Welche Würde soll jemals einer finden, der keine Nahrung bzw. das Allernotwendigste zum Leben hat und – schlimmer noch – dem die Arbeit fehlt, die ihm Würde verleiht?

Die Würde des Menschen zu fördern bedeutet anzuerkennen, dass er unveräußerliche Rechte besitzt, deren er nicht nach Belieben und noch weniger zugunsten wirtschaftlicher Interessen von irgendjemandem beraubt werden kann.

Man muss aber achtgeben, nicht Missverständnissen zu verfallen, die aus einem falschen Verständnis des Begriffes Menschenrechte und deren widersinnigem Gebrauch hervorgehen. Es gibt nämlich heute die Tendenz zu einer immer weiter reichenden Beanspruchung der individuellen – ich bin versucht zu sagen: individualistischen – Rechte, hinter der sich ein aus jedem sozialen und anthropologischen Zusammenhang herausgelöstes Bild des Menschen verbirgt, der gleichsam als ›Monade‹ zunehmend unsensibel wird für die anderen ›Monaden‹ in seiner Umgebung. Mit der Vorstellung des Rechtes scheint die ebenso wesentliche und ergänzende der Pflicht nicht mehr verbunden zu sein, sodass man schließlich die Rechte des Einzelnen behauptet, ohne zu berücksichtigen, dass jeder Mensch in einen sozialen Kontext eingebunden ist, in dem seine Rechte und Pflichten mit denen der anderen und zum Gemeinwohl der Gesellschaft selbst verknüpft sind.

Ich meine daher, dass es überaus wichtig ist, heute eine Kultur der Menschenrechte zu vertiefen, die weise die individuelle oder besser die persönliche Dimension mit der des Gemeinwohls – mit jenem ›Wir alle‹, das aus Einzelnen, Familien und kleineren Gruppen gebildet wird, die sich zu einer sozialen Gemeinschaft zusammenschließen‹ – zu verbinden versteht. Wenn nämlich das Recht eines jeden nicht harmonisch auf das größere Wohl hin ausgerichtet ist, wird es schließlich als unbegrenzt aufgefasst und damit zur Quelle von Konflikten und Gewalt.

Von der transzendenten Würde des Menschen zu sprechen bedeutet also, sich auf seine Natur zu berufen, auf seine angeborene Fähigkeit, Gut und Böse zu unterscheiden, auf jenen ›Kompass‹, der in unsere Herzen eingeschrieben ist und den Gott dem geschaffenen Universum eingeprägt hat. Vor allem bedeutet es, den Menschen nicht als ein Absolutes zu betrachten, sondern als ein relationales Wesen. Eine der Krankheiten, die ich heute in Europa am meisten verbreitet sehe, ist die besondere Einsamkeit dessen, der keine Bindungen hat. Das wird speziell sichtbar bei den alten Menschen, die oft ihrem

Schicksal überlassen sind, wie auch bei den Jugendlichen, die keine Bezugspunkte und keine Zukunftschancen haben; Es wird sichtbar bei den vielen Armen, die unsere Städte bevölkern; es wird sichtbar in dem verlorenen Blick der Migranten, die hierhergekommen sind, auf der Suche nach einer besseren Zukunft.

Diese Einsamkeit ist dann durch die Wirtschaftskrise verschärft worden, deren Wirkungen noch andauern mit Konsequenzen, die unter gesellschaftlichem Gesichtspunkt dramatisch sind. Zudem kann man feststellen, dass im Laufe der letzten Jahre mit dem Prozess der Erweiterung der Europäischen Union eine Steigerung des Misstrauens der Bürger gegenüber Institutionen einhergeht, die als fern betrachtet werden, damit beschäftigt, Regeln aufzustellen, die als weitab von der Sensibilität der einzelnen Völker, wenn nicht sogar als schädlich wahrgenommen werden. Von mehreren Seiten aus gewinnt man den Gesamteindruck der Müdigkeit, der Alterung, die Impression eines Europas, das Großmutter und nicht mehr fruchtbar und lebendig ist. Demnach scheinen die großen Ideale, die Europa inspiriert haben, ihre Anziehungskraft verloren zu haben zugunsten von bürokratischen Verwaltungsapparaten seiner Institutionen.

Dazu kommen einige etwas egoistische Lebensstile, die durch einen mittlerweile unhaltbaren Überfluss gekennzeichnet und oft ihrer Umgebung, vor allem den Ärmsten gegenüber gleichgültig sind. Mit Bedauern ist festzustellen, dass im Mittelpunkt der politischen Debatte technische und wirtschaftliche Fragen vorherrschen, auf Kosten einer authentischen anthropologischen Orientierung. Der Mensch ist in Gefahr, zu einem bloßen Räderwerk in einem Mechanismus herabgewürdigt zu werden, der ihn nach dem Maß eines zu gebrauchenden Konsumgutes behandelt, sodass er – wie wir leider oft beobachten –, wenn das Leben diesem Mechanismus nicht mehr zweckdienlich ist, ohne viel Bedenken ausgesondert wird, wie im Fall der Kranken, der Kranken im Endstadium, der verlassenen Alten ohne Pflege oder der Kinder, die vor der Geburt getötet werden.

Es ist das große Missverständnis, das geschieht, ›wenn sich die Verabsolutierung der Technik durchsetzt‹, die schließlich zu einer ›Verwechslung von Zielen und Mitteln‹ führt. Das ist ein unvermeidliches Ergebnis der ›Wegwerf-Kultur‹ und des ›hemmungslosen Konsumismus‹. Dagegen bedeutet, die Menschenwürde zu behaupten, die Kostbarkeit des menschlichen Lebens zu erkennen, das uns unentgeltlich geschenkt ist und deshalb nicht Gegenstand von Tausch oder Verkauf sein kann. Sie sind in Ihrer Berufung als Parlamentarier auch zu einer großen Aufgabe ausersehen, die vielleicht unnütz erscheinen mag: sich der Gebrechlichkeit anzunehmen, der Gebrechlichkeit der Völker und der einzelnen Menschen. Sich der Gebrechlichkeit anzunehmen, bedeutet Kraft und Zärtlichkeit, bedeutet Kampf und Fruchtbarkeit inmitten eines funktionellen und privatistischen Modells, das unweigerlich zur ›Wegwerf-Kultur‹ führt. Sich der Gebrechlichkeit der Menschen und der Völker anzunehmen bedeutet, das Gedächtnis und die Hoffnung zu bewahren; es bedeutet, die Gegenwart in ihrer nebensächlichsten und am meisten beängstigenden Situation auf sich zu nehmen und fähig zu sein, sie mit Würde zu salben.

Wie kann man also der Zukunft wieder Hoffnung verleihen, sodass – angefangen bei den jungen Generationen – das Vertrauen wiedergewonnen wird, das große Ideal eines vereinten und friedvollen, kreativen und unternehmungsfreudigen Europas zu verfolgen, das die Rechte achtet und sich der eigenen Pflichten bewusst ist?

Um diese Frage zu beantworten, gestatten Sie mir, auf ein Bild zurückzugreifen. Eine der berühmtesten Fresken Raffaels im Vatikan stellt die sogenannte Schule von Athen dar. In ihrem Mittelpunkt stehen Platon und Aristoteles. Der Erste deutet mit dem Finger nach oben, zur Welt der Ideen, zum Himmel, könnten wir sagen; der Zweite streckt die Hand nach vorne, auf den Betrachter zu, zur Erde, der konkreten Wirklichkeit. Das scheint mir ein Bild zu sein, das Europa und seine Geschichte gut beschreibt, die aus der fortwährenden Begegnung zwischen

Himmel und Erde besteht, wobei der Himmel die Öffnung zum Transzendenten, zu Gott beschreibt, die den europäischen Menschen immer gekennzeichnet hat, und die Erde seine praktische und konkrete Fähigkeit darstellt, die Situationen und Probleme anzugehen.

Die Zukunft Europas hängt von der Wiederentdeckung der lebendigen und untrennbaren Verknüpfung dieser beiden Elemente ab. Ein Europa, das nicht mehr fähig ist, sich der transzendenten Dimension des Lebens zu öffnen, ist ein Europa, das in Gefahr gerät, allmählich seine Seele zu verlieren und auch jenen ›humanistischen Geist‹, den es doch liebt und verteidigt.

Gerade ausgehend von der Notwendigkeit einer Öffnung zum Transzendenten möchte ich die Zentralität des Menschen bekräftigen, der andernfalls zum Spielball der Moden und der jeweiligen Mächte wird. In diesem Sinne halte ich nicht nur das Erbe, welches das Christentum in der Vergangenheit der soziokulturellen Gestaltung des Kontinentes überlassen hat, für grundlegend, sondern vor allem den Beitrag, den es heute und in der Zukunft zu dessen Wachstum zu leisten gedenkt. Dieser Beitrag stellt nicht eine Gefahr für die Laizität der Staaten und für die Unabhängigkeit der Einrichtungen der Union dar, sondern eine Bereicherung. Das zeigen uns die Ideale, die Europa von Anfang an geformt haben, wie der Friede, die Subsidiarität und die wechselseitige Solidarität – ein Humanismus, in dessen Zentrum die Achtung der Würde der Person steht.

Darum möchte ich erneut die Bereitschaft des Heiligen Stuhls und der katholischen Kirche betonen, durch die Kommission der Europäischen Bischofskonferenzen (COMECE) einen gewinnbringenden, offenen und transparenten Dialog mit den Institutionen der Europäischen Union zu pflegen. Ebenso bin ich überzeugt, dass ein Europa, das fähig ist, sich die eigenen religiösen Wurzeln zunutze zu machen, indem es ihren Reichtum und ihre inneren Möglichkeiten zu ergreifen versteht, auch leichter immun sein kann gegen die vielen Extremismen, die sich in der heutigen Welt verbreiten – auch aufgrund des großen ideellen Vakuums, das wir im sogenannten Westen erleben, denn ›es ist gerade die Gottvergessenheit und nicht seine Verherrlichung, die Gewalt erzeugt‹.

Wir können hier die zahlreichen Ungerechtigkeiten und Verfolgungen nicht unerwähnt lassen, die täglich die religiösen und besonders die christlichen Minderheiten in verschiedenen Teilen der Welt treffen. Gemeinschaften und Einzelne, die sich barbarischer Gewalt ausgesetzt sehen: aus ihren Häusern und ihrer Heimat vertrieben; als Sklaven verkauft; getötet, enthauptet, gekreuzigt und lebendig verbrannt – unter dem beschämenden und begünstigenden Schweigen vieler.

Das Motto der Europäischen Union ist Einheit in der Verschiedenheit, doch Einheit bedeutet nicht politische, wirtschaftliche, kulturelle oder gedankliche Uniformität. In Wirklichkeit lebt jede authentische Einheit vom Reichtum der Verschiedenheiten, die sie bilden: wie eine Familie, die umso einiger ist, je mehr jedes ihrer Mitglieder ohne Furcht bis zum Grund es selbst sein kann. In diesem Sinn meine ich, dass Europa eine Familie von Völkern ist, welche die Institutionen der Union als nah empfinden können, falls diese es verstehen, das ersehnte Ideal der Einheit weise mit der je verschiedenen Eigenart eines jeden zu verbinden, indem sie die einzelnen Traditionen zur Geltung bringen, sich der Geschichte und der Wurzeln dieses Kontinents bewusst werden und sich von vielen Manipulationen und Ängsten befreien. Den Menschen ins Zentrum zu setzen bedeutet vor allem zuzulassen, dass er frei sein eigenes Gesicht und seine eigene Kreativität ausdrückt, sowohl auf der Ebene des Einzelnen als auch auf der des Volkes.

Andererseits bilden die Eigenarten eines jeden in dem Maß, wie sie in den Dienst aller gestellt werden, einen echten Reichtum. Man muss sich immer an die besondere Struktur der Europäischen Union erinnern, die auf den Prinzipien der Solidarität und der Subsidiarität gründet, sodass die gegenseitige Hilfe vor-

herrscht und man, beseelt von gegenseitigem Vertrauen, vorangehen kann.

In dieser Dynamik von Einheit und Eigenart ist Ihnen, meine Damen und Herren Europaabgeordnete, auch die Verantwortung übertragen, die Demokratie lebendig zu erhalten, die Demokratie der Völker Europas. Es ist kein Geheimnis, dass eine vereinheitlichende Auffassung der Globalität der Vitalität des demokratischen Systems schadet, indem es dem reichen, fruchtbaren und konstruktiven Gegensatz der Organisationen und der politischen Parteien untereinander seine Kraft nimmt. So läuft man Gefahr, im Reich der Idee, des bloßen Wortes, des Bildes, des Sophismus zu leben [...] und schließlich die Wirklichkeit der Demokratie mit einem neuen politischen Nominalismus zu verwechseln. Die Demokratie in Europa lebendig zu erhalten, erfordert, viele ›Globalisierungsarten‹ zu vermeiden, die die Wirklichkeit verwässern: die engelhaften Purismen, die Totalitarismen des Relativen, die geschichtswidrigen Fundamentalismen, die Ethizismen ohne Güte, die Intellektualismen ohne Weisheit.

Die Wirklichkeit der Demokratien lebendig zu erhalten ist eine Herausforderung dieses geschichtlichen Momentes: zu vermeiden, dass ihre reale Kraft – die politische Ausdruckskraft der Völker – verdrängt wird, angesichts des Drucks multinationaler nicht universaler Interessen, die sie schwächen und in vereinheitlichende Systeme finanzieller Macht im Dienst von unbekannten Imperien verwandeln. Das ist eine Herausforderung, die Ihnen die Geschichte heute stellt.

Europa Hoffnung geben bedeutet, nicht nur die Zentralität des Menschen anzuerkennen, sondern schließt auch ein, seine Begabungen zu fördern. Es geht deshalb darum, in ihn und in die Bereiche zu investieren, in denen seine Talente sich entwickeln und Frucht bringen. Der erste Bereich ist gewiss der der Erziehung, angefangen von der Familie, welche die grundlegende Zelle und ein kostbarer Bestandteil jeder Gesellschaft ist. Die geeinte, fruchtbare und unauflösliche Familie bringt die fundamentalen Elemente mit sich, um Zukunftshoffnung zu geben. Ohne diese Festigkeit baut man letztlich auf Sand, mit schweren gesellschaftlichen Folgen. Andererseits dient die Betonung der Bedeutung der Familie nicht nur dazu, den neuen Generationen Aussichten und Hoffnung zu vermitteln, sondern auch den zahlreichen alten Menschen, die oft gezwungen sind, in Situationen der Einsamkeit und der Verlassenheit zu leben, weil es nicht mehr die Wärme einer häuslichen Gemeinschaft gibt, die imstande ist, sie zu begleiten und zu unterstützen.

Neben der Familie gibt es das Erziehungswesen: Schulen und Universitäten. Die Erziehung darf sich nicht darauf beschränken, eine Ansammlung von technischen Kenntnissen zu vermitteln, sondern muss den äußerst komplexen Wachstumsprozess des Menschen in seiner Ganzheit fördern. Die Jugendlichen von heute verlangen, eine angemessene und vollständige Ausbildung erhalten zu können, um mit Hoffnung in die Zukunft zu schauen und nicht mit Enttäuschung. Zahlreich sind zudem die kreativen Möglichkeiten Europas auf verschiedenen Gebieten der wissenschaftlichen Forschung, von denen einige noch nicht ganz erkundet sind. Man denke beispielsweise nur an die alternativen Energiequellen, deren Entwicklung dem Umweltschutz von großem Nutzen wäre.

Europa hat in einem lobenswerten Einsatz zugunsten der Ökologie immer in der vordersten Reihe gestanden. Diese unsere Erde braucht tatsächlich eine ständige Pflege und Aufmerksamkeit, und jeder trägt eine persönliche Verantwortung in der Bewahrung der Schöpfung, dieses kostbaren Geschenkes, das Gott in die Hände der Menschen gelegt hat. Das bedeutet einerseits, dass die Natur uns zur Verfügung steht, wir uns an ihr freuen und sie in rechter Weise gebrauchen können. Andererseits bedeutet es jedoch, dass wir nicht ihre Herren sind. Hüter, aber nicht Herren. Wir müssen sie deshalb lieben und achten, stattdessen sind wir ›oft vom Hochmut des Herrschens, des Besitzens, des Manipulierens, des Ausbeutens geleitet; wir

›hüten‹ sie nicht, wir achten sie nicht, wir betrachten sie nicht als unentgeltliches Geschenk, für das wir Sorge tragen müssen.‹ Die Umwelt achten bedeutet aber nicht nur, sich darauf zu beschränken, sie nicht zu verderben, sondern auch, sie für das Gute zu nutzen. Ich denke vor allem an den landwirtschaftlichen Sektor, der berufen ist, dem Menschen Unterstützung und Nahrung zu liefern. Es ist nicht tolerierbar, dass Millionen von Menschen in der Welt den Hungertod sterben, während jeden Tag Tonnen von Lebensmitteln von unseren Tischen weggeworfen werden. Außerdem erinnert uns die Achtung gegenüber der Natur daran, dass der Mensch selbst ein grundlegender Teil von ihr ist. Neben der Ökologie der Umwelt bedarf es daher jener Ökologie des Menschen, die in der Achtung der Person besteht, die ich heute in meinen Worten an Sie ins Gedächtnis rufen wollte.

Der zweite Bereich, in dem die Talente des Menschen zur Blüte kommen, ist die Arbeit. Es ist Zeit, die Beschäftigungspolitik zu fördern, vor allem aber ist es notwendig, der Arbeit wieder Würde zu verleihen, indem man auch angemessene Bedingungen für ihre Ausübung gewährleistet. Das schließt einerseits ein, neue Methoden zu finden, um die Flexibilität des Marktes mit der Notwendigkeit von Stabilität und Sicherheit der Arbeitsperspektiven zu verbinden, die für die menschliche Entwicklung der Arbeiter unerlässlich sind. Andererseits bedeutet es, einen angemessenen sozialen Kontext zu begünstigen, der nicht auf die Ausbeutung der Menschen ausgerichtet ist, sondern darauf, durch die Arbeit die Möglichkeit zu garantieren, eine Familie aufzubauen und die Kinder zu erziehen.

Gleichermaßen ist es notwendig, gemeinsam das Migrationsproblem anzugehen. Man kann nicht hinnehmen, dass das Mittelmeer zu einem Massenfriedhof wird! Auf den Kähnen, die täglich an den europäischen Küsten landen, sind Männer und Frauen, die Aufnahme und Hilfe brauchen. Das Fehlen gegenseitiger Unterstützung innerhalb der Europäischen Union läuft Gefahr, partikularistische Lösungen des Problems anzure-

gen, welche die Menschenwürde der Einwanderer nicht berücksichtigen und Sklavenarbeit sowie ständige soziale Spannungen begünstigen. Europa wird imstande sein, die mit der Einwanderung verbundenen Problemkreise zu bewältigen, wenn es versteht, in aller Klarheit die eigene kulturelle Identität vorzulegen und geeignete Gesetze in die Tat umzusetzen, die fähig sind, die Rechte der europäischen Bürger zu schützen und zugleich die Aufnahme der Migranten zu garantieren; wenn es korrekte, mutige und konkrete politische Maßnahmen zu ergreifen versteht, die den Herkunftsländern der Migranten bei der sozio-politischen Entwicklung und bei der Überwindung der internen Konflikte – dem Hauptgrund dieses Phänomens – helfen, anstatt Politik der Eigeninteressen zu betreiben, die diese Konflikte steigert und nährt. Es ist notwendig, auf die Ursachen einzuwirken und nicht nur auf die Folgen.

Herr Präsident, Exzellenzen, meine Damen und Herren Abgeordnete,

das Bewusstsein der eigenen Identität ist auch notwendig, um konstruktiv mit den Staaten zu verhandeln, die gebeten haben, in Zukunft der Union beizutreten. Ich denke vor allem an jene aus dem balkanischen Raum, für die der Eintritt in die Europäische Union dem Friedensideal entsprechen kann, in einer Region, die unter den Konflikten der Vergangenheit so sehr gelitten hat. Und schließlich ist das Bewusstsein der eigenen Identität unerlässlich in den Beziehungen zu den anderen Nachbarländern, besonders zu denen, die ans Mittelmeer grenzen, von denen viele aufgrund innerer Konflikte und unter dem Druck des religiösen Fundamentalismus und des internationalen Terrorismus leiden.

Ihnen, verehrte Mitglieder des Parlaments, kommt als gesetzgebende Instanz die Aufgabe zu, die europäische Identität zu bewahren und wachsen zu lassen, damit die Bürger wieder Vertrauen in die Institutionen der Union und in den Plan des Friedens und der Freundschaft gewinnen, der das Fundament der

Union ist. ›Je mehr [...] die Macht der Menschen wächst, desto mehr weitet sich ihre Verantwortung, sowohl die der Einzelnen wie die der Gemeinschaften.‹ In diesem Wissen appelliere ich daher an Sie, daran zu arbeiten, dass Europa seine gute Seele wiederentdeckt.

Ein anonymer Autor des 2. Jahrhunderts schrieb, dass ›die Christen in der Welt das sind, was die Seele im Leib ist‹. Die Aufgabe der Seele ist es, den Leib aufrechtzuerhalten, sein Gewissen und sein geschichtliches Gedächtnis zu sein. Und eine zweitausendjährige Geschichte verbindet Europa mit dem Christentum. Eine Geschichte, die nicht frei von Konflikten und Fehlern – auch von Sünden –, immer aber beseelt war von dem Wunsch, am Guten zu bauen. Das sehen wir an der Schönheit unserer Städte und mehr noch an der Schönheit der vielfältigen Werke der Liebe und des gemeinschaftlichen menschlichen Aufbaus, die den Kontinent überziehen. Diese Geschichte ist zum großen Teil erst noch zu schreiben. Sie ist unsere Gegenwart und auch unsere Zukunft. Sie ist unsere Identität. Und Europa hat es dringend nötig, sein Gesicht wiederzuentdecken, um – nach dem Geist seiner Gründungsväter – im Frieden und in der Eintracht zu wachsen, denn es selbst ist noch nicht frei von Konflikten.

Liebe Europaabgeordnete, die Stunde ist gekommen, gemeinsam das Europa aufzubauen, das sich nicht um die Wirtschaft dreht, sondern um die Heiligkeit der menschlichen Person, der unveräußerlichen Werte; das Europa, das mutig seine Vergangenheit umfasst und vertrauensvoll in die Zukunft blickt, um in Fülle und voll Hoffnung seine Gegenwart zu leben. Es ist der Moment gekommen, den Gedanken eines verängstigten und in sich selbst verkrümmten Europas fallen zu lassen, um ein Europa zu erwecken und zu fördern, das ein Protagonist ist und Träger von Wissenschaft, Kunst, Musik, menschlichen Werten und auch Träger des Glaubens ist. Das Europa, das den Himmel betrachtet und Ideale verfolgt; das Europa, das auf den Menschen schaut, ihn verteidigt und schützt; das Europa, das auf siche-

rem, festem Boden voranschreitet, ein kostbarer Bezugspunkt für die gesamte Menschheit!

Danke.«

Plädoyer für ein konföderales Europa (Justus Haucap, Stefan Kooths, Thomas Mayer und Frank Schäffler)[210]

Wir machen uns Sorgen um Europa. Die Pioniere der europäischen Integrationsidee wollten das Trennende zwischen den Mitgliedstaaten überwinden, damit sich in freier grenzüberschreitender Kooperation der Menschen nach und nach eine europäische Gesellschaft entwickeln kann. Heute droht dieser behutsame evolutionäre Integrationsweg durch die überhastete Bildung zentralstaatlicher Instanzen ersetzt zu werden. Institutionen beruhen aber auf Konsens, nicht umgekehrt. Ein zentralistisches Europa droht, den Integrationserfolg insgesamt aufs Spiel zu setzen.

Die bei der Gründung der Europäischen Währungsunion (EWU) gehegte Hoffnung, dass sich mit den monetären Gemeinschaftsinstanzen auch ein geld- und währungspolitischer Konsens herausbilden würde, hat getrogen. Auch hat sich gezeigt, dass die Mitgliedstaaten nicht bereit waren, die für eine Hartwährungsunion notwendige fiskalische Disziplin zu wahren und wirtschaftliche Flexibilität zu fördern. Mangelnde Vorkehrungen für den Umgang mit Staatsinsolvenzen und für die konsequente Abwicklung maroder Geschäftsbanken zu Lasten von Eigentümern und Gläubigern haben die Fundamente der EWU ausgehöhlt. Um staatliche Insolvenzen zu vermeiden und alle Länder in der EWU zu halten, übernahm Mitte 2012 die Europäische Zentralbank mit ihrem Programm für Interventionen im Sekundärmarkt für Staatsanleihen faktisch die Rolle eines Kreditgebers der letzten Instanz für Eurostaaten in Finanznöten. Um den daraus entstehenden »Moral Hazard« einzudämmen, sollen sich die Staaten zu Einschränkungen ihrer nationalen Souveränität verpflichten. Im Ergebnis müssen sich nun überschuldete Staaten mit ihren europäischen Partnerländern als Gläubigern auseinandersetzen und nicht mehr – wie es in einer marktwirtschaftlichen Ordnung vorgesehen wäre – mit privaten Anlegern. Dies provoziert unnötige Interessensgegensätze zwischen den europäischen Ländern und trägt Unfrieden in die gesamte Europäische Union hinein. Der zur Vereinheitlichung der Finanzierungsbedingungen für die Realwirtschaft begonnene Bau einer Bankenunion unterwirft die Finanzinstitute einer europäisch gesteuerten Überwachung und Abwicklung bei Schieflagen, wobei die Kosten letztendlich gemeinsam getragen werden sollen – auch hier führt die Vergemeinschaftung der Haftung zu politischen Konflikten, die bei marktwirtschaftlichen Lösungen gar nicht erst auftreten. Insgesamt gesehen, führt die zum Erhalt der EWU gewählte Strategie zu einer fortschreitenden Aushöhlung nationaler Souveränität und Verlagerung wesentlicher Kompetenzen der Nationalstaaten auf die europäische Ebene.

Viele Bürger Europas lehnen das Ziel eines europäischen Zentralstaats ab und widersetzen sich der Abgabe nationaler Souveränität an eine europäische Zentrale ohne eine überzeugende ordnungspolitische Konzeption und ohne wirkliche demokratische Legitimität. Im Rahmen des Krisenmanagements, das alle Merkmale einer sich immer weiter drehenden Interventionsspirale aufweist, wurden und werden schrittweise zentralstaatliche Strukturen geschaffen – und zwar nicht nur dort, wo sie zur Wahrung des Gemeinschaftsinteresses auch über das Subsidiaritätsprinzip gedeckt wären.

Symptomatisch für die ordnungspolitischen Defizite sind Diskussionen über ein gemeinsames EWU-Budget oder europäische Steuern, ohne dass zuvor über den Auf- und Ausgabenzuschnitt der Zentralebene befunden wird. Dem zentralistischen Ansatz folgend, scheinen neue Kompetenzen auf der EU-Ebene vor allem als Instrumente eines Makromanagements und immer weniger als Abrundung eines insgesamt stimmigen Ordnungsrahmens zu gelten, der die dezentrale Kooperation der Menschen in Europa befördert. Diskutiert und entschieden werden immer nur einzelne Maßnahmen zur Bewältigung akuter Herausforderungen, ohne dass ein breiter Diskurs über das Ziel geführt würde, zu dem die einzelnen Schritte hinführen sollen. Allenfalls wird darauf hingewiesen, dass das Parlament der EU als Kontrollinstanz des europäischen Zentralstaats gestärkt werden soll, um ein »demokratisches Defizit« zu verringern.

Dabei wird übersehen, dass das EU-Parlament als demokratisch legitimierte Volksvertretung ungeeignet ist. Dazu hat das Bundesverfassungsgericht in seinem Urteil zum Vertrag von Lissabon festgestellt:

> *»Das Europäische Parlament ist [...] kein Repräsentationsorgan eines souveränen europäischen Volkes. Dies spiegelt sich darin, dass es als Vertretung der Völker in den jeweils zugewiesenen nationalen Kontingenten von Abgeordneten nicht als Vertretung der Unionsbürger als ununterschiedene Einheit nach dem Prinzip der Wahlgleichheit angelegt ist.«*[211]

Angesichts dessen, dass eine breite Debatte über die Konsequenzen des Krisenmanagements für die politische Organisation Europas ausbleibt und Ansätze zu einer solchen Debatte regelmäßig als »antieuropäisch« diskreditiert werden, ist es nicht verwunderlich, dass in fast allen EU-Staaten europakritische und zum Teil nationalistische Kräfte stärker werden. Wer keine Alternative zu einem föderal organisierten europäischen Zentralstaat von zweifelhafter demokratischer Legitimität sieht, neigt fast zwangsläufig dazu, am Nationalstaat als Gegenpol zum europäischen Zentralstaat festzuhalten. In der Auseinandersetzung zwischen den Befürwortern des europäischen Zentralstaats und den Anhängern des Nationalstaats droht die europäische Idee von Freiheit, Recht und Demokratie in einem friedlichen Europa schweren Schaden zu nehmen. Dabei ist die Form des Zentralstaats keineswegs eine Voraussetzung für ein in Frieden und Freiheit vereintes demokratisches Europa.

- Um die europäische Idee zu erhalten, benötigen wir ein konföderales Europa in der Form eines Staatenverbunds. Ein Europa, das den Prinzipien Freiheit, Recht, Demokratie und Subsidiarität verpflichtet ist und das für alle Völker Europas offen ist, die diese Prinzipien teilen. In seiner Rechtsprechung zu den Verträgen von Maastricht und Lissabon hat das Bundesverfassungsgericht die Europäische Union als eine über einen Staatenbund hinausreichende Verbindung ohne bundesstaatlichen Charakter definiert und als »Staatenverbund« bezeichnet. Dazu findet sich im Lissabon-Urteil:

»Der Begriff des Verbundes erfasst eine enge, auf Dauer angelegte Verbindung souverän bleibender Staaten, die auf vertraglicher Grundlage öffentliche Gewalt ausübt, deren Grundordnung jedoch allein der Verfügung der Mitgliedstaaten unterliegt und in der die Völker – das heißt die staatsangehörigen Bürger – der Mitgliedstaaten die Subjekte demokratischer Legitimation bleiben.«[212]

Des Weiteren:

»Die Ermächtigung, supranationale Zuständigkeiten auszuüben, stammt allerdings von den Mitgliedstaaten einer solchen Einrichtung. Sie bleiben deshalb dauerhaft die Herren der Verträge. Die Quelle der Gemeinschaftsgewalt und der sie konstituierenden europäischen Verfassung im funktionellen Sinne sind die in ihren Staaten demokratisch verfassten Völker Europas. Die ›Verfassung Europas‹, das Völkervertrags- oder Primärrecht, bleibt eine abgeleitete Grundordnung. Sie begründet eine im politischen Alltag durchaus weitreichende, aber immer sachlich begrenzte überstaatliche Autonomie. Autonomie kann hier nur [...] als eine zwar selbständige (sic!), aber abgeleitete, das heißt von anderen Rechtssubjekten eingeräumte Herrschaftsgewalt verstanden werden.«[213]

Im Staatenverbund geht staatliche Gewalt also von den Völkern aus, die Teile der Staatsgewalt nach dem Prinzip der Subsidiarität vertraglich auf die europäische Ebene übertragen können, dabei aber Herren über die Verträge und damit die europäische Ebene bleiben. Dabei soll eine freiwillige vertiefte Zusammenarbeit verschiedener Gruppen von Völkern in ausgewählten Bereichen möglich sein. Wie in jedem wohlgeordneten Gemeinwesen müssen untere Ebenen das Recht haben, Kompetenzen zurückzufordern, um auf sich ändernde Verhältnisse institutionell reagieren zu können. Die Beweislast für zentralisierte Aufgaben fällt dabei stets der Zentralgewalt zu.

Das konföderale Europa muss auf einer freiheitlichen und marktwirtschaftlichen Wirtschaftsverfassung beruhen. Wirtschaftlicher Wohlstand entsteht im marktwirtschaftlichen Wettbewerb freier Unternehmer und Konsumenten. Der Staat kann die Mehrung des Wohlstands unterstützen, indem er dafür sorgt, dass der Wettbewerb auf allen Märkten uneingeschränkt stattfindet. Der Europäischen Union kommt hierbei insbesondere die wichtige Rolle zu, wettbewerbsfeindliche, nationalstaatliche Hürden (zum Beispiel Handelsbeschränkungen und Subventionen) zu beseitigen.

Kern der europäischen Wirtschaftsverfassung sind der gemeinsame Binnenmarkt für Waren und Dienstleistungen und der freie Handel mit der übrigen Welt. Die Öffnung nationaler Märkte für den Wettbewerb auf europäischer Ebene muss weitergehen. Ein gemeinsamer europäischer Markt muss in eine freiheitliche globale Handelsordnung eingebettet sein. Eine »Festung Europa« mit Handelsbarrieren gegenüber anderen Ländern wird auch Wohlstandverluste für die Bürger Europas mit sich bringen. Die Regeln des Binnenmarkts müssen auch für den Energiesektor gelten. Hier gilt es, gravierende Marktzutrittsbarrieren zu beseitigen. Die einseitige Förderung und Subventionierung von bestimmten Energieerzeugungsarten, sei es Kernkraft oder Solarenergie, ist mit dem Wettbewerbsgedanken nicht vereinbar und muss beendet werden.

Die Freizügigkeit für Personen und Kapital sind ein wesentliches Element der EU. In der freien Wahl des Arbeitsorts, des Wohnorts und der Kapitalanlage wird Freiheit in Europa erlebt. Freiheit und Verantwortung gehören jedoch zusammen: Wer handelt, haftet. Darum benötigen wir im Blick auf die Sozialsysteme auch einen Wettbewerb, bei dem die verschiedenen Systeme mit unterschiedlichen Beitrags- und Leistungsbündeln ihre Leistungsfähigkeit unter Beweis stellen können und bei dem sich langfristig die leistungsstärksten durchsetzen und Vorbildcharakter annehmen. Leistungsstärke bemisst sich hierbei nicht nach dem Ausmaß der Umverteilung, sondern danach, wie gut sie die von dem Menschen gewünschte Absicherung mit der Beitragsbereitschaft austarieren.

Die im Schengener Abkommen geschaffene Reisefreiheit ist ein hohes Gut. Der teilweise chaotische Umgang der Mitgliedstaaten des Schengenraums mit den Flüchtlingsströmen aus den Krisengebieten Afrikas und des Mittleren Ostens hat aber gezeigt, dass dafür erst die Voraussetzungen geschaffen werden müssen, damit offene Binnengrenzen auch unter den neuen Bedingungen Bestand haben können. Notwendig hierfür sind: erstens eine gemeinsame Sicherung der Außengrenzen, zweitens gemeinsame Kriterien für die Gewährung von politischem Asyl, drittens gemeinsame Kriterien für den Umgang mit den Flüchtlingen, die offenkundig keinen Asylgrund vorweisen können, und viertens ein gemeinsames Budget zur Finanzierung der Kosten für die Asylbewerber und Flüchtlinge sowie Ausgleichszahlungen zwischen Ländern, die mehr oder weniger zur Aufnahme von Asylbewerbern und Flüchtlingen gewillt sind. Wer diese Voraussetzungen nicht erfüllen kann oder will, muss den Schengenraum verlassen.

Statt nun am Scheitern Schengens, wie zuvor in der Eurokrise, das Scheitern der EU heraufzubeschwören, sollte das Abkommen in diesem Sinne zeitnah weiterentwickelt werden. Am Beispiel der Asylpolitik zeigt sich abermals, dass sich Konsens nicht durch Gemeinschaftsinstitutionen ersetzen lässt, sondern dass sich das, was gemeinschaftlich koordiniert geschehen soll, am Konsens orientieren muss. Dies kann aber nicht dadurch erzwungen werden, dass ein Land wie Deutschland seine Vorstellungen zum europäischen Maßstab erklärt, um dann von den Partnern zur Bewältigung der damit verbundenen Lasten Solidarität einzufordern. Die abweisende Haltung mancher Länder in der Asylfrage mag man – wie die Verfasser dieses Beitrags – für falsch halten. An der Notwendigkeit, hierüber erst einen Konsens zu finden, ändert dies nichts.

Das konföderale Europa braucht eine freiheitliche Geldverfassung, die Europa nicht in Bezug auf die gemeinsame Währung in unterschiedliche Klassen spaltet. Auch Länder, die auf absehbare Zeit nicht der EWU beitreten werden, müssen einen Platz in einem europäischen Verbund haben. Ursprünglich sollte die einheitliche Währung für alle europäischen Länder gelten. Gegenwärtig scheint die Mitgliedschaft in der Währungsunion hauptsächlich für kleinere und schwächere Länder interessant zu sein, die sich von der Einführung des Euro eine internationale Aufwertung und möglicherweise den Zugang zu Finanzhilfen erwarten. Größere und stärkere Staaten dagegen befürchten, durch die Mitgliedschaft ökonomische Nachteile zu erleiden und politisch geschwächt zu werden. Allerdings führt die zunehmende Verlagerung politischer Souveränität der Euro-Mitgliedsländer auf die EU-Ebene im Zuge der Stabilisierung des Euro zu einer wachsenden Ausgrenzung der anderen EU-Länder. In Großbritannien hat diese zunehmende Integration Kräfte gestärkt, die das Land aus der EU lösen wollen.

Um die Spaltung Europas zu vermeiden, muss die Politisierung des Euro rückgängig gemacht und die EWU als offene Hartwährungsunion hergestellt werden. Wesentliche Elemente des Vertrags von Maastricht waren: die Verpflichtung der Europäischen Zentralbank auf Preisstabilität als einziges Ziel, ohne Wachstum oder Finanzstabilität als gleich- oder nachrangige Nebenziele; das strikte Verbot der monetären Staatsfinanzierung; und das strikte Verbot der Nothilfe (Bailout) für in finanzielle Schieflagen geratene Staaten durch die EU oder andere Staaten.

Damit wurde die Währungsunion mit Eigenschaften versehen, die denen des Goldstandards ähnelten. Es wurde jedoch versäumt, klar die Konsequenzen eines wirtschaftlichen Fehlverhaltens in einem dem Goldstandard ähnlichen System aufzuzeigen. Dort gehen überschuldete Länder in die Insolvenz. Wenn sie überhöhte Kosten und Preise nicht senken oder harte Budgetrestriktionen nicht einhalten wollen oder können, müssen sie ihre Währung vom Goldanker lösen und aufweichen. Um die EWU, ihrem ursprünglichen Anspruch gemäß, als Hartwährungsunion erhalten zu können, müssen Staatsinsolvenzen und – in letzter Konsequenz – auch Austritte möglich sein.

In einem freien konföderalen Europa soll die Koexistenz von mehreren Währungen möglich sein. Neben dem Euro müssen auch weitere Gemeinschaftswährungen, nationale Währungen und private Währungen zugelassen sein, wie sie zum Beispiel gegenwärtig als elektronische Tauschmittel entstehen. Bürger sollen die Freiheit haben, Verträge in gegenseitigem Einvernehmen, Steuern und Abgaben in den von ihnen bevorzugten Währungen abzuschließen und zu entrichten. Ziel ist dabei nicht, möglichst viele Währungen entstehen zu sehen, sondern durch die Möglichkeit zum Währungswechsel den Missbrauch von monetären Monopolpositionen einzudämmen. Daher sollte in einem konföderalen Europa Währungsvielfalt an die Stelle von Währungseinheit treten.

Das konföderale Europa braucht einen freien Binnenmarkt für Finanzdienstleistungen. Dazu sollen Finanzinstitute so organisiert werden, dass sie auch unter schwierigen Umständen ohne staatliche Unterstützung auf dem Markt im gegenseitigen Wettbewerb stehen können. Wir benötigen deshalb eine Insolvenzordnung für alle Banken, einschließlich der »Systemically Important Financial Institutions«. »Too big to fail« ist eine Kategorie, die mit der freien Marktwirtschaft nicht vereinbar ist.

Wie bei anderen Wirtschaftsunternehmen auch sollen Eigner und Gläubiger der Banken die unternehmerischen Risiken des Bankgeschäfts tragen und nicht der Steuerzahler. Um den Zahlungsverkehr sicherzustellen und Bankkunden eine sichere Einlage bieten zu können, müssen Voraussetzungen dafür geschaffen werden, dass Banken Kundeneinlagen durch das Hinterlegen von Zentralbankgeld bei der Zentralbank absichern.

Die Europäische Union sichert Frieden und Freiheit in Europa. Ihre Strukturen wurden jedoch im geteilten und von außen bedrohten Europa des 20. Jahrhunderts entwickelt. Die Idee der »immer engeren Union« wurde in der Nachkriegszeit in dem kleinen Kreis weitgehend homogener westeuropäischer Länder entwickelt, mit Frankreich und Deutschland im Zentrum. Für ein großes und offenes Europa ist sie untauglich. Damit die EU auch im vereinten Europa des 21. Jahrhunderts ihre Aufgabe erfüllen kann, müssen die Strukturen angepasst werden. Das Modell eines europäischen Bundesstaats passt nicht zu einem Europa der Vielfalt und Offenheit. Deshalb benötigt Europa eine konföderale Struktur. Eine breite Debatte über das richtige Modell für Europa muss jetzt begonnen werden.

Die Autoren dieses Kapitels

Justus Haucap leitet das Institut für Wettbewerbsökonomik (DICE) an der Universität Düsseldorf und ist Kuratoriumsmitglied des neuen Freiheitsinstituts »Prometheus«.

Stefan Kooths leitet das Konjunktur-Prognosezentrum am Institut für Weltwirtschaft an der Universität Kiel. Der Ökonom sitzt ebenfalls im Prometheus-Kuratorium.

Thomas Mayer ist Direktor des privaten Flossbach von Storch Research Institute und Vorsitzender des Kuratoriums des Prometheus-Instituts.

Frank Schäffler ist Geschäftsführer von »Prometheus – Das Freiheitsinstitut«, einer gemeinnützigen Denkfabrik, die der ehemalige FDP-Bundestagsabgeordnete in diesem Frühjahr gegründet hat.

CHARTA DER GRUNDRECHTE DER EUROPÄISCHEN UNION[214]

Das Europäische Parlament, der Rat und die Kommission proklamieren feierlich den nachstehenden Text als Charta der Grundrechte der Europäischen Union:

CHARTA DER GRUNDRECHTE DER EUROPÄISCHEN UNION

Präambel

Die Völker Europas sind entschlossen, auf der Grundlage gemeinsamer Werte eine friedliche Zukunft zu teilen, indem sie sich zu einer immer engeren Union verbinden. In dem Bewusstsein ihres geistig-religiösen und sittlichen Erbes gründet sich die Union auf die unteilbaren und universellen Werte der Würde des Menschen, der Freiheit, der Gleichheit und der Solidarität. Sie beruht auf den Grundsätzen der Demokratie und der Rechtsstaatlichkeit. Sie stellt den Menschen in den Mittelpunkt ihres Handelns, indem sie die Unionsbürgerschaft und einen Raum der Freiheit, der Sicherheit und des Rechts begründet.

Die Union trägt zur Erhaltung und zur Entwicklung dieser gemeinsamen Werte unter Achtung der Vielfalt der Kulturen und Traditionen der Völker Europas sowie der nationalen Identität der Mitgliedstaaten und der Organisation ihrer staatlichen Gewalt auf nationaler, regionaler und lokaler Ebene bei. Sie ist bestrebt, eine ausgewogene und nachhaltige Entwicklung zu fördern und stellt den freien Personen-, Dienstleistungs-, Waren- und Kapitalverkehr sowie die Niederlassungsfreiheit sicher.

Zu diesem Zweck ist es notwendig, angesichts der Weiterentwicklung der Gesellschaft, des sozialen Fortschritts und der wissenschaftlichen und technologischen Entwicklungen den Schutz der Grundrechte zu stärken, indem sie in einer Charta sichtbarer gemacht werden.

Diese Charta bekräftigt unter Achtung der Zuständigkeiten und Aufgaben der Union und des Subsidiaritätsprinzips die Rechte, die sich vor allem aus den gemeinsamen Verfassungstraditionen und den gemeinsamen internationalen Verpflichtungen der Mitgliedstaaten, aus der Europäischen Konvention zum Schutz der Menschenrechte und Grundfreiheiten, aus den von der Union und dem Europarat beschlossenen Sozialchartas sowie aus der Rechtsprechung des Gerichtshofs der Europäischen Union und des Europäischen Gerichtshofs für Menschenrechte ergeben. In diesem Zusammenhang erfolgt die Auslegung der Charta durch die Gerichte der Union und der Mitgliedstaaten unter gebührender Berücksichtigung der Erläuterungen, die unter der Leitung des Präsidiums des Konvents zur Ausarbeitung der Charta formuliert und unter der Verantwortung des Präsidiums des Europäischen Konvents aktualisiert wurden.

Die Ausübung dieser Rechte ist mit Verantwortung und mit Pflichten sowohl gegenüber den Mitmenschen als auch gegenüber der menschlichen Gemeinschaft und den künftigen Generationen verbunden. Daher erkennt die Union die nachstehend aufgeführten Rechte, Freiheiten und Grundsätze an.

KAPITEL I: WÜRDE DES MENSCHEN

Artikel 1

Würde des Menschen

Die Würde des Menschen ist unantastbar. Sie ist zu achten und zu schützen.

Artikel 2

Recht auf Leben

(1) Jeder Mensch hat das Recht auf Leben.

(2) Niemand darf zur Todesstrafe verurteilt oder hingerichtet werden.

Artikel 3

Recht auf Unversehrtheit

(1) Jeder Mensch hat das Recht auf körperliche und geistige Unversehrtheit.

(2) Im Rahmen der Medizin und der Biologie muss insbesondere Folgendes beachtet werden:

a) die freie Einwilligung des Betroffenen nach vorheriger Aufklärung entsprechend den gesetzlich festgelegten Einzelheiten,

b) das Verbot eugenischer Praktiken, insbesondere derjenigen, welche die Selektion von Menschen zum Ziel haben,

c) das Verbot, den menschlichen Körper und Teile davon als solche zur Erzielung von Gewinnen zu nutzen,

d) das Verbot des reproduktiven Klonens von Menschen.

Artikel 4

Verbot der Folter und unmenschlicher oder erniedrigender Strafe oder Behandlung

Niemand darf der Folter oder unmenschlicher oder erniedrigender Strafe oder Behandlung unterworfen werden.

Artikel 5

Verbot der Sklaverei und der Zwangsarbeit

(1) Niemand darf in Sklaverei oder Leibeigenschaft gehalten werden.

(2) Niemand darf gezwungen werden, Zwangs- oder Pflichtarbeit zu verrichten.

(3) Menschenhandel ist verboten.

KAPITEL II: FREIHEITEN

Artikel 6

Recht auf Freiheit und Sicherheit

Jeder Mensch hat das Recht auf Freiheit und Sicherheit.

Artikel 7

Achtung des Privat- und Familienlebens

Jede Person hat das Recht auf Achtung ihres Privat- und Familienlebens, ihrer Wohnung sowie ihrer Kommunikation.

Artikel 8

Schutz personenbezogener Daten

(1) Jede Person hat das Recht auf Schutz der sie betreffenden personenbezogenen Daten.

(2) Diese Daten dürfen nur nach Treu und Glauben für festgelegte Zwecke und mit Einwilligung der betroffenen Person oder auf einer sonstigen gesetzlich geregelten legitimen Grundlage verarbeitet werden. Jede Person hat das Recht, Auskunft über die sie betreffenden erhobenen Daten zu erhalten und die Berichtigung der Daten zu erwirken.

(3) Die Einhaltung dieser Vorschriften wird von einer unabhängigen Stelle überwacht.

Artikel 9

Recht, eine Ehe einzugehen und eine Familie zu gründen

Das Recht, eine Ehe einzugehen, und das Recht, eine Familie zu gründen, werden nach den einzelstaatlichen Gesetzen gewährleistet, welche die Ausübung dieser Rechte regeln.

Artikel 10

Gedanken-, Gewissens- und Religionsfreiheit

(1) Jede Person hat das Recht auf Gedanken-, Gewissens- und Religionsfreiheit. Dieses Recht umfasst die Freiheit, die Religion oder Weltanschauung zu wechseln, und die Freiheit, seine Religion oder Weltanschauung einzeln oder gemeinsam mit anderen öffentlich oder privat durch Gottesdienst, Unterricht, Bräuche und Riten zu bekennen.

(2) Das Recht auf Wehrdienstverweigerung aus Gewissensgründen wird nach den einzelstaatlichen Gesetzen anerkannt, welche die Ausübung dieses Rechts regeln.

Artikel 11

Freiheit der Meinungsäußerung und Informationsfreiheit

(1) Jede Person hat das Recht auf freie Meinungsäußerung. Dieses Recht schließt die Meinungsfreiheit und die Freiheit ein, Informationen und Ideen ohne behördliche Eingriffe und ohne Rücksicht auf Staatsgrenzen zu empfangen und weiterzugeben.

(2) Die Freiheit der Medien und ihre Pluralität werden geachtet.

Artikel 12

Versammlungs- und Vereinigungsfreiheit

(1) Jede Person hat das Recht, sich insbesondere im politischen, gewerkschaftlichen und zivilgesellschaftlichen Bereich auf allen Ebenen frei und friedlich mit anderen zu versammeln und frei mit anderen zusammenzuschließen, was das Recht jeder Person umfasst, zum Schutz ihrer Interessen Gewerkschaften zu gründen und Gewerkschaften beizutreten.

(2) Politische Parteien auf der Ebene der Union tragen dazu bei, den politischen Willen der Unionsbürgerinnen und Unionsbürger zum Ausdruck zu bringen.

Artikel 13

Freiheit der Kunst und der Wissenschaft

Kunst und Forschung sind frei. Die akademische Freiheit wird geachtet.

Artikel 14

Recht auf Bildung

(1) Jede Person hat das Recht auf Bildung sowie auf Zugang zur beruflichen Ausbildung und Weiterbildung.

(2) Dieses Recht umfasst die Möglichkeit, unentgeltlich am Pflichtschulunterricht teilzunehmen.

(3) Die Freiheit zur Gründung von Lehranstalten unter Achtung der demokratischen Grundsätze sowie das Recht der Eltern, die Erziehung und den Unterricht ihrer Kinder entsprechend ihren eigenen religiösen, weltanschaulichen und erzieherischen Überzeugungen sicherzustellen, werden nach den einzelstaatlichen Gesetzen geachtet, welche ihre Ausübung regeln.

Artikel 15

Berufsfreiheit und Recht zu arbeiten

(1) Jede Person hat das Recht, zu arbeiten und einen frei gewählten oder angenommenen Beruf auszuüben.

(2) Alle Unionsbürgerinnen und Unionsbürger haben die Freiheit, in jedem Mitgliedstaat Arbeit zu suchen, zu arbeiten, sich niederzulassen oder Dienstleistungen zu erbringen.

(3) Die Staatsangehörigen dritter Länder, die im Hoheitsgebiet der Mitgliedstaaten arbeiten dürfen, haben Anspruch auf Arbeitsbedingungen, die denen der Unionsbürgerinnen und Unionsbürger entsprechen.

Artikel 16

Unternehmerische Freiheit

Die unternehmerische Freiheit wird nach dem Unionsrecht und den einzelstaatlichen Rechtsvorschriften und Gepflogenheiten anerkannt.

Artikel 17

Eigentumsrecht

(1) Jede Person hat das Recht, ihr rechtmäßig erworbenes Eigentum zu besitzen, zu nutzen, darüber zu verfügen und es zu vererben. Niemandem darf sein Eigentum entzogen werden, es sei denn aus Gründen des öffentlichen Interesses in den Fällen und unter den Bedingungen, die in einem Gesetz vorgesehen sind, sowie gegen eine rechtzeitige angemessene Entschädigung für den Verlust des Eigentums. Die Nutzung des Eigentums kann gesetzlich geregelt werden, soweit dies für das Wohl der Allgemeinheit erforderlich ist.

(2) Geistiges Eigentum wird geschützt.

Artikel 18

Asylrecht

Das Recht auf Asyl wird nach Maßgabe des Genfer Abkommens vom 28. Juli 1951 und des Protokolls vom 31. Januar 1967 über die Rechtsstellung der Flüchtlinge sowie nach Maßgabe des Vertrags über die Europäische Union und des Vertrags über die Arbeitsweise der Europäischen Union (im Folgenden »die Verträge«) gewährleistet.

Artikel 19

Schutz bei Abschiebung, Ausweisung und Auslieferung

(1) Kollektivausweisungen sind nicht zulässig.

(2) Niemand darf in einen Staat abgeschoben oder ausgewiesen oder an einen Staat ausgeliefert werden, in dem für sie oder ihn das ernsthafte Risiko der Todesstrafe, der Folter oder einer anderen unmenschlichen oder erniedrigenden Strafe oder Behandlung besteht.

KAPITEL III: GLEICHHEIT

Artikel 20

Gleichheit vor dem Gesetz

Alle Personen sind vor dem Gesetz gleich.

Artikel 21

Nichtdiskriminierung

(1) Diskriminierungen insbesondere wegen des Geschlechts, der Rasse, der Hautfarbe, der ethnischen oder sozialen Herkunft, der genetischen Merkmale, der Sprache, der Religion oder der Weltanschauung, der politischen oder sonstigen Anschauung, der Zugehörigkeit zu einer nationalen Minderheit, des Vermögens, der Geburt, einer Behinderung, des Alters oder der sexuellen Ausrichtung sind verboten.

(2) Unbeschadet besonderer Bestimmungen der Verträge ist in ihrem Anwendungsbereich jede Diskriminierung aus Gründen der Staatsangehörigkeit verboten.

Artikel 22

Vielfalt der Kulturen, Religionen und Sprachen

Die Union achtet die Vielfalt der Kulturen, Religionen und Sprachen.

Artikel 23

Gleichheit von Frauen und Männern

Die Gleichheit von Frauen und Männern ist in allen Bereichen, einschließlich der Beschäftigung, der Arbeit und des Arbeitsentgelts, sicherzustellen.

Der Grundsatz der Gleichheit steht der Beibehaltung oder der Einführung spezifischer Vergünstigungen für das unterrepräsentierte Geschlecht nicht entgegen.

Artikel 24

Rechte des Kindes

(1) Kinder haben Anspruch auf den Schutz und die Fürsorge, die für ihr Wohlergehen notwendig sind. Sie können ihre Meinung frei äußern. Ihre Meinung wird in den Angelegenheiten, die sie betreffen, in einer ihrem Alter und ihrem Reifegrad entsprechenden Weise berücksichtigt.

(2) Bei allen Kinder betreffenden Maßnahmen öffentlicher Stellen oder privater Einrichtungen muss das Wohl des Kindes eine vorrangige Erwägung sein.

(3) Jedes Kind hat Anspruch auf regelmäßige persönliche Beziehungen und direkte Kontakte zu beiden Elternteilen, es sei denn, dies steht seinem Wohl entgegen.

Artikel 25

Rechte älterer Menschen

Die Union anerkennt und achtet das Recht älterer Menschen auf ein würdiges und unabhängiges Leben und auf Teilnahme am sozialen und kulturellen Leben.

Artikel 26

Integration von Menschen mit Behinderung

Die Union anerkennt und achtet den Anspruch von Menschen mit Behinderung auf Maßnahmen zur Gewährleistung ihrer Eigenständigkeit, ihrer sozialen und beruflichen Eingliederung und ihrer Teilnahme am Leben der Gemeinschaft.

KAPITEL IV: SOLIDARITÄT

Artikel 27

Recht auf Unterrichtung und Anhörung der Arbeitnehmerinnen und Arbeitnehmer im Unternehmen

Für die Arbeitnehmerinnen und Arbeitnehmer oder ihre Vertreter muss auf den geeigneten Ebenen eine rechtzeitige Unterrichtung und Anhörung in den Fällen und unter den Voraussetzungen gewährleistet sein, die nach dem Unionsrecht und den einzelstaatlichen Rechtsvorschriften und Gepflogenheiten vorgesehen sind.

Artikel 28

Recht auf Kollektivverhandlungen und Kollektivmaßnahmen

Die Arbeitnehmerinnen und Arbeitnehmer sowie die Arbeitgeberinnen und Arbeitgeber oder ihre jeweiligen Organisationen haben nach dem Unionsrecht und den einzelstaatlichen Rechtsvorschriften und Gepflogenheiten das Recht, Tarifverträge auf den geeigneten Ebenen auszuhandeln und zu schließen sowie bei Interessenkonflikten kollektive Maßnahmen zur Verteidigung ihrer Interessen, einschließlich Streiks, zu ergreifen.

Artikel 29

Recht auf Zugang zu einem Arbeitsvermittlungsdienst

Jeder Mensch hat das Recht auf Zugang zu einem unentgeltlichen Arbeitsvermittlungsdienst.

Artikel 30

Schutz bei ungerechtfertigter Entlassung

Jede Arbeitnehmerin und jeder Arbeitnehmer hat nach dem Unionsrecht und den einzelstaatlichen Rechtsvorschriften und Gepflogenheiten Anspruch auf Schutz vor ungerechtfertigter Entlassung.

Artikel 31

Gerechte und angemessene Arbeitsbedingungen

(1) Jede Arbeitnehmerin und jeder Arbeitnehmer hat das Recht auf gesunde, sichere und würdige Arbeitsbedingungen.

(2) Jede Arbeitnehmerin und jeder Arbeitnehmer hat das Recht auf eine Begrenzung der Höchstarbeitszeit, auf tägliche und wöchentliche Ruhezeiten sowie auf bezahlten Jahresurlaub.

Artikel 32

Verbot der Kinderarbeit und Schutz der Jugendlichen am Arbeitsplatz

Kinderarbeit ist verboten. Unbeschadet günstigerer Vorschriften für Jugendliche und abgesehen von begrenzten Ausnahmen darf das Mindestalter für den Eintritt in das Arbeitsleben das Alter, in dem die Schulpflicht endet, nicht unterschreiten.

Zur Arbeit zugelassene Jugendliche müssen ihrem Alter angepasste Arbeitsbedingungen erhalten und vor wirtschaftlicher Ausbeutung und vor jeder Arbeit geschützt werden, die ihre Sicherheit, ihre Gesundheit, ihre körperliche, geistige, sittliche oder soziale Entwicklung beeinträchtigen oder ihre Erziehung gefährden könnte.

Artikel 33

Familien- und Berufsleben

(1) Der rechtliche, wirtschaftliche und soziale Schutz der Familie wird gewährleistet.

(2) Um Familien- und Berufsleben miteinander in Einklang bringen zu können, hat jeder Mensch das Recht auf Schutz vor Entlassung aus einem mit der Mutterschaft zusammenhängenden Grund sowie den Anspruch auf einen bezahlten Mutterschaftsurlaub und auf einen Elternurlaub nach der Geburt oder Adoption eines Kindes.

Artikel 34

Soziale Sicherheit und soziale Unterstützung

(1) Die Union anerkennt und achtet das Recht auf Zugang zu den Leistungen der sozialen Sicherheit und zu den sozialen Diensten, die in Fällen wie Mutterschaft, Krankheit, Arbeitsunfall, Pflegebedürftigkeit oder im Alter sowie bei Verlust des Arbeitsplatzes Schutz gewährleisten, nach Maßgabe des Unionsrechts und der einzelstaatlichen Rechtsvorschriften und Gepflogenheiten.

(2) Jeder Mensch, der in der Union seinen rechtmäßigen Wohnsitz hat und seinen Aufenthalt rechtmäßig wechselt, hat Anspruch auf die Leistungen der sozialen Sicherheit und die sozialen Vergünstigungen nach dem Unionsrecht und den einzelstaatlichen Rechtsvorschriften und Gepflogenheiten.

(3) Um die soziale Ausgrenzung und die Armut zu bekämpfen, anerkennt und achtet die Union das Recht auf eine soziale Unterstützung und eine Unterstützung für die Wohnung, die allen, die nicht über ausreichende Mittel verfügen, ein menschenwürdiges Dasein sicherstellen sollen, nach Maßgabe des Unionsrechts und der einzelstaatlichen Rechtsvorschriften und Gepflogenheiten.

Artikel 35

Gesundheitsschutz

Jeder Mensch hat das Recht auf Zugang zur Gesundheitsvorsorge und auf ärztliche Versorgung nach Maßgabe der einzelstaatlichen Rechtsvorschriften und Gepflogenheiten. Bei der Festlegung und Durchführung der Politik und Maßnahmen der Union in allen Bereichen wird ein hohes Gesundheitsschutzniveau sichergestellt.

Artikel 36

Zugang zu Dienstleistungen von allgemeinem wirtschaftlichen Interesse

Die Union anerkennt und achtet den Zugang zu Dienstleistungen von allgemeinem wirtschaftlichen Interesse, wie er durch die einzelstaatlichen Rechtsvorschriften und Gepflogenheiten im Einklang mit den Verträgen geregelt ist, um den sozialen und territorialen Zusammenhalt der Union zu fördern.

Artikel 37

Umweltschutz

Ein hohes Umweltschutzniveau und die Verbesserung der Umweltqualität müssen in die Politik der Union einbezogen und nach dem Grundsatz der nachhaltigen Entwicklung sichergestellt werden.

Artikel 38

Verbraucherschutz

Die Politik der Union stellt ein hohes Verbraucherschutzniveau sicher.

KAPITEL V: BÜRGERRECHTE

Artikel 39

Aktives und passives Wahlrecht bei den Wahlen zum Europäischen Parlament

(1) Die Unionsbürgerinnen und Unionsbürger besitzen in dem Mitgliedstaat, in dem sie ihren Wohnsitz haben, das aktive und passive Wahlrecht bei den Wahlen zum Europäischen Parlament unter denselben Bedingungen wie die Angehörigen des betreffenden Mitgliedstaats.

(2) Die Mitglieder des Europäischen Parlaments werden in allgemeiner, unmittelbarer, freier und geheimer Wahl gewählt.

Artikel 40

Aktives und passives Wahlrecht bei den Kommunalwahlen

Die Unionsbürgerinnen und Unionsbürger besitzen in dem Mitgliedstaat, in dem sie ihren Wohnsitz haben, das aktive und passive Wahlrecht bei Kommunalwahlen unter denselben Bedingungen wie die Angehörigen des betreffenden Mitgliedstaats.

Artikel 41

Recht auf eine gute Verwaltung

(1) Jede Person hat ein Recht darauf, dass ihre Angelegenheiten von den Organen, Einrichtungen und sonstigen Stellen der Union unparteiisch, gerecht und innerhalb einer angemessenen Frist behandelt werden.

(2) Dieses Recht umfasst insbesondere

a) das Recht jeder Person, gehört zu werden, bevor ihr gegenüber eine für sie nachteilige individuelle Maßnahme getroffen wird,

b) das Recht jeder Person auf Zugang zu den sie betreffenden Akten unter Wahrung des berechtigten Interesses der Vertraulichkeit sowie des Berufs- und Geschäftsgeheimnisses,

c) die Verpflichtung der Verwaltung, ihre Entscheidungen zu begründen.

(3) Jede Person hat Anspruch darauf, dass die Union den durch ihre Organe oder Bediensteten in Ausübung ihrer Amtstätigkeit verursachten Schaden nach den allgemeinen Rechtsgrundsätzen ersetzt, die den Rechtsordnungen der Mitgliedstaaten gemeinsam sind.

(4) Jede Person kann sich in einer der Sprachen der Verträge an die Organe der Union wenden und muss eine Antwort in derselben Sprache erhalten.

Artikel 42

Recht auf Zugang zu Dokumenten

Die Unionsbürgerinnen und Unionsbürger sowie jede natürliche oder juristische Person mit Wohnsitz oder satzungsmäßigem Sitz in einem Mitgliedstaat haben das Recht auf Zugang zu den Dokumenten der Organe, Einrichtungen und sonstigen Stellen der Union, unabhängig von der Form der für diese Dokumente verwendeten Träger.

Artikel 43

Der Europäische Bürgerbeauftragte

Die Unionsbürgerinnen und Unionsbürger sowie jede natürliche oder juristische Person mit Wohnsitz oder satzungsmäßigem Sitz in einem Mitgliedstaat haben das Recht, den Europäischen Bürgerbeauftragten im Falle von Missständen bei der Tätigkeit der Organe, Einrichtungen und sonstigen Stellen der Union, mit Ausnahme des Gerichtshofs der Europäischen Union in Ausübung seiner Rechtsprechungsbefugnisse, zu befassen.

Artikel 44

Petitionsrecht

Die Unionsbürgerinnen und Unionsbürger sowie jede natürliche oder juristische Person mit Wohnsitz oder satzungsmäßigem Sitz in einem Mitgliedstaat haben das Recht, eine Petition an das Europäische Parlament zu richten.

Artikel 45

Freizügigkeit und Aufenthaltsfreiheit

(1) Die Unionsbürgerinnen und Unionsbürger haben das Recht, sich im Hoheitsgebiet der Mitgliedstaaten frei zu bewegen und aufzuhalten.

(2) Staatsangehörigen von Drittländern, die sich rechtmäßig im Hoheitsgebiet eines Mitgliedstaats aufhalten, kann nach Maßgabe der Verträge Freizügigkeit und Aufenthaltsfreiheit gewährt werden.

Artikel 46

Diplomatischer und konsularischer Schutz

Die Unionsbürgerinnen und Unionsbürger genießen im Hoheitsgebiet eines Drittlands, in dem der Mitgliedstaat, dessen Staatsangehörigkeit sie besitzen, nicht vertreten ist, den Schutz durch die diplomatischen und konsularischen Behörden eines jeden Mitgliedstaats unter denselben Bedingungen wie Staatsangehörige dieses Staates.

KAPITEL VI: JUSTIZIELLE RECHTE

Artikel 47

Recht auf einen wirksamen Rechtsbehelf und ein unparteiisches Gericht

Jede Person, deren durch das Recht der Union garantierte Rechte oder Freiheiten verletzt worden sind, hat das Recht, nach Maßgabe der in diesem Artikel vorgesehenen Bedingungen bei einem Gericht einen wirksamen Rechtsbehelf einzulegen.

Jede Person hat ein Recht darauf, dass ihre Sache von einem unabhängigen, unparteiischen und zuvor durch Gesetz errichteten Gericht in einem fairen Verfahren, öffentlich und innerhalb angemessener Frist verhandelt wird. Jede Person kann sich beraten, verteidigen und vertreten lassen.

Personen, die nicht über ausreichende Mittel verfügen, wird Prozesskostenhilfe bewilligt, soweit diese Hilfe erforderlich ist, um den Zugang zu den Gerichten wirksam zu gewährleisten.

Artikel 48

Unschuldsvermutung und Verteidigungsrechte

(1) Jeder Angeklagte gilt bis zum rechtsförmlich erbrachten Beweis seiner Schuld als unschuldig.

(2) Jedem Angeklagten wird die Achtung der Verteidigungsrechte gewährleistet.

Artikel 49

Grundsätze der Gesetzmäßigkeit und der Verhältnismäßigkeit im Zusammenhang mit Straftaten und Strafen

(1) Niemand darf wegen einer Handlung oder Unterlassung verurteilt werden, die zur Zeit ihrer Begehung nach innerstaatlichem oder internationalem Recht nicht strafbar war. Es darf auch keine schwerere Strafe als die zur Zeit der Begehung angedrohte Strafe verhängt werden. Wird nach Begehung einer Straftat durch Gesetz eine mildere Strafe eingeführt, so ist diese zu verhängen.

(2) Dieser Artikel schließt nicht aus, dass eine Person wegen einer Handlung oder Unterlassung verurteilt oder bestraft wird, die zur Zeit ihrer Begehung nach den allgemeinen, von der Gesamtheit der Nationen anerkannten Grundsätzen strafbar war.

(3) Das Strafmaß darf zur Straftat nicht unverhältnismäßig sein.

Artikel 50

Recht, wegen derselben Straftat nicht zweimal strafrechtlich verfolgt oder bestraft zu werden

Niemand darf wegen einer Straftat, derentwegen er bereits in der Union nach dem Gesetz rechtskräftig verurteilt oder freigesprochen worden ist, in einem Strafverfahren erneut verfolgt oder bestraft werden.

KAPITEL VII: ALLGEMEINE BESTIMMUNGEN ÜBER DIE AUSLEGUNG UND ANWENDUNG DER CHARTA

Artikel 51

Anwendungsbereich

(1) Diese Charta gilt für die Organe, Einrichtungen und sonstigen Stellen der Union unter Wahrung des Subsidiaritätsprinzips und für die Mitgliedstaaten ausschließlich bei der Durchführung des Rechts der Union. Dementsprechend achten sie die Rechte, halten sie sich an die Grundsätze und fördern sie deren Anwendung entsprechend ihren jeweiligen Zuständigkeiten und unter Achtung der Grenzen der Zuständigkeiten, die der Union in den Verträgen übertragen werden.

(2) Diese Charta dehnt den Geltungsbereich des Unionsrechts nicht über die Zuständigkeiten der Union hinaus aus und begründet weder neue Zuständigkeiten noch neue Aufgaben für die Union, noch ändert sie die in den Verträgen festgelegten Zuständigkeiten und Aufgaben.

Artikel 52

Tragweite und Auslegung der Rechte und Grundsätze

(1) Jede Einschränkung der Ausübung der in dieser Charta anerkannten Rechte und Freiheiten muss gesetzlich vorgesehen sein und den Wesensgehalt dieser Rechte und Freiheiten achten. Unter Wahrung des Grundsatzes der Verhältnismäßigkeit dürfen Einschränkungen nur vorgenommen werden, wenn sie erforderlich sind und den von der Union anerkannten dem Gemeinwohl dienenden Zielsetzungen oder den Erfordernissen des Schutzes der Rechte und Freiheiten anderer tatsächlich entsprechen.

(2) Die Ausübung der durch diese Charta anerkannten Rechte, die in den Verträgen geregelt sind, erfolgt im Rahmen der in den Verträgen festgelegten Bedingungen und Grenzen.

(3) Soweit diese Charta Rechte enthält, die den durch die Europäische Konvention zum Schutz der Menschenrechte und Grundfreiheiten garantierten Rechten entsprechen, haben sie die gleiche Bedeutung und Tragweite, wie sie ihnen in der genannten Konvention verliehen wird. Diese Bestimmung steht dem nicht entgegen, dass das Recht der Union einen weiter gehenden Schutz gewährt.

(4) Soweit in dieser Charta Grundrechte anerkannt werden, wie sie sich aus den gemeinsamen Verfassungsüberlieferungen der Mitgliedstaaten ergeben, werden sie im Einklang mit diesen Überlieferungen ausgelegt.

(5) Die Bestimmungen dieser Charta, in denen Grundsätze festgelegt sind, können durch Akte der Gesetzgebung und der Ausführung der Organe, Einrichtungen und sonstigen Stellen der Union sowie durch Akte der Mitgliedstaaten zur Durchführung des Rechts der Union in Ausübung ihrer jeweiligen Zuständigkeiten umgesetzt werden. Sie können vor Gericht nur bei der Auslegung dieser Akte und bei Entscheidungen über deren Rechtmäßigkeit herangezogen werden.

(6) Den einzelstaatlichen Rechtsvorschriften und Gepflogenheiten ist, wie es in dieser Charta bestimmt ist, in vollem Umfang Rechnung zu tragen.

(7) Die Erläuterungen, die als Anleitung für die Auslegung dieser Charta verfasst wurden, sind von den Gerichten der Union und der Mitgliedstaaten gebührend zu berücksichtigen.

Artikel 53

Schutzniveau

Keine Bestimmung dieser Charta ist als eine Einschränkung oder Verletzung der Menschenrechte und Grundfreiheiten auszulegen, die in dem jeweiligen Anwendungsbereich durch das Recht der Union und das Völkerrecht sowie durch die internationalen Übereinkünfte, bei denen die Union oder alle Mitgliedstaaten Vertragsparteien sind, darunter insbesondere die Europäische Konvention zum Schutz der Menschenrechte und Grundfreiheiten, sowie durch die Verfassungen der Mitgliedstaaten anerkannt werden.

Artikel 54

Verbot des Missbrauchs der Rechte

Keine Bestimmung dieser Charta ist so auszulegen, als begründe sie das Recht, eine Tätigkeit auszuüben oder eine Handlung vorzunehmen, die darauf abzielt, die in der

Charta anerkannten Rechte und Freiheiten abzuschaffen oder sie stärker einzuschränken, als dies in der Charta vorgesehen ist.

* * *

Der vorstehende Wortlaut übernimmt mit Anpassungen die am 7. Dezember 2000 proklamierte Charta und ersetzt sie ab dem Zeitpunkt des Inkrafttretens des Vertrags von Lissabon.

Die Autoren des Buchs

Günter Ederer

1941 geboren in Fulda
Journalist, Filmproduzent und Buchautor

Günter Ederer ist ein Journalist aus Leidenschaft. Für ihn stand schon in der Schule fest, dass er Journalist werden wollte.

Nach seinen Lehrjahren bei Tages- und Wochenzeitungen fand er früh den Weg zum Fernsehen. Zuerst drei Jahre beim Südwestfunk Baden-Baden, dann ab 1969 beim ZDF, wo er ab 1971 die renommierte Wirtschaftssendung »Bilanz« mitgestaltete.

Von 1984 an berichtete er als Fernostkorrespondent des ZDF sechs Jahre aus Tokyo über die Umbrüche in Asien.

1990 hat sich Günter Ederer gemeinsam mit seiner Frau Anke selbstständig gemacht.

Als Filmproduzent und Wirtschaftspublizist hat er mittlerweile in 62 Ländern Filme produziert.

Werner G. Faix

21.08.1951 geboren in Gärtringen/Württemberg

Chemie-Ingenieur-Studium an der Fachhochschule Aalen (Dipl.-Ing. (FH) 1973). Studium der Chemie und der Biochemie an der Universität Ulm (Dipl.-Chem. 1978) und Promotion zum Dr. rer. nat. (1981) auf dem Gebiet der Reinststoff-Forschung/Spurenanalytik in Kooperation mit dem Max-Planck-Institut für Metallforschung und dem Kernforschungszentrum Karlsruhe

An der Universität Ulm wissenschaftlicher Angestellter und Strahlenschutzbeauftragter (1978–1982)

Von 1982–1995 Mitarbeiter der IBM Deutschland

Manager in verschiedenen Bildungs-, Personalentwicklungs- und Führungskräfteentwicklungsfunktionen, zuletzt Direktor der IBM Bildungsgesellschaft

Lehrbeauftragter an der Universität Stuttgart (1988–1996), der Freien Universität Berlin (1990–1992) und der Universität Heidelberg (1995–1996) und von 1996–1999 stellvertretender Leiter des Zentrums MBA der Donau-Universität Krems (A)

Umfangreiche Publikations- und Vortragstätigkeit in den Bereichen Spurenanalytik, Halbleitertechnologie, Technologiemanagement, Unternehmensführung, Außenwirtschaft, Führungskräfteentwicklung, Entrepreneurship und Personale Entwicklung

Lehrstuhl für Unternehmens- und Personalführung an der Steinbeis-Hochschule Berlin (seit 1999)

Gründer, geschäftsführender Direktor und Gesellschafter der School of International Business and Entrepreneurship GmbH (SIBE) der Steinbeis-Hochschule Berlin mit derzeit sieben Transfer-Instituten und über 1.000 Studierenden in Master-Projekt-Kompetenz-Studiengängen im Bereich Management

Geschäftsführender Gesellschafter der SAPHIR Holding GmbH, einem Unternehmen der Steinbeis-Hochschule Berlin im Verbund der Steinbeis-Stiftung

Seit 1993 Leiter der Steinbeis-Akademie für Unternehmensführung

Gottfried Heller

geboren am 4. Februar 1935

Teilt mit Ludwig Erhard nicht nur den Geburtstag, sondern auch dessen Credo.

Er begann als Mitbegründer der unabhängigen Vermögensverwaltung FIDUKA – zusammen mit Börsenlegende André Kostolany – seine erfolgreiche Karriere als Vermögensverwalter und Fondsmanager. 1974 startete der gebürtige Schwabe die »Kostolany Börsenseminare«, die ersten ihrer Art in Deutschland.

In seinem Buch »Die Wohlstandsrevolution«[215] hat er frühzeitig den wirtschaftlichen Aufstieg der Schwellenländer und deren wachsenden Wohlstand vorhergesagt.

Seit über 15 Jahren ist er Finanzkolumnist für »Die Welt« und »Börse Online«. Er gilt heute als einer der besten Kenner der internationalen Finanzmärkte.

2007 wurde er vom »Elite Report« als einer der »erfahrensten Vermögensverwalter« mit der Goldenen Pyramide ausgezeichnet.

Sein neues Buch »Der einfache Weg zum Wohlstand«[216] wurde für den Finanzbuchpreis 2013 nominiert. Inzwischen erschien es bereits in 5. Auflage. Es ist ein Lehrbuch der Geldanlage und Altersvorsorge. Es bietet dem Leser beim derzeitigen Anlagenotstand leicht umsetzbare Lösungen für risikominimierte, rentable Geldanlagen.

Dr. Ulrich Horstmann

1960 geboren in Essen, Dipl.-Kfm

1980 Abitur und Wehrdienst (bis 1981)

1981–1987 Studium an der Ruhr-Universität Bochum (Wirtschaftswissenschaften, Grundstudium) und an der Universität Trier (Betriebswirtschaftslehre, Hauptstudium)

1988–1989 Tätigkeit in der Führungszentrale der Fa. Tengelmann in Mülheim a. d. Ruhr

1989–1992 Doktoratsstudium an der Wirtschaftsuniversität Wien und Tätigkeit als Wertpapieranalyst

1992–1994 Wertpapieranalyst WestCapital, Düsseldorf

1994–heute Wertpapieranalyst in München

Buchveröffentlichungen (alle erschienen im FinanzBuch Verlag, München):

»Die Währungsreform kommt« (2011)
»Womit wir morgen zahlen werden« (2012)
»Die geheime Macht der Ratingagenturen« (2013)
»Alles, was Sie über ›Das Kapital im 21. Jahrhundert‹ von Thomas Piketty wissen müssen« (2014)
»Zurück zur Sozialen Marktwirtschaft« (2014)
»Ludwig Erhard jetzt« (2015)
»Bargeldverbot« (mit Gerald Mann, 2015)

Gerd Maas

1967 geboren, Dipl.-Kaufmann, verheiratet, zwei Kinder

1987 Abitur in der mittelfränkischen Heimatstadt Weißenburg in Bayern

Bis 1989 Ausbildung zum Reserveoffizier des Heeres

1989–1995 Studium der Betriebswirtschaftslehre in Passau

1992–1993 Herausgeber des Universitätsmagazins »ecco«, Passau

1993–1997 selbstständiger Gewerbetreibender einer Werbeagentur und freiberufliche Tätigkeit als beratender Betriebswirt, Passau/München

1998–1999 geschäftsführender Partner bei Maas & Partner – Beratende Betriebswirte, München

2000–2001 Gesellschafter-Geschäftsführer der BLSG – Business and Logistic Systems – Gesellschaft für Unternehmensberatung und Systementwicklung m.b.H., Unterföhring

Seit 2002 Gesellschafter-Geschäftsführer der Maas Gesellschaft für betriebswirtschaftliche Konzeption und Organisation mbH, Söchtenau (Landkreis Rosenheim)

Seit 2006 ehrenamtlich Mitglied des Regionalvorstandes DIE FAMILIENUNTERNEHMER – ASU e. V. Südostbayern, seit 2011 als Vorsitzender; seit 2005 Mitglied in wirtschaftspolitischen Bundeskommissionen des Verbandes

Seit 2008 Mitglied im Regionalvorstand des BUND DER STEUERZAHLER BAYERN e. V. im Kreis Rosenheim, seit 2013 als Vorsitzender

2014 Mitinitiator des Steinbeis-Instituts EUROPA DER MARKTWIRTSCHAFTEN

Seit 2009 außerdem als Publizist tätig mit den Büchern:

»Dekadenz – Und wider die Dekadenz: Eine neue Anstrengung für Deutschland« 2009
»Wer zwei Paar Hosen hat, mache eins zu Geld und schaffe sich dieses Buch an: Versuche zur neuen Aufklärung. Inspiriert von und ausstaffiert mit Aphorismen des Georg Christoph Lichtenberg« 2013

Seit 2009 mit einem eigenen Blog NEUES AUS ABSURDISTAN, seit 2013 regelmäßig Beiträge für die Blogs der INITIATIVE NEUE SOZIALE MARKTWIRTSCHAFT, seit 2014 regelmäßig Beiträge für den Blog des Magazins EIGENTÜMLICH FREI, alle Internetlinks zu den Blogs sowie Verweise auf Zeitschriftenbeiträge und Vorträge unter www.gerd-maas.de

Prof. Dr. Gerald Mann

1968 geboren in München, Vater Ingenieur, Mutter Hausfrau

1990 Bankkaufmann

1990–91 erste berufliche Tätigkeit im Bankgeschäft im Zuge der dt.-dt. Währungsunion in Dresden

1993 staatl. gepr. Fremdsprachenkorrespondent

1995 Dipl. sc. pol. Univ. (Hochschule für Politik, München)

1996 Dipl.-Volkswirt (Ludwig-Maximilians-Universität München)

1996–99 Unternehmensanalyst einer deutschen Großbank

1999–2002 Geschäftsführer und beratende Tätigkeit im Verlagswesen

2002–06 freiberuflicher Dozent für Ökonomie an Akademien und Hochschulen

2003 Abschluss Zusatzstudium Erwachsenenpädagogik (Hochschule für Philosophie, München)

2006 Promotion über transatlantische Handelspolitik (Universität der Bundeswehr, München)

2006 Berufung zum Professor für Volkswirtschaftslehre an der FOM Hochschule für Oekonomie und Management

Mitgliedschaften: Verein für Socialpolitik, Gesellschaft zur Förderung von Wirtschaftswissenschaften und Ethik (GWE), Hayek-Gesellschaft, List-Gesellschaft

Günther Oettinger

15. Oktober 1953 geboren in Stuttgart

1972 Abitur

1972–1978 Studium der Rechtswissenschaften und Volkswirtschaftslehre in Tübingen

1974 Eintritt in die CDU

1977–1985 Vorsitzender der CDU Ditzingen

1978 Erstes juristisches Staatsexamen

1979–1983 Mitglied des Kreistags Ludwigsburg

1980–1994 Mitglied des Gemeinderats der Stadt Ditzingen, dort ab 1982 Fraktionsvorsitzender

1982 Zweites juristisches Staatsexamen

1982–1984 Tätigkeit in einer Wirtschaftsprüfer- und Steuerberaterkanzlei

1983–1989 Vorsitzender der JU Baden-Württemberg

Seit 1984 Rechtsanwalt

1984–2010 Mitglied des Landtags Baden-Württemberg

1988–2005 Geschäftsführer einer Wirtschaftsprüfer- und Anwaltskanzlei

1991–2005 Vorsitzender der CDU-Fraktion im Landtag von Baden-Württemberg

1999–2006 Vorsitzender des Bundesfachausschusses für Medienpolitik der CDU

2001–2005 Bezirksvorsitzender der CDU Nordwürttemberg

2005–2009 Vorsitzender der CDU Baden-Württemberg

2005–2010 Ministerpräsident von Baden-Württemberg

2010–2014 EU-Kommissar für Energie

Seit Nov. 2014 EU-Kommissar für Digitale Wirtschaft und Gesellschaft

Dr. Stefan Remhof

10.09.1982 geboren in Frankfurt/Main

2003–2008 Studium des International Business an den Hochschulen Regensburg und Pforzheim, Abschluss zum Dipl.-Betriebswirt

2014 Promotion zum Dr. rer. pol. an der Otto-von-Guericke-Universität Magdeburg

2009–2013 Wissenschaftlicher Mitarbeiter und stellvertretender Leiter des Büros der Abgeordneten Martin Zeil, MdL, Bayerischer Staatsminister für Wirtschaft, Infrastruktur, Verkehr und Technologie sowie stellvertretender Ministerpräsident des Freistaats Bayern, und Dr. Wolfgang Heubisch, MdL, Bayerischer Staatsminister für Wissenschaft, Forschung und Kunst

Seit 2015 Fachbereichsleiter BWL und VWL, Studiengangsleiter und Dozent am Campus M21, München

Buchveröffentlichungen:

»Auswanderung von Akademikern aus Deutschland: Gründe, Auswirkungen und Gegenmaßnahmen« 2008
»Absicht zur Arbeit im Ausland: Der Einfluss von Persönlichkeitsmerkmalen und internationaler Erfahrung« 2015

Stephan Werhahn, Ph. D., M. Sc.

1953 geboren in Neuss am Rhein als Sohn der Eheleute Hermann-Josef Werhahn und Libet Werhahn, geb. Adenauer, vier Kinder, zwei Enkelkinder

Studien an den Universitäten Barcelona, Bonn, Genf, Göttingen und Washington DC., Studium der Rechtswissenschaften, Volks- und Betriebswirtschaft

Anwalt, Unternehmer und Vorstand u. a. bei Bosch, Siemens, GSW, Conti u. a., heute geschäftsführender Gesellschafter der Chandelier GmbH, Private Investment Office, München und der Deutschen Agentur für Aufsichtsräte, Berlin, Gesellschafter der Wilh. Werhahn KG, Neuss

MIT-Kreisvorsitzender Alp-Donau/Ulm, gewählter Landesvorstand MIT-Baden-Württemberg und kooptierter Bundesvorstand der Mittelstands- und Wirtschaftsvereinigung der CDU/CSU

Vize-Präsident Europa der Vereinigung Christlicher Unternehmer (UNIAPAC)

Gründer und Direktor des Steinbeis-Instituts »Europa der Marktwirtschaften«

Ausgewählte Literatur und Quellenangaben

Adenauer, Konrad: Erinnerungen in vier Bänden, Stuttgart 1963.

Admati, Anat, Hellwig, Martin: Des Bankers neue Kleider – Was bei Banken wirklich schiefläuft und was sich ändern muss, München, 3. Aufl., 2014.

Ahamed, Liaquat: Lords of Finance: The Bankers who Broke the World, New York 2009.

Apostolisches Schreiben EVANGELII GAUDIUM des Heiligen Vaters Papst Franziskus an die Bischöfe, an die Priester und Diakone, an die Personen geweihten Lebens und an die christgläubigen Laien über die Verkündigung des Evangeliums in der Welt von heute (Verlautbarungen des Apostolischen Stuhls Nr. 194), Bonn, 24.11.2013 (Libreria Editrice Vaticana, hrsg. vom Sekretariat der Deutschen Bischofskonferenz).

Biedenkopf, Kurt: Wir haben die Wahl, Freiheit oder Vater Staat, Berlin 2011.

Böhm, Franz: Entmachtung durch Wettbewerb, Berlin 2007.

Boston Consulting Group: Deutsche Arbeitnehmer: Von einer starken heimischen Wirtschaft profitieren, Düsseldorf 2014.

Cassel, Dieter, Ramb, Bernd-Thomas, Thieme, H. Jörg (Hrsg.): Ordnungspolitik, München 1988.

Clark, Christopher: Die Schlafwandler. Wie Europa in den Ersten Weltkrieg zog, München 2013.

Claussen, Carsten, Hahn, Oswald, Kraus, Willy: Umbruch und Wandel. Herausforderungen zur Jahrhundertwende, München 1997.

Deloitte: Entsendungsmanagement im Wandel, Frankfurt 2008.

Ederer, Günter: Träum weiter, Deutschland! Politisch korrekt gegen die Wand, München 2013.

Ederer, Günter und Ilgmann, Gottfried: Deutschland im Stau: Was uns das Verkehrschaos wirklich kostet, Berlin 2014.

Erhard, Ludwig: Die Soziale Markwirtschaft: Ein nach einheitlichen Prinzipien geordnetes Wirtschaftssystem, 1976, in: Hohmann, Karl (Hrsg.): Grundtexte zur Sozialen Marktwirtschaft, Band 2, Stuttgart, New York 1988.

Erhard, Ludwig: Die Prinzipien der deutschen Wirtschaftspolitik, Vortrag in Antwerpen, 31.05.1954, in: Orientierungen zur Wirtschafts- und Gesellschaftspolitik, 2005, S. 13–20.

Erhard, Ludwig: Wohlstand für alle, aktualisierte Neuausgabe, Düsseldorf 1990 sowie Düsseldorf 2014.

Erhard, Ludwig: Gedanken aus fünf Jahrzehnten, Reden und Schriften, hrsg. v. Karl Hohmann, Düsseldorf u. a. 1988.

Erhard, Ludwig: Deutsche Wirtschaftspolitik – Der Weg der Sozialen Marktwirtschaft, Düsseldorf 1992.

Erhard, Ludwig, Müller-Armack, Alfred: Soziale Marktwirtschaft – Ordnung der Zukunft. Manifest 72, Frankfurt/M., Berlin, Wien 1972.

Eucken, Walter: Grundsätze der Wirtschaftspolitik, Bern: Verlag Francke; Tübingen 1952

Flossbach, Bert, Vorndran, Philipp: Die Schuldenlawine – Eine Gefahr für unsere Demokratie, unseren Wohlstand und Ihr Vermögen, München 2012.

Fricke, Torsten, Novak, Ulrich: Die Akte Google: Wie der US-Konzern Daten missbraucht, die Welt manipuliert und Jobs vernichtet, München 2015.

Fuest, Clemens: Die Krise im Euroraum nachhaltig überwinden, vbw-Studie, ZEW Mannheim 2014.

Geppert, Dominik: Ein Europa, das es nicht gibt. Die fatale Sprengkraft des Euro, mit einem Vorwort von Udo DiFabio, Berlin 2013.

Greetfeld, Tammo: Glaubwürdigkeit und Glaubwürdigkeitsprobleme des EWS und der EWU, Frankfurt/M. 2003.

Gröner, Helmut, Schüller, Alfred (Hrsg.): Die europäische Integration als ordnungspolitische Aufgabe, Stuttgart 1993.

Hacker, Jens, Mampel, Siegfried (Hrsg.): Europäische Integration und deutsche Frage, Berlin 1989.

Handelsblatt: Nesthocker, na und?!, 6. Februar 2015, S. 58–59.

Hayek, Friedrich August: The Road to Serfdom, Chicago 1944 (Originalausgabe), hier zitiert aus: Der Weg zur Knechtschaft, München 2007.

Hayek, Friedrich August: Die Verfassung der Freiheit, 3. Aufl., Tübingen 1991.

Heller, Gottfried: Deutschland im globalen Wettbewerb: Wege zu einer neuen Wirtschaftsdynamik, in: Claussen, Hahn, Kraus: Umbruch und Wandel: Herausforderungen zur Jahrhundertwende, München 1997, S. 107–121.

Heller, Gottfried: Die Wohlstandsrevolution, Düsseldorf 1992.

Heller, Gottfried: Erhards »Unvollendete«: Entfesselung der Wirtschaft statt Bündnis für Arbeit, in: 100 Jahre Ludwig Erhard, Jubiläumsband der Ludwig-Erhard-Stiftung, Düsseldorf 1997, S. 82–96.

Heller, Gottfried: Der einfache Weg zum Wohlstand: Mehr verdienen, weniger riskieren und besser schlafen, 5. Auflage, München 2015.

Henkel, Hans-Olaf: Die Euro-Lügner, München 2013.

Hohmann, Karl, Schönwitz, Dietrich, Weber, Hans-Jürgen, Wünsche, Horst Friedrich (Hrsg.): Grundtexte zur Sozialen Marktwirtschaft, Band 2, Stuttgart 1988.

Horstmann, Ulrich: Alles, was Sie über »Das Kapital im 21. Jahrhundert« von Thomas Piketty wissen müssen, München 2014.

Horstmann, Ulrich: Zurück zur Sozialen Marktwirtschaft. Warum sich Ludwig Erhard im Grabe umdrehen würde, München 2014.

Horstmann, Ulrich, Schlippenbach, Luise, Werhahn, Stephan und Zeil, Martin mit Günter Ederer, Gottfried Heller und Gerald Mann: Ludwig Erhard jetzt: Wohlstand für alle Generationen, München 2015.

Horstmann, Ulrich, Mann, Gerald: Bargeldverbot: Alles, was Sie über die kommende Bargeldabschaffung wissen müssen, München 2015.

Internations.org: German Expats are Satisfied with Life Abroad, München 2015, Online verfügbar unter: https://www.internations.org/expat-insider/2015/germans-abroad.

Jenaer Aufruf zur Erneuerung der Sozialen Marktwirtschaft, 20. Juni 2008, abrufbar unter: www.60jahresozialemarktwirtschaft.de.

Jennings, W. Ivor: A Federation For Western Europe, Cambridge 1940.

Keese, Christoph: Silicon Valley: Was aus dem mächtigsten Tal der Welt auf uns zukommt, München 2014.

Kennedy, Paul: Aufstieg und Fall der großen Mächte: Ökonomischer Wandel und militärischer Konflikt von 1500 bis 2000, 5. Aufl., Frankfurt/M. 2005.

Kirchhof, Paul: Deutschland im Schuldensog. Der Weg vom Bürgen zurück zum Bürger, München 2012.

Kirsch, Guy (Hrsg.): Föderalismus, in: Wirtschaftswissenschaftliches Seminar 5, herausgegeben von Kirsch, Guy, Wittmann, Walter, Stuttgart, New York 1977.

Koch, Dorothea und Wolfgang: Konrad Adenauer: Der Katholik und sein Europa, Aachen 2013.

Koller, Christine, Siedel, Markus: Geld war gestern – Wie Bitcoin, Regionalgeld, Zeitbanken und Sharing Economy unser Leben verändern werden, München 2014.

Konrad, Kai A., Zschäpitz, Holger: Schulden ohne Sühne? Warum der Absturz der Staatsfinanzen uns alle trifft, München 2010.

Lauk, Kurt: Soziale Marktwirtschaft Ludwig Erhards: Kompass für Deutschland in einer globalisierten Welt, in: Lauk, Kurt (Hrsg.): Was würde Ludwig Erhard heute sagen?, Stuttgart, Leipzig 2007, S. 16–50.

Lübbe, Hermann: Abschied vom Superstaat – Vereinigte Staaten von Europa wird es nicht geben, Berlin 1994.

Marx, Karl: Das Kapital, Kritik der politischen Ökonomie, Stuttgart 1957.

Marx, Reinhard, unter Mitarbeit von Küppers, Arnd: Das Kapital, ein Plädoyer für den Menschen, München 2008.

Mayer, Thomas: Die neue Ordnung des Geldes – Warum wir eine Geldreform brauchen, München 2014.

Merz, Friedrich: Nur wer sich ändert, wird bestehen. Vom Ende der Wohlstandsillusion – Kursbestimmung für unsere Zukunft, 2. Aufl., Freiburg 2006.

Merz, Friedrich: Mehr Kapitalismus wagen. Wege zu einer gerechten Gesellschaft, München 2008.

Middendorff, Elke et al.: Die wirtschaftliche und soziale Lage der Studierenden in Deutschland 2012. 20. Sozialerhebung des Deutschen Studentenwerks durchgeführt durch das HIS-Institut für Hochschulforschung, Berlin 2013.

Mills, Charles Wright: Die amerikanische Elite, Hamburg 1962.

Munk, Nicole: Die T-Aktie als Marke – Staatliche und private Einflussnahme zur Kurspflege einer »Volksaktie«, Münster 2003.

Nell-Breuning, Oswald: Kapitalismus – kritisch betrachtet: Zur Auseinandersetzung um das bessere »System«, Freiburg im Breisgau 1974.

Nell-Breuning, Oswald: Soziallehre der Kirche: Erläuterungen der lehramtlichen Dokumente, Wien, 2. erweiterte Auflage 1978.

Oermann, Nils (Hrsg.): Der Euro. Eine Karriere? Für Horst Köhler, Freiburg im Breisgau 2013.

Ohr, Renate (Hrsg.): Europäische Integration als ordnungspolitische Aufgabe, Stuttgart 1996.

Oppenheimer, Franz: Weder Kapitalismus noch Kommunismus, Jena 1932 (2., völlig neu bearbeitete und erweiterte Auflage von »Kapitalismus, Kommunismus, wissenschaftlicher Sozialismus«).

Osbild, Rainer: Finanzkrise, Geld, Gier und Gerechtigkeit, Holzgerlingen 2014.

Otte, Max: Der Informationscrash. Wie wir systematisch für dumm verkauft werden, Berlin 2009.

Rand, Ayn: Capitalism: The Unknown Ideal, New York, 1986.

Rant, Diogenes: Verzockte Freiheit: Wehrt Euch! Politiker und Finanzeliten setzen unsere Zukunft aufs Spiel, München 2014.

Remhof, Stefan: Absicht zur Arbeit im Ausland – Der Einfluss von Persönlichkeitsmerkmalen und internationaler Erfahrung, Wiesbaden 2015.

Reinhart, Carmen M., Rogoff, Kenneth S.: Dieses Mal ist alles anders – Acht Jahrhunderte Finanzkrisen, München 2010 (Originalausgabe: »This Time is different, Eight Centuries of Financial Folly«, New Jersey 2009).

Rhodes, David, Stelter, Daniel: Back to Mesopotamia?, The Boston Consulting Group, September 2011.

Röpke, Wilhelm: Maß und Mitte, Erlenbach–Zürich 1950.

Röpke, Wilhelm: Jenseits von Angebot und Nachfrage, Erlenbach–Zürich 1958.

Rothbard, Murray N.: Das Schein-Geld-System, 2. Auflage, Gräfelfing 2005

Rubner, Heinrich: Adolph Wagner. Briefe, Dokumente, Augenzeugenberichte 1851–1917, Berlin 1978.

Schäffler, Frank: Nicht mit unserem Geld! München 2014.

Schelsky, Helmut: Die Arbeit tun die anderen, Klassenkampf und Priesterherrschaft der Intellektuellen, Opladen 1975.

Schelsky, Helmut: Funktionäre – Gefährden sie das Gemeinwohl?, 4. Aufl., Stuttgart 1982.

Scheuch, Erwin K., Scheuch, Ute: Cliquen, Klüngel und Karrieren. Über den Verfall der politischen Parteien – eine Studie, Hamburg, 1993.

Schmidt-Carré, André: In Watte gepackt, in: Human Resources Manager, 6. Januar 2015, Online verfügbar unter: http://www.humanresourcesmanager.de/ressorts/artikel/watte-gepackt-11357.

Schlippenbach, Luise Gräfin v.: Im Wandel stets dabei, München 2005.

Schneider, Friedrich: Size and Development of the Shadow Economy of 31 European and 5 other OECD Countries from 2003 to 2015: Different Developments, 20.01.2015, abrufbar unter: http://www.econ.jku.at/members/Schneider/files/publications/2015/ShadEcEurope31.pdf.

Schröder, Gerhard et al. (Hrsg.): Ludwig Erhard, Beiträge zu seiner politischen Biographie, Festschrift zum 75. Geburtstag, Frankfurt/M. 1972.

Senor, Dan, Singer, Paul: Start-Up Nation: The Story of Israel's Economic Miracle, New York 2011.

Sinn, Hans-Werner: Ist Deutschland noch zu retten?, Berlin 2005.

Sinn, Hans-Werner: Kasino-Kapitalismus: Wie es zur Finanzkrise kam, und was jetzt zu tun ist, 2. Aufl., Berlin 2009.

Sinn Hans-Werner: Die Target-Falle – Gefahren für unser Geld und unsere Kinder, München 2012.

Sinn, Hans-Werner: The Euro Trap, On Bursting Bubbles, Budgets, and Beliefs, Oxford 2014.

Sinn, Hans-Werner: Der Euro. Von der Friedensidee zum Zankapfel. München 2015.

Starbatty, Joachim: Tatort Euro, Berlin 2013.

Stepstone: Internationale Jobmobilität: Auswertung einer Studie zum globalen Arbeitsmarkt von Stepstone und The Boston Consulting Group, Düsseldorf 2014.

Streminger, Gerhard: Adam Smith, Hamburg 1989.

Teufel, Erwin, Mack, Winfried (Hrsg.): Aus der Krise lernen, Auf dem Weg zu einer weltoffenen und humanen Gesellschaft, Freiburg im Breisgau 2014.

Thiel, Peter: Zero to One: Wie Innovation unsere Gesellschaft rettet, Frankfurt 2014.

Vaubel, Roland: Der Wettbewerb der Staaten als Erfolgsgeheimnis Europas: Eine Theoriegeschichte, unveröffentlichtes Manuskript, 2014, abrufbar unter: http://vaubel.vwl.uni-mannheim.de/fileadmin/user_upload/vaubel/Publications/Der_Wettbewerb_der_Staaten_als_Erfolgsgeheimnis_Europas.pdf

Weber, Max: Die protestantische Ethik und der Geist des Kapitalismus, 2013 (Erstausgabe: 1904/1905).

Willsch, Klaus Peter, Raap, Christian: Von Rettern und Rebellen: Ein Blick hinter die Kulissen unserer Demokratie, München 2015.

Zeil, Martin: Ist die Marktwirtschaft noch sozial? In: ifo Schnelldienst 5 2014, 67. Jg., 10.–11. KW, 13. März 2014, S. 26–34.

Anmerkungen

1 Ludwig Erhard: Stockholmer Rede, 23. März 1963, zitiert nach: Gedanken aus fünf Jahrzehnten, S. 797, 804 f.

2 Europäischer Rat, 23. und 24. März 2000, Lissabon, Schlussfolgerungen des Vorsitzes, Der Weg in die Zukunft, abrufbar unter: http://www.europarl.europa.eu/summits/lis1_de.htm.

3 Zitiert nach: Hielscher, Wild, Kilz: Interwiev mit Margaret Thatcher: Alle gegen Deutschland – nein! in: Der Spiegel, 13, 1990, 26.03.1990, abrufbar unter: http://www.spiegel.de/spiegel/print/d-13507157.html.

4 Zitiert nach: Dörler, Bernd, Kaden, Wolfgang: Interwiev mit Margaret Thatcher: Ihr wollt den Rest Europas in: Der Spiegel, 43, 1993, 25.10.1993, abrufbar unter: http://www.spiegel.de/spiegel/print/d-13855292.html.

5 Zitiert nach: Hans-Werner Sinn: Der Euro: Von der Friedensidee zum Zankapfel, München 2015, S. 38.

6 Helmut Kohl: Rede vor dem Deutschen Bundestag bei der Aussprache über den Beschluss der Bundesregierung zur Festlegung des Teilnehmerkreises an der Dritten Stufe der Europäischen Wirtschafts- und Währungsunion, 23. April 1998, abrufbar unter: http://helmut-kohl.kas.de/index.php?menu_sel=17&menu_sel2=&menu_sel3=&menu_sel4=&msg=1764.

7 Jaques Chirac am 6. März 2002 nach Vogel, W., Frankreichs Europapolitik nach der Wahl, Deutsch-Französisches Institut, Aktuelle Frankreichanalysen, Nr. 18, August 2002.

8 Mario Draghi: Rede auf einer Investorenkonferenz in London am 26. Juli 2012, siehe unter: http://www.faz.net/aktuell/wirtschaft/eurokrise/whatever-it-takes-mit-drei-magischen-worten-in-die-neue-eurowelt-13064843.html.

9 Der Spiegel, 52/1999: Die Brüsseler Republik, S. 136.

10 Angela Merkel in einer Regierungserklärung wörtlich: »Deshalb gab es zur Sicherung der Stabilität des gesamten Euro-Finanzsystems wenige Tage später keine vernünftige Alternative.« Die Bundeskanzlerin Dr. Angela Merkel (CDU) im Bundestag, am Mittwoch, 19. Mai 2010, in ihrer Regierungserklärung zu Maßnahmen zur Stabilisierung des Euro, dokumentiert in: Plenarprotokoll 17/42, Deutscher Bundestag, Stenografischer Bericht, 42. Sitzung, Berlin, Mittwoch, den 19. Mai 2010, S. 12, abrufbar unter: http://dipbt.bundestag.de/doc/btp/17/17042.pdf.

11 Der Wortlaut entstammt einer Broschüre mit dem Titel The Ten Cannots von Willliam J.H. Boettcker, einem führenden amerikanischen Kirchenmann.

12 Zusammenfassende Wiedergabe aus: Niccolò Machiavelli: Discorsi, Buch I, Kapitel 55, deutsche Übersetzung des Originaltextes in: Politische Betrachtungen über die alte und die italienische Geschichte, 2014.

13 Ludwig Erhard: Rede Europäische Zwischenbilanz, Wien, 08.02.1961 in: Deutsche Wirtschaftspolitik, 1992, S. 543–558.

14 Ludwig Erhard in einem Schreiben 1956 an Konrad Adenauer, zitiert in: 100 Jahre Ludwig Erhard. Das Buch zur Sozialen Marktwirtschaft.

15 Samuel Brittan: The futile attempt to save the eurozone, ft.com, 04.11.2010.

16 Charta der Grundrechte der Europäischen Union, Erster Satz der Präambel: »Die Völker Europas sind entschlossen, auf der Grundlage gemeinsamer Werte eine friedliche Zukunft zu teilen, indem sie sich zu einer immer engeren Union verbinden.« Siehe Anhang.

17 Vgl. gutzitiert.de.

18 The indispensable European, economist.com, November 7th 2015.

19 Max Weber: Politik als Beruf, Vortrag in München, Januar 1919.

20 Der Bundeskanzler leistet gemäß Artikel 64 Grundgesetz bei seinem Amtsantritt den Amtseid. Der Amtseid ist in Artikel 56 Grundgesetz festgelegt und lautet vollständig: »Ich schwöre, dass ich meine Kraft dem Wohle des deutschen Volkes widmen, seinen Nutzen mehren, Schaden von ihm wenden, das Grundgesetz und die Gesetze des Bundes wahren und verteidigen, meine Pflichten gewissenhaft erfüllen und Gerechtigkeit gegen jedermann üben werde. So wahr mir Gott helfe.« abrufbar unter: http://www.gesetze-im-internet.de/gg/art_56.html.

21 Der Spiegel, 52/1999: Die Brüsseler Republik, S. 136.

22 Gottfried Heller: Der einfache Weg zum Wohlstand: Mehr verdienen, weniger riskieren und besser schlafen, 5. Auflage, München 2015.

23 Mervyn King: The End of Alchemy, New York 2016.

24 Im Original lautet das Zitat: »Germany faces a terrible choice. Should it support the weaker brethren in the euro area at great and unending cost to its taxpayers, or should it call a halt to the project of monetary union across the whole of Europe?« Zitiert nach: Lord Mervyn King: Forgive them their debts is not the answer, The Telegraph, 28.02.2016, abrufbar unter: http://www.telegraph.co.uk/business/2016/02/28/lord-mervyn-king-forgive-them-their-debts-is-not-the-answer/

25 Vgl. http://muster.daszitat.de/?id=342.

26 Ludwig Erhard: Neue Aufgaben der europäischen und atlantischen Zusammenarbeit Rede in St. Gallen am 15. Januar 1962, in Deutsche Wirtschaftspolitik, 1992, S. 608–621.

27 Peter Sloterdijk: Mein Frankreich, Berlin 2013.

28 Hansjörg Häfele: Ein Euro der Willigen als Ausweg, in: FAZ, 17.10.2012, abrufbar unter: http://www.faz.net/aktuell/wirtschaft/standpunkt-ein-euro-der-willigen-als-ausweg-11929427.html

29 Die Bundeskanzlerin Dr. Angela Merkel (CDU) im Bundestag, am Mittwoch, 19. Mai 2010, in ihrer Regierungserklärung zu Maßnahmen zur Stabilisierung des Euro, dokumentiert in: Plenarprotokoll 17/42, Deutscher Bundestag, Stenografischer Bericht, 42. Sitzung, Berlin, Mittwoch, den 19. Mai 2010, S. 12, abrufbar unter: http://dipbt.bundestag.de/doc/btp/17/17042.pdf.

30 Vgl. in: Heribert Prantl: Wie einst die Ostverträge, sueddeutsche.de, 14.09.2015.

31 Ludwig Erhard: Wohlstand für alle, Düsseldorf 1957, S. 246

32 Jean-Baptiste Colbert war von 1665–1683 Finanzminister bzw. Generalkontrolleur der Finanzen unter dem Sonnenkönig Ludwig XIV.

33 Sarkozy in der Plenardebatte des Europäischen Parlaments vom 21. Oktober 2008, Texte der Reden abrufbar unter: http://www.europarl.europa.eu/sides/getDoc.do?type=CRE&reference=20081021&secondRef=ITEM-007&language=DE.

34 Europäische Union: Staatsquoten in den Mitgliedstaaten im Jahr 2014, abrufbar unter: http://de.statista.com/statistik/daten/studie/6769/umfrage/staatsquoten-der-eu-laender/.

35 Friedrich Schneider: Size and development of the shadow economy of 31 European and 5 other OECD countries from 2003 to 2014: Different developments?, in: Journal of Self-Governance and Management Economics, Vol. 3, Nr. 4, 2015, S. 7–29, abrufbar unter: http://www.econ.jku.at/members/Schneider/files/publications/2015/ShadEcEurope31.pdf.

36 Martin Zeil: Ist die Marktwirtschaft noch sozial? S. 26.

37 Oswald Nell-Breuning: Soziallehre der Kirche, S. 53.

38 Oswald Nell-Breuning: Soziallehre der Kirche, S. 55.

39 Charles Wright Mills: Die amerikanische Elite, S. 242.

40 Thomas Mayer: Die neue Ordnung des Geldes, S. 181–184; Der vollständige Text findet sich im Anhang.

41 Vgl. Jörg G. Hülsmann in: Murray N. Rothbard: Das Schein-Geld-System, S. 134 f.

42 Heinrich Rubner: Adolph Wagner, S. X (Vorwort und Geleitwort von Oswald von Nell-Breuning).

43 Walter Eucken: Grundsätze der Wirtschaftspolitik, 1952.

44 Alfred Müller-Armack und Ludwig Erhard: Soziale Marktwirtschaft, S. 302.

45 Herbert Gruhl: Der Verrat an Ludwig Erhard, in: Der Spiegel, 20.06.1983, 25/1983, S. 76 f.

46 Alfred Müller-Armack und Ludwig Erhard: Soziale Marktwirtschaft, S. 171.

47 Alfred Müller-Armack und Ludwig Erhard: Soziale Marktwirtschaft, S. 253.

48 Nachgewiesen z. B. in: Elizabeth Knowles: Oxford Dictionary of Modern Quotations, OUP Oxford, 2007, S. 312: »We have to get our production and our earnings in balance. There's no easy popularity in what we are proposing, but it is fundamentally sound. Yet I believe people accept there is no real alternative. [...]« speech at Conservative Women's Conference, 21 May 1980.

49 Aus der Speech to the academic youth, gehalten an der Universität Zürich, 1946, belegt in: European Commission: The Founding Fathers of the EU: Winston Churchill: calling for a United States of Europe, abrufbar unter: http://europa.eu/about-eu/eu-history/founding-fathers/pdf/winston_churchill_en.pdf.

50 GIPSIC = Greece, Ireland, Portugal, Spain, Italy, Cyprus.

51 Mario Draghi: Rede auf einer Investorenkonferenz in London am 26. Juli 2012, siehe unter: http://www.faz.net/aktuell/wirtschaft/eurokrise/whatever-it-takes-mit-drei-magischen-worten-in-die-neue-eurowelt-13064843.html.

52 Genaues Zitat im Original: »The newly decided measures, together with the targeted longer-term refinancing operations which will be conducted in two weeks, **will have a sizeable impact on our balance sheet**«, in: Introductory statement to the press conference (with Q&A), Mario Draghi, President of the ECB, Frankfurt am Main, 4 September 2014, abrufbar unter: https://www.ecb.europa.eu/press/pressconf/2014/html/is140904.en.html.

53 Zitiert in: Markus Zydra: Geld ist billig wie nie zuvor, Süddeutsche Zeitung, 05.09.2014.

54 Mario Draghi: Rede auf einer Investorenkonferenz in London am 26. Juli 2012, siehe unter: http://www.faz.net/aktuell/wirtschaft/eurokrise/whatever-it-takes-mit-drei-magischen-worten-in-die-neue-eurowelt-13064843.html.

55 ifo-Chef Sinn kritisiert EuGH, FAZ, 16.06.2015, abrufbar unter: http://www.faz.net/aktuell/wirtschaft/eurokrise/ifo-chef-sinn-kritisiert-eugh-urteil-zu-ezb-anleihen-kaeufe-13649888.html.

56 ifo-Chef Sinn kritisiert EuGH, FAZ, 16.06.2015, abrufbar unter: http://www.faz.net/aktuell/wirtschaft/eurokrise/ifo-chef-sinn-kritisiert-eugh-urteil-zu-ezb-anleihen-kaeufe-13649888.html.

57 ifo-Chef Sinn kritisiert EuGH, FAZ, 16.06.2015, abrufbar unter: http://www.faz.net/aktuell/wirtschaft/eurokrise/ifo-chef-sinn-kritisiert-eugh-urteil-zu-ezb-anleihen-kaeufe-13649888.html.

58 ifo-Chef Sinn kritisiert EuGH, FAZ, 16.06.2015, abrufbar unter: http://www.faz.net/aktuell/wirtschaft/eurokrise/ifo-chef-sinn-kritisiert-eugh-urteil-zu-ezb-anleihen-kaeufe-13649888.html.

59 Der Spiegel, 26.06.2012, Merkel zur Schuldenpolitik: Keine Euro-Bonds, solange ich lebe, abrufbar unter: http://www.spiegel.de/politik/ausland/kanzlerin-merkel-schliesst-euro-bonds-aus-a-841115.html.

60 Das informelle Gremium der ehemaligen Troika, bestehend aus der Europäischen Zentralbank (EZB), dem Internationalen Währungsfond (IWF) und der EU-Kommission, wird im Juli 2015 um den Europäischen Stabilitätsmechanismus (ESM) erweitert und seitdem Quadriga genannt.

61 Die Bundeskanzlerin Dr. Angela Merkel (CDU) im Bundestag, am Mittwoch, 19. Mai 2010, in ihrer Regierungserklärung zu Maßnahmen zur Stabilisierung des Euro; dokumentiert in: Plenarprotokoll 17/42, Deutscher Bundestag, Stenografischer Bericht, 42. Sitzung, Berlin, Mittwoch, den 19. Mai 2010, S. 12 abrufbar unter: http://dipbt.bundestag.de/doc/btp/17/17042.pdf.

62 Mario Draghi: Rede auf einer Investorenkonferenz in London am 26. Juli 2012, siehe unter: http://www.faz.net/aktuell/wirtschaft/eurokrise/whatever-it-takes-mit-drei-magischen-worten-in-die-neue-eurowelt-13064843.html.

63 Ludwig Erhard: Wohlstand für alle. Aktualisierte Neuausgabe, Düsseldorf 1990.

64 Ludwig Erhard: Wohlstand für alle. Aktualisierte Neuausgabe, Düsseldorf 1990.

65 Konrad Adenauer: Erinnerungen in vier Bänden, Bd. 1, S. 51.

66 Vgl. Hermann Lübbe: Abschied vom Superstaat – Vereinigte Staaten von Europa wird es nicht geben, Berlin 1994.

67 Friedrich August Hayek: The Road to Serfdom, Chicago 1944 (Originalausgabe), hier zitiert aus: Der Weg zur Knechtschaft, München, 2007, S. 289 f.

68 Ludwig Erhard: Wohlstand für alle, Düsseldorf 1957, S. 283.

69 Roland Vaubel: Der Wettbewerb der Staaten als Erfolgsgeheimnis Europas, S. 12–13.

70 Oliver Das Gupta: Papst will Europa, das »sich nicht um Wirtschaft dreht«, Süddeutsche Zeitung, 25.11.2014, abrufbar unter: http://www.sueddeutsche.de/politik/franziskus-im-europarlament-papst-will-europa-das-sich-nicht-um-wirtschaft-dreht-1.2237053; ein Video der Rede ist abrufbar unter: http://www.domradio.de/video/papst-franziskus-vor-dem-europaparlament.

71 Ludwig Erhard: Stockholmer Rede, 23. März 1963, zitiert nach: Gedanken aus fünf Jahrzehnten, S. 797, 804 f.

72 A. C. Mierzejewski: Ludwig Erhard, S. 70 f.

73 Zitiert aus: A. C. Mierzejewski: Ludwig Erhard, S. 261.

74 Interview von Hubert Obermaier mit Stephan Werhahn: Das Glas ist bereits halb voll, in: Straubinger Tagblatt/Landshuter Zeitung 05.02.2013, zu beziehen unter www.idowa.de.

75 Jordi Canals: Dean's column: History lesson, Financial Times, 14.05.2012, abrufbar unter: http://www.ft.com/cms/s/2/5f7c482c-996a-11e1-948a-00144feabdc0.html#axzz472CZtx2m.

76 Wilhelm Röpke: Maß und Mitte, Erlenbach-Zürich, 1950.

77 Zitiert nach Böhm, Stephan: Die Verfassung der Freiheit, in: Die Zeit 02.04.1993, abrufbar unter: http://www.zeit.de/1993/14/der-verfassung-der-freiheit.

78 FAZ Grafik Niebel, abrufbar unter: http://www.faz.net/ppmedia/medien/interaktiv-1/2763232930/1.474408/article_multimedia_overview/die-deutsche-staatsquote-1950.jpg.

79 Handelsblatt, 11.01.2010, abrufbar unter: http://www.handelsblatt.com/politik/deutschland/staatsquote-deutschland-auf-dem-weg-in-den-sozialismus/3342956.html.

80 Wilhelm Röpke: Jenseits von Angebot und Nachfrage, Erlenbach-Zürich 1958, S. 45.

81 Ludwig Erhard: Wohlstand für alle. Düsseldorf 1957, S. 257.

82 Studie des Instituts für Demoskopie Allensbach mit dem Titel Zwischen Sicherheitsbedürfnis und Risikobereitschaft, abrufbar unter: https://bankenverband.de/media/files/Untersuchung.pdf.

83 Wilhelm Röpke: Maß und Mitte, Erlenbach-Zürich 1950, S. 219.

84 Wilhelm Röpke: Maß und Mitte, Erlenbach-Zürich 1950, S. 223 ff.

85 Vgl. Nils Goldschmidt u. Ursula Nothelle-Wildfeuer (Hrsg.): Freiburger Schule und Christliche (sic!) Gesellschaftslehre – Joseph Kardinal Höffner und die Ordnung von Wirtschaft und Gesellschaft, Tübingen 2010, und: Werner Lachmann: Protestantische Wurzeln der sozialen Marktwirtschaft und ihre biblische Bewertung, in: Resch, Ingo (Hrsg.): Mehr als man glaubt, Gräfelfing 2000, S. 187–217.

86 2. Thessalonicher 3, 10.

87 Hebräer 13, 16.

88 Zitiert nach: Werner Lachmann: Protestantische Wurzeln der sozialen Marktwirtschaft und ihre biblische Bewertung, in: Resch, Ingo (Hrsg.): Mehr als man glaubt, Gräfelfing 2000, S. 194.

89 Alexander Demandt: Zeit und Unzeit, Köln 2002, S. 307.

90 Wilhelm Röpke: Maß und Mitte, Erlenbach-Zürich 1950, S. 93–94.

91 Wilhelm Röpke: Maß und Mitte, Erlenbach-Zürich 1950, S. 97.

92 http://www.welt.de/welt_print/article1802284/Das-ist-Sozialismus-fuer-Reiche.html.

93 Ein Überblick: http://ordnungspolitisches-portal.com/03_index_Theorie.htm.

94 Ludwig Erhard: Wohlstand für alle, Düsseldorf 1957, S. 263.

95 Ein guter Aufschlag in diese Richtung ist Horstmann, Ulrich et al.: Ludwig Erhard jetzt, München 2015. Ebenso der Jenaer Aufruf zur Erneuerung der Sozialen Marktwirtschaft: http://www.jenaerallianz.de/index.php?id=5245.

96 »Wir halten diese Wahrheiten für ausgemacht, dass alle Menschen gleich erschaffen worden, dass sie von ihrem Schöpfer mit gewissen unveräußerlichen Rechten begabt worden, worunter sind Leben, Freiheit und das Bestreben nach Glückseligkeit. Dass

zur Versicherung dieser Rechte Regierungen unter den Menschen eingeführt worden sind, welche ihre gerechte Gewalt von der Einwilligung der Regierten herleiten. [...]«.

97 »Freiheit, Gleichheit, Brüderlichkeit«.

98 »Art. 1. Die Menschen sind und bleiben von Geburt frei und gleich an Rechten. Soziale Unterschiede dürfen nur im gemeinen Nutzen begründet sein.
Art. 2. Das Ziel jeder politischen Vereinigung ist die Erhaltung der natürlichen und unveräußerlichen Menschenrechte. Diese Rechte sind Freiheit, Eigentum, Sicherheit und Widerstand gegen Unterdrückung.
Art. 3. Der Ursprung jeder Souveränität ruht letztlich in der Nation. Keine Körperschaften, kein Individuum können eine Gewalt ausüben, die nicht ausdrücklich von ihr ausgeht.
Art. 4. Die Freiheit besteht darin, alles tun zu können, was einem anderen nicht schadet. So hat die Ausübung der natürlichen Rechte eines jeden Menschen nur die Grenzen, die den anderen Gliedern der Gesellschaft den Genuss der gleichen Rechte sichern. Diese Grenzen können allein durch Gesetz festgelegt werden.
Art. 5. Nur das Gesetz hat das Recht, Handlungen, die der Gesellschaft schädlich sind, zu verbieten. Alles, was nicht durch Gesetz verboten ist, kann nicht verhindert werden, und niemand kann gezwungen werden zu tun, was es nicht befiehlt.
Art. 6. Das Gesetz ist der Ausdruck des allgemeinen Willens. Alle Bürger haben das Recht, persönlich oder durch ihre Vertreter an seiner Formung mitzuwirken. Es soll für alle gleich sein, mag es beschützen, mag es bestrafen. Da alle Bürger in seinen Augen gleich sind, sind sie gleicherweise zu allen Würden, Stellungen und Beamtungen nach ihrer Fähigkeit zugelassen ohne einen anderen Unterschied als den ihrer Tugenden und ihrer Talente.
Art. 7. Jeder Mensch kann nur in den durch das Gesetz bestimmten Fällen und in den Formen, die es vorschreibt, angeklagt, verhaftet und gefangengehalten werden. Diejenigen, die willkürliche Befehle betreiben, ausfertigen, ausführen oder ausführen lassen, sollen bestraft werden. Doch jeder Bürger, der aufgrund des Gesetzes vorgeladen oder ergriffen wird, muss sofort gehorchen. Er macht sich durch Widerstand strafbar.
Art. 8. Das Gesetz soll nur solche Strafen festsetzen, die offenbar unbedingt notwendig sind. Und niemand kann aufgrund eines Gesetzes bestraft werden, das nicht vor Begehung der Tat erlassen, verkündet und gesetzlich angewandt worden ist.
Art. 9. Da jeder Mensch so lange für unschuldig gehalten wird, bis er für schuldig erklärt worden ist, soll, wenn seine Verhaftung für unumgänglich erachtet wird, jede Härte, die nicht notwendig ist, um sich seiner Person zu versichern, durch Gesetz streng vermieden sein.
Art. 10. Niemand soll wegen seiner Meinungen, selbst religiöser Art, beunruhigt werden, solange ihre Äußerung nicht die durch das Gesetz festgelegte öffentliche Ordnung stört.
Art. 11. Die freie Mitteilung der Gedanken und Meinungen ist eines der kostbarsten Menschenrechte. Jeder Bürger kann also frei schreiben, reden und drucken unter Vorbehalt der Verantwortlichkeit für den Missbrauch dieser Freiheit in den durch das Gesetz bestimmten Fällen.
Art. 12. Die Sicherung der Menschen und Bürgerrechte erfordert eine Streitmacht. Diese Macht ist also zum Vorteil aller eingesetzt und nicht für den besonderen Nutzen derer, denen sie anvertraut ist.
Art. 13. Für den Unterhalt der Streitmacht und für die Kosten der Verwaltung ist eine allgemeine Abgabe unumgänglich. Sie muss gleichmäßig auf alle Bürger unter Berücksichtigung ihrer Vermögensumstände verteilt werden.

Art. 14. Alle Bürger haben das Recht, selbst oder durch ihre Abgeordneten die Notwendigkeit der öffentlichen Abgabe festzustellen, sie frei zu bewilligen, ihre Verwendung zu überprüfen und ihre Höhe, ihre Veranlagung, ihre Eintreibung und Dauer zu bestimmen.
Art. 15. Die Gesellschaft hat das Recht, von jedem öffentlichen Beamten Rechenschaft über seine Verwaltung zu fordern.
Art. 16. Eine Gesellschaft, in der die Verbürgung der Rechte nicht gesichert und die Gewaltenteilung nicht festgelegt ist, hat keine Verfassung.
Art. 17. Da das Eigentum ein unverletzliches und heiliges Recht ist, kann es niemandem genommen werden, wenn es nicht die gesetzlich festgelegte, öffentliche Notwendigkeit augenscheinlich erfordert und unter der Bedingung einer gerechten und vorherigen Entschädigung.«, abrufbar unter: http://www.verfassungen.eu/f/ferklaerung89.htm.

99 Siehe Anhang.

100 »Diese Charta bekräftigt unter Achtung der Zuständigkeiten und Aufgaben der Union und des Subsidiaritätsprinzips die Rechte, die sich vor allem aus den gemeinsamen Verfassungstraditionen und den gemeinsamen internationalen Verpflichtungen der Mitgliedstaaten, aus der Europäischen Konvention zum Schutz der Menschenrechte und Grundfreiheiten, aus den von der Union und dem Europarat beschlossenen Sozialchartas sowie aus der Rechtsprechung des Gerichtshofs der Europäischen Union und des Europäischen Gerichtshofs für Menschenrechte ergeben.«

101 Hermann Lübbe: Abschied vom Superstaat: Vereinigte Staaten von Europa wird es nicht geben, Berlin 1994, S. 147.

102 Zitiert aus und vgl. dazu: Haus Europa: Das Fundament ist solide, aber die Architektur brüchig, Frank Schäffler, 13.11. 2015 in der Kategorie Blog, Frank und frei, http://prometheusinstitut.de/haus-europa-das-fundament-ist-solide-aber-die-architektur-bruechig/.

103 Anselm Waldermann: Brexit-Referendum im Juni: Verlässt Großbritannien die EU? Der Spiegel, 20.02.2016, abrufbar unter: http://www.spiegel.de/politik/ausland/brexit-referendum-verlaesst-grossbritannien-die-eu-a-1078471.html#js-article-comments-box-pager.

104 Walter Eucken: Grundsätze der Wirtschaftspolitik, Bern 1952.

105 Klaus-Peter Willsch: Von Rettern und Rebellen: Ein Blick hinter die Kulissen unserer Demokratie, München 2015, am Ende des letzten Kapitels, des Epilogs, Völker Europas, wahrt eure heiligsten Güter.

106 Dieser Text von Günter Ederer wurde bereits im Onlinetagebuch der Mitglieder des publizistischen Netzwerks Die Achse des Guten am 22.10.2015 veröffentlicht. Hier ist eine redigierte Fassung abgedruckt.

107 Günter Ederer arbeitete Ende der 70er- und Anfang der 80er-Jahre für das ZDF in Saudi-Arabien (u. a. die Reportage: Das Märchen von Tausend und einer Milliarde) und dem Iran (Blut und Öl für Allah).

108 Navid Kermani: Über die Grenzen – Jacques Mourad und die Liebe in Syrien, Ansprache aus Anlass der Verleihung des Friedenspreises des Deutschen Buchhandels, gehalten am 18.10.2015 in der Frankfurter Paulskirche, abrufbar unter: http://www.friedenspreis-des-deutschen-buchhandels.de/819312/.

109 Vgl. http://de.openborders.info/friedman-immigration-welfare-state/ und https://www.youtube.com/watch?v=3eyJIbSgdSE.

110 Barack Obama im August 2012 über den Einsatz chemischer Waffen in Syrien: »Für uns ist eine rote Linie überschritten, wenn eine ganze Menge chemischer Waffen bewegt oder eingesetzt wird«, Sebastian Fischer: Barack Obamas Syrien-Politik, Der Spiegel, 22.08.2013, abrufbar unter: http://www.spiegel.de/politik/ausland/syrien-obamas-tanz-auf-der-roten-linie-a-917908.html.

111 Christopher Clark: Die Schlafwandler, wie Europa in den Ersten Weltkrieg zog, München 2013.

112 Immanuel Kant: Zum ewigen Frieden. Ein philosophischer Entwurf, 1. Auflage, Königsberg 1795.

113 Dies wurde bereits in seinem Buch Mein Kampf, das 1925 erschien, deutlich; Adolf Hitler: Mein Kampf, F. Eher Nachfolger, Bd. 1, Eine Abrechnung, München 1925.

114 Carmen M. Reinhart, Kenneth S. Rogoff: Dieses Mal ist alles anders – Acht Jahrhunderte Finanzkrisen, München 2010 (Originalausgabe: This Time is different, Eight Centuries of Financial Folly, New Jersey 2009).

115 Nach der Broschüre zur Neuausrichtung der Bundeswehr (2. Aufl., März 2013) 225 Kampfpanzer Leopard 2, abrufbar unter: http://www.bmvg.de/portal/a/bmvg/!ut/p/c4/DcrBDcMwCADAWboA_PvLFm0_CBJio7g4MrYjdfpG9z384M15WuJu1b-ngC9-rPeUC-c4EYWvWltV6nLVYtwNk-KZxaW7gOnhEu08fnmBWJyaxoB-Ipm-b7rlSo4Xksjz8qOr32/.

116 Peter Struck, der damalige Verteidigungsminister, Februar 2002, zitiert nach: Veit Medick, Katharina Peters: Die Sprüche des Peter Struck, Der Spiegel, 19.12.2012, abrufbar unter: http://www.spiegel.de/politik/deutschland/peter-struck-die-praegnantesten-zitate-a-873892.html.

117 Zur Definition des Begriffs Abschreckung: »Gewaltandrohung, um einen Gegner von einer unerwünschten Handlung abzuhalten«, siehe Michael Rühle: Das Prinzip Abschreckung, FAZ, 30.03.2015, S. 6.

118 Nach dem Gedicht Deutschlands Beruf von 1861.

119 Der Spiegel, 10.10.1962.

120 Samuel Huntington: Clash of Civilizations and the Remaking of World Order, London 1997.

121 Vgl. Gegen Russland: Juncker will eine eigene EU-Armee aufstellen, in: deutsche-wirtschafts-nachrichten.de, 09.03.2015, abrufbar unter: http://deutsche-wirtschafts-nachrichten.de/2015/03/08/gegen-russland-juncker-will-eine-eigene-eu-armee-aufstellen/.

122 Den Begriff prägte der US-Soziologe C. Wright Mills.

123 Siehe dazu: Gerald Mann: Handel statt Gewalt: Wie die Euro-Wirtschaft die Ukraine retten kann, in: focus.de, 25.06.2014.

124 Konrad Adenauer: Erinnerungen, Bd. 1, S. 18.

125 Konrad Adenauer: Erinnerungen Bd. 1, S. 19.

126 Konrad Adenauer: Erinnerungen Bd. 1, S. 19 f.

127 Ludwig Erhard: Selbstverantwortliche Vorsorge für die sozialen Lebensrisiken, Januar 1956, in: Karl Hohmann (Hrsg.): Ludwig Erhard. Gedanken aus fünf Jahrzehnten. Reden und Schriften, Düsseldorf 1988., S. 462.

128 Vgl. hierzu Wolfram Weimer: Weniger Herz, mehr Verstand, in: handelsblatt.com, 28.08.2015.

129 Was wir vorhaben, ist ein Befreiungsschlag zur Senkung der Arbeitskosten: Rede der Vorsitzenden der CDU Deutschlands, Dr. Angela Merkel, MdB, auf dem 17. Parteitag der CDU Deutschlands am 1. Dezember 2003 in Leipzig. Es gilt das gesprochene Wort zitiert nach: Die Zeit, 23. Juli 2003, abrufbar unter: http://www.zeit.de/reden/deutsche_innenpolitik/200349_merkelcduparteitag/komplettansicht.

130 faz.net, 24.10.2015.

131 Pinzler, Schieritz: Wir werden leichter an eine Putzkraft kommen, Interview mit Hans-Werner Sinn, in: Die Zeit Nr. 41/2015, 08.10.2015, abrufbar unter: http://www.zeit.de/2015/41/hans-werner-sinn-fluechtlinge-deutschland-folgen.

132 Dan Senor, Paul Singer: Start-Up Nation: The Story of Israel's Economic Miracle, New York 2011.

133 Was wir vorhaben, ist ein Befreiungsschlag zur Senkung der Arbeitskosten: Rede der Vorsitzenden der CDU Deutschlands, Dr. Angela Merkel, MdB, auf dem 17. Parteitag der CDU Deutschlands am 1. Dezember 2003 in Leipzig. Es gilt das gesprochene Wort; zitiert nach: Die Zeit, 23. Juli 2003, abrufbar unter: http://www.zeit.de/reden/deutsche_innenpolitik/200349_merkelcduparteitag/komplettansicht.

134 Fahimi: Kanzlerin fährt auf Sicht, SPD übt scharfe Kritik an Merkel, n-tv.de, 08.10.2015, abrufbar unter: http://www.n-tv.de/politik/SPD-uebt-scharfe-Kritik-an-Merkel-article16096026.html.

135 Gottfried Heller in einem Gespräch dazu die Diktion Merkels umkehrend: »Scheitert der Euro nicht, scheitert Europa«.

136 Kurt Lauk, Soziale Marktwirtschaft Ludwig Erhards: Kompass für Deutschland in einer globalisierten Welt, in: Kurt Lauk (Hrsg.): Was würde Ludwig Erhard heute sagen?, Stuttgart, Leipzig 2007, S. 46.

137 Ludwig Erhard: Rede zur Eröffnung der Internationalen Frankfurter Herbstmesse, 2. September 1956, in: Wohlstand für alle, S. 322.

138 Ludwig Erhard: Rede zur Eröffnung der Internationalen Frankfurter Herbstmesse, 2. September 1956, in: Wohlstand für alle, 2014, S. 322.

139 Ludwig Erhard, Wohlstand für alle, 2014, S. 345.

140 Ludwig Erhard, Wohlstand für alle, 2014, S. 342.

141 Jan Guldner: Nesthocker, na und?!, in: Handelsblatt, 08.02.2015, abrufbar unter: http://www.handelsblatt.com/my/unternehmen/management/karriere-im-ausland-nesthocker-na-und/11337412.html?ticket=ST-1437328-XxH0KJZyOqAaAJ-cokYOo-ap3.

142 Studie: Decoding Global Talent: German Workers, abrufbar unter: https://www.bcgperspectives.com/content/articles/human_resources_talent_leadership_german_workers_strong_domestic_economy/.

143 Stepstone, Internationale Studie zur Jobmobilität, 2014, S. 10.

144 www.internations.org, German Expats are Satisfied with Life Abroad, 2015, abrufbar unter: https://www.internations.org/expat-insider/2015/germans-abroad.

145 Deloitte, Entsendungsmanagement im Wandel, 2008, S. 36; Stefan Remhof, Absicht zur Arbeit im Ausland, 2015, S. 3.

146 André Schmidt-Carré, In Watte gepackt, in: Human Resources Manager, 06.01.2015, abrufbar unter: http://www.humanresourcesmanager.de/ressorts/artikel/watte-gepackt-11357.

147 Deloitte, Entsendungsmanagement im Wandel, 2008, S. 2.

148 Stefan Remhof, Absicht zur Arbeit im Ausland, 2015, S. 2 f.

149 Stefan Remhof, Absicht zur Arbeit im Ausland, 2015, S. 107.

150 Elke Middenhoff et al.: Die wirtschaftliche und soziale Lage der Studierenden in Deutschland 2012, 2013, S. 159.

151 Elke Middenhoff et al.: Die wirtschaftliche und soziale Lage der Studierenden in Deutschland 2012, 2013, S. 167.

152 Kurt Lauk, Soziale Marktwirtschaft Ludwig Erhards: Kompass für Deutschland in einer globalisierten Welt, in: Was würde Ludwig Erhard heute sagen?, 2007, S. 46.

153 Mehr als 20 Mrd. Euro jährlich, siehe Walter Hamm: Deformierende Anreize, FAZ, 25.07.2015, S. 17.

154 Friedrich August Hayek: Der Weg zur Knechtschaft, München 2007.

155 Dazu: Manfred Gärtner, Björn Griesbach: Rating agencies, self-fulfilling prophecy and multiple equilibria? An empirical model of the European sovereign debt crisis 2009–2011, Juni 2012.

156 Vgl. dazu: Christian Kemper: Mehr Regeln schaffen keine bessere Bank, in: Bankmagazin 12/2015, S. 12–18.

157 Gutachten im Auftrag des Bundesverbandes der Deutschen Volksbanken und Raiffeisenbanken – BVR vom 30.09.2015, S. III.

158 Hans-Werner Sinn: Kasino-Kapitalismus: Wie es zur Finanzkrise kam, und was jetzt zu tun ist, 2. Aufl., Berlin 2009.

159 Das ist Sozialismus für Reiche: Höfling, Zschäpitz: Interview mit Jim Rogers, in: Die Welt, 15.03.2008, abrufbar unter: http://www.welt.de/welt_print/article1802284/Das-ist-Sozialismus-fuer-Reiche.html.

160 Vgl. auch Anat Admati und Martin Hellwig: Des Bankers neue Kleider, 292 f.

161 Den Begriff prägte Jim Rogers im Zusammenhang mit der Geldpolitik der US-Fed.

162 Zur Kritik daran lesenswert: Günter Ederer: Deutschland im Stau, S. 81.

163 Bahn 2015: Wettbewerbspolitik aus der Spur?, siehe http://www.monopolkommission.de/index.php/de/gutachten/sondergutachten/289-sondergutachten-69.

164 Siehe Ein Trauerspiel für viele Bahnkunden, FAZ vom 23.07.2015, S. 18.

165 zitiert aus: »Staatsbahn in Frankreich wird immer deutscher«, FAZ, 25.07.2015, S. 21.

166 Den Begriff prägte der US-Soziologe Charles Wright Mills.

167 Im Juni 2008 geändertes EEG, das ab 01.01.2009 in Kraft trat.

168 Regierung setzt Laufzeitverlängerung für AKW aus, zeit.de, 14.03.2011.

169 Dazu Claudia Ehrenstein: Merkel lässt die ältesten AKW abschalten, in: welt.de, 15.03.2011.

170 Lesenswert dazu: Nicole Munk: Die T-Aktie als Marke – Staatliche und private Einflussnahme zur Kurspflege einer »Volksaktie«, Münster 2003.

171 Schäuble-Plan: EU-Kommission unterstützt »Tanken für Flüchtlinge«, spiegel.de, 30.01.2016.

172 Vortragstitel von Prof. Dr. Sinn, siehe seine in der Mediathek unter www.cesifo-group.de abrufbare Präsentation vom 16.12.2013.

173 Der Entwurf eines »Gesetzes zur Digitalisierung der Energiewende« kann mit folgendem Link abgerufen werden: https://www.bmwi.de/BMWi/Redaktion/PDF/E/entwurf-eines-gesetzes-zur-digitalisierung-der-energiewende,property=pdf,bereich=bmwi2012,sprache=de,rwb=true.pdf. Das Gesetzgebungsverfahren soll im Mai abgeschlossen sein; siehe http://www.bmwi.de/DE/Themen/Energie/Netze-und-Netzausbau/intelligente-messsysteme.html.

174 Gefahr von Stromnetzzusammenbrüchen ohne ausreichende Puffer, deren Fehlen Prof. Sinn immer wieder kritisierte, so in seinem Vortrag Energiewende ins Nichts vom 16.12.2013, abrufbar in der Mediathek, cesifo-group.de.

175 Der nackte Verbraucher, 10.02.2016, FAZ, S. 17.

176 Martin Zeil: Drei Jahre Energiewende – Abenteuer oder Chance, Vortrag im Campus Colleg der Hochschule Ansbach, Sommersemester 2014.

177 »Joseph Schumpeter prägte das Wort von der ›schöpferischen Zerstörung‹ als ein für den Kapitalismus wesentliches Faktum. Schon vor mehr als hundert Jahren machte er in seinem Werk ›Die Theorie der wirtschaftlichen Entwicklung‹ deutlich, dass die ständige Innovationskraft von Unternehmern Auslöser dieser kreativen Zerstörung sei. Nur durch Innovationen, die aber gleichzeitig Bestehendes zerstören, könnten sich Unternehmen neu im Markt durchsetzen oder im marktwirtschaftlichen Wettbewerb auf Dauer bestehen.« aus: Oswald Metzger: Schöpferische Zerstörung durch Innovation, ÖkonomenBlog, 11.08.2014, abrufbar unter: http://www.insm-oekonomenblog.de/11666-schoepferische-zerstoerung-durch-innovation/.

178 Zitiert aus: Torsten Fricke, Ulrich Novak: Die Akte Google: Wie der US-Konzern Daten missbraucht, die Welt manipuliert und Jobs vernichtet, München 2015, S. 221.

179 Vgl. Christoph Keese: Silicon Valley, München, 2014, S. 296.

180 Vgl. Johannes Boie und Benedikt Strunz: Experten identifizieren Angriffs-Methode, sueddeutsche.de, 12.09.2015 und Cyberangriff auf Bundestag: Deutsche Beamte beschuldigen russischen Militärgeheimdienst, spiegel.de, 30.01.2016.

181 Siehe dazu Torsten Fricke, Ulrich Novak: Die Akte Google, München 2015, S. 193.

182 Vgl. Danny de Boer: Goldman Sachs: Blockchain ist bereit für die große Bühne, www.btc-echo.de, 03.12.2015.

183 Siehe dazu ausführlicher: Ulrich Horstmann, Gerald Mann: Bargeldverbot, München 2016.

184 Bezug: das Buch von F. A. von Hayek: The Road to Serfdom, dt.: Der Weg zur Knechtschaft, das erstmals 1944 erschien.

185 Siehe Diana Dittmer: Konkurrenz ist was für Verlierer, n-tv.de 22.01.2015 und auch das Buch von Paypal-Gründer Peter Thiels: Zero to One, Frankfurt/M. 2014.

186 siehe zur Frage neuer möglicher Monopole im Internet auch Fricke/Novak: Die Akte Google und Keese: Silicon Valley, München 2014.

187 Siehe: App zu Starbucks, FAZ, 25.07.2015, S. 17.

188 Zitiert aus: Gerhard Streminger: Adam Smith, S. 35.

189 Hans-Werner Sinn: Ist Deutschland noch zu retten?, S. 493 f.

190 Gerlinde Sinn, Hans-Werner Sinn: Was lehrt uns die deutsche Vereinigung für die europäische Fiskalunion, in: ifo Schnelldienst 22/2015, 26.11.2015, S. 7.

191 Vgl. Gerlinde Sinn, Hans-Werner Sinn: Was lehrt uns die deutsche Vereinigung für die europäische Fiskalunion, in: ifo Schnelldienst 22/2015, 26.11.2015, S. 4 f.

192 Mit Dr. Luise Gräfin von Schlippenbach abgestimmtes Zitat (März 2016).

193 Konsolidierte Fassung des Vertrags über die Europäische Union, Artikel 3, Absatz 3, Amtsblatt der Europäischen Union, 53. Jahrgang 30. März 2010, abrufbar unter: http://eur-lex.europa.eu/legal-content/DE/TXT/PDF/?uri=OJ:C:2010:083:-FULL&from=DE.

194 Ijoma Mangold: Hinreißend gnadenlos, in: Die Zeit Nr. 40/2014, 25. September 2014, abrufbar unter: http://www.zeit.de/2014/40/vaterjahre-roman-hamburg-micha-el-kleeberg.

195 Durs Grünbein: Das Volk, dieses Monster, in: Die Zeit Nr. 7/2015, 12.02.2015, abrufbar unter: http://www.zeit.de/2015/07/dresden-seele-pegida-demos-durs-gruenbein/komplettansicht.

196 Joachim Fest und Wolf Jobst Siedler im Gespräch mit Frank A. Meyer: Der lange Abschied vom Bürgertum. Berlin 2005.

197 Peter Sloterdijk: Der verletzte Stolz, in: Der Spiegel, 08.11.2010, abrufbar unter: http://www.spiegel.de/spiegel/print/d-74948265.html.

198 Freiheit heißt Verantwortung, in: Handelsblatt, 13.02.2012, abrufbar unter: http://www.handelsblatt.com/politik/deutschland/joachim-gauck-freiheit-heisst-verantwortung/6205884.html.

199 Thea Dorn: Nennen wir sie Helden, über Bundeswehr-Soldaten im Auslandseinsatz gegen die blutige Ausbreitung der Intoleranz, in: Die ZEIT, 06.11.2014.

200 Juli Zeh: Corpus Delicti. Ein Prozess. Frankfurt 2009

201 Frans de Waal: Prinzip Empathie, München 2009.

202 Vgl. Aphorismus zum Thema: Hilfe, in aphorismen.de.

203 Ludwig Erhard: Wohlstand für alle, 1964, S. 262 f.

204 Vgl.: Ludwig Erhard entstammt einem kleinbürgerlichen Elternhaus. Manchmal verbessert er das (wie zum Beispiel während des Fernsehinterviews Zur Person) in ein »gutbürgerliches« Elternhaus, Der Spiegel, 37/1965 vom 08.09.1965, S. 28.

205 Der folgende Abschnitt ist übernommen aus: Thomas Mayer: Die neue Ordnung des Geldes, München 2014, S. 181–184.

206 BVerfG, 2 BvE 2/08 vom 30. Juni 2009, Rn. 229.

207 BVerfG, 2 BvE 2/08 vom 30. Juni 2009, Rn. 231.

208 Demoi = Plural von demos; Kalypso Nicolaidis definiert: »›demoicracy‹ as a Union of peoples, understood both as states and citizens, who govern together but not as one«, und sie findet »that the concept is best understood as a third way, distinct from both national and supranational versions of single demos polities«. Siehe: Kalypso Nicolaidis: European Demoicracy and its Crisis, Journal of Common Market Studies 2012, S. 1.).

209 Die Rede von Papst Franziskus ist im Internet abrufbar unter: http://www.spiegel.de/politik/ausland/papst-rede-im-wortlaut-franziskus-appelliert-an-europas-seele-a-1004974.html sowie unter http://www.domradio.de/video/papst-franziskus-vor-dem-europaparlament.

210 Zitiert aus: FAZ, 06.11.2015, S. 16.

211 BVerfG, Urteil des Zweiten Senats vom 30. Juni 2009 – 2 BvE 2/08 – Rn. 280, abrufbar unter: http://www.bverfg.de/e/es20090630_2bve000208.html.

212 BVerfG, Urteil des Zweiten Senats vom 30. Juni 2009 – 2 BvE 2/08 – 1. Leisatz, abrufbar unter: http://www.bverfg.de/e/es20090630_2bve000208.html.

213 BVerfG, Urteil des Zweiten Senats vom 30. Juni 2009 – 2 BvE 2/08 – Rn. 231, abrufbar unter: http://www.bverfg.de/e/es20090630_2bve000208.html.

214 (2010/C 83/02); 30.3.2010 Amtsblatt der Europäischen Union C 83/389 DE, abrufbar unter: http://www.europarl.de/resource/static/files/europa_grundrechtecharta/_30.03.2010.pdf

215 Gottfried Heller: Die Wohlstandsrevolution, Düsseldorf 1992.

216 Gottfried Heller: Der einfache Weg zum Wohlstand: Mehr verdienen, weniger riskieren und besser schlafen, München 2015.